죽음을 배우는 —— 시간

죽음을 배우는 ── 시간

병원에서 알려주지 않는 슬기롭게 죽는 법

김현아 지음

창비

"얘, 네가 좀 도와줘야 할 일이 생겼다."

직업이 의사다보니 나는 가깝든 멀든 누군가의 건강에 문제가 생기면 종종 호출된다. 이번에도 엄마다.

"너 알지, 내 친구 미자. 남편이 지금 병원 중환자실에서 죽게 생겼다는구나. 글쎄, 인공호흡기를 달고 있는데 의식이 안 돌아온다지 뭐니."

내가 어렴풋하게 기억하기로, 심장이 많이 안 좋아서 일상생활에 어려움이 있는 분이었다. 그게 벌써 10년 전, 그분이 여든이던 때 일이다. 그때도 병원에 다니기가 어려워 이대로 조용히 죽겠다고 하셨던 걸로 기억하는데, 연명치료 안 한다는 말씀도 했다 들었는데, 어찌 된 일일까? 10년 전의 기억과 지금의 상황을 포개보며, 내가 도울 일은 거의 없으리라는 생각이 드는 찰나, 엄마는 말을 이어갔다.

"그래서 말인데… 정 서방한테 이야기해서 서울대학교병원 중환자실로 옮길 수 없을까?"

갑자기 정신이 번쩍 든다.

"그게 무슨 말이에요?"

"아니, 미자 아들딸이 난리를 친다지 뭐니. 이런 병원에서 치료도 제대로 못하고 돌아가시게 하면 안 된다고."

기가 막히기 시작했다. 지금 계신 병원도 이름만 대면 누구나 아는 상급 종합병원이다. 남편이 대한민국에서 최고라 여겨지는 병원에 있다는 이유로 이렇게 엉뚱하게 내가 호출되는 일도 이번이 처음은 아니다.

"엄마, 잘 들어요. 인공호흡기를 달고 있는 환자가 병원을 옮긴다는 건 말이 안 돼요. 옮기면서 위험해질 수도 있고요. 할 수 있는 치료는 지금 계신 병원에서 다 한 것 같은데, 이제 와 서울대학교병원 중환자실로 옮긴다고 달라지는 건 없어요. 정 말이 안 통하면 내가 아주머니와 직접 통화할게요."

결국 전화는 오지 않았다. 내 설명을 이해한 건지, 아니면 나보다 더 도움이 될 다른 분을 찾았는지는 모르겠다. 죽음이 치료해야 할 '질병'으로 둔갑한 요즘, 병원에서 삶을 마치는 것도 모자라 중환자실, 그것도 서울대학교병원을 포함한 소위 '빅 4' 병원의 중환자실 정도는 되는 곳에서 삶을 마쳐야 제대로 보냈다는 인식이 생긴 건지도 모른다. 내 생각에 아저씨가 계신 병원에서 잘못한 일은 딱 하나다. 그런 환자에게 인공호흡기를 달고 연명치료를 시작했다는 것.

이 책을 마무리하는 2020년 여름, 코로나19의 대유행으로 죽음에 대해 평소처럼 생각하는 것이 불가능한 상황이 되었다. 죽음의 일상성을 말하며 누구나 죽음을 배워야 한다고 이야기해왔지만 전세계 수많은 사람이 유행병으로 사망하는 '비일상' 앞에서야 죽음을 배우는 시간을 갖게 된 것 같다. 사람들은 코로나19가 바꾸어놓을 인류의 미래를 앞다투어 예측하지만, 정작 바뀌지 않을 것에는 관심이 없는 것 같다. 이 혼란의 시기에 우리가 주지해야 할 것은 유행병의 위협은 역사적으로 언제나 있어왔던 일이고 앞으로도 일어날 것이라는 사실이다. 마치 못 고칠 병이 없는 것처럼 허풍을 떤 현대의학에게 자연은 그것이 망상이었음을 혹독하게 교육하고 있을 뿐이다. 그럼에도 "코로나, 싸워 이길 수 있습니다"라는 표어처럼, 많은 사람들은 코로나19를 유발한 바로 그 현대 문명이 죽음을 물리쳐줄 것이라는 착각에 빠져 있다. 자연은 싸워 이겨야 하는 상대가 아니다. 우리 삶의 어떤 순간에도 죽음은 찾아온다는 것, 그것이 『죽음을 배우는 시간』의 가장 첫 메시지다.

웰다잉well-dying을 논의하는 많은 책의 목록에 그리고 이런 시기에 감히 또 한권의 책을 보태겠다고 결심한 이유는 웰다잉 논의가 무르익었음에도 불구하고 왜 아직도 많은 사람들에게 웰다잉이 요원한지를 이야기하고 싶어서였다. 한 예로 우리나라에서 33만여명이 사전연명의료의향서를 작성했지만 그 뜻에 따라 생을 마감한경우는 725명에 불과했다.[1] 죽음은 예외 없이 누구에게나 일어나는최악이자 최대의 사건이다. 그런데도 우리는 이 일생일대의 사건에 대해 새 자동차를 구입할 때보다도 준비를 덜한다. 웰다잉 논의가 '암'을 중심으로 이루어진 까닭에 역설적으로 암이 아니면 죽음이 찾아오지 않을 거라는 믿음이 생긴 것인지 사람들은 죽음의 일상성을 외면하고 이에 대한 논의를 회피한다. 인간의 가치와 이윤을 쉽게 맞바꾸는 자본주의 사회에서 노화는 치료가 가능한 병으로 둔갑하고 죽음은 병원으로 '외주'가 된다. 심지어 살아도 산 것이 아닌 상태로 오랜 시간을 버텨낼 수 있게 하는 현대의료는 죽음에 대한 정의마저 모호하게 만들고 있다.

이런 현실에서 직업적 특성상 죽음을 더 많이 경험했고, 덕분에생각을 정리할 시간도 더 많았던 사람이 삶의 마지막 순간에 관해이야기하는 것도 나쁘지 않을 것 같았다. 이 책에서 나는 내가 직업적으로, 사적으로 겪은 여러 죽음을 말하려 한다. 많은 경우 나쁜죽음이었고, 그 죽음들은 공통적으로 준비되지 않은 죽음이었다.

몸이 쇠할 대로 쇠해져서 스스로 팔다리도 못 움직이고 밥도 누가 도와줘야 먹는 지경이 되면 나는 어떻게 해야 하나? 어느 나이에 이른 후 이 무서운 상황을 머릿속에 떠올리지 않는 사람은 없을것이다. 하지만 대개 오래 생각하지 않고 마치 재수 없는 상상이나 되듯 바로 지워버리기 일쑤다. 이것은 불운이 아닌 삶의 피할 수 없는 국면임에도…

어떤 죽음이 바람직한가에 대해서는 이 세상의 뭇사람들만큼이나 다양한 생각이 있을 것이다. 많은 사람들이 사랑하는 사람들이 지켜보는 가운데 집에서 평온하게 눈을 감는 것을 최선으로 여기지만, 그런 행운은 극소수에게만 주어진다. 죽음을 준비하지 않으면 죽음보다 더 나쁜 일들이 일어난다. 대다수의 사람들은 숙환으로, 지병으로, 암이나 심혈관계 질병으로 입원과 퇴원을 반복하다 병원에 생사결정권을 넘겨주고 생을 마무리한다. 삶을 정리할 시간도 없이 반복해서 병원 신세만 지다가 어느 날 갑자기 죽음을 맞이하고 싶은 사람은 없을 것이다. 가족들의 얼굴도 알아보지 못하고 몸에 수십개의 관을 삽입한 채 24시간 울리는 기계음을 들으며 죽어가고 싶은 사람도 없을 것이다. 죽은 뒤에 가족이 풍비박산하고 자식들이 철천지원수가 되는 모습을 보고 싶지도 않을 것이다. 그러나 죽음을 외면하면 이런 일은 언제라도 일어날 수 있다. 어차피 피할 수 없는 죽음이라면, 코앞에 닥쳐서야 결정하기보다는 실제로 나에게 어떤 선택지가 있는지 미리 알고, 정해두는 것이 차선책이 될 것이다.

나는 이 책에서 오늘날 많은 사람이 생을 마감하는 병원 시스템 안에서 목격되는 죽음의 모습들, 그리고 그와 관련된 여러 정보를 최대한 솔직하게 전달하려 한다. 많은 이들이 묏자리를 보고 수의를 마련하는 것이 준비라고 착각하는 현실에서, 병원의 '죽음 비즈니스'에 속지 않고 원하는 방식으로 생을 마무리하기 위해서 어떤 준비가 되어 있어야 하는지 알리기 위함이다. 죽음의 각 단계에서 준비해야 하는 것들을 구체적으로 제시하는 일종의 매뉴얼처럼 읽어도 좋겠다. 이 책을 읽은 이들이 저마다의 답을 찾는 노력을 시작할 수 있다면 얼마간 의미 있는 일이 되리라 생각한다.

차례

일러두기
1. 책에 등장하는 환자들의 이름은 모두 가명이다.
2. 외래어는 국립국어원 외래어표기법에 따랐다. 다만 '류머티즘'은 일반적으로 더 익숙한 표현인 '류머티스'로 표기했다.

어느 하루의 시작

병원은 잠들지 않는다. 하얗게 불을 밝힌 병동의 밤은 어느 날은 평온하게 어느 날은 전쟁터와 같이 치열하게 밝아온다. 사람들이 눈뜨기도 힘들어하는 시간, 병동에서는 아침 회진이 시작된다. 전공의들은 환자가 밤새 무탈했는지를 점검하고 혼자 해결하지 못하는 문제가 있으면 곧 나타날 담당 교수들에게 보고하고 해결책을 찾기 위한 준비를 한다. 그 시각에 외과병동 환자들은 이미 수술실로 옮겨져 수술 준비를 시작한다.

오전 7시 40분, 나는 오늘도 어김없이 이 시간에 한림대학교 성심병원이 있는 지하철 4호선 평촌역에 발을 디딘다. 2004년부터 이 병원에 근무했으니 올해로 벌써 16년째다. 전공의에게 10분 후에 병동에 도착할 거라고 문자로 알리면서 나는 종종걸음을 한다.

병동으로 올라가는 엘리베이터를 기다리는 그 짧은 시간에 나는 스마트폰으로 간밤 환자의 상태를 확인한다. 이제는 스마트폰으로 환자의 상태를 살필 수 있는 세상이 되면서 중환자의 경우 24시간 환자 상태를 점검할 수 있다. 그것이 내 삶에 좋은 일인지 나쁜 일인지 따져보지는 않았다. 전공의들이 못 미더워서만은 아니다. 그들의 어마어마한 노동량을 잘 알고 있기 때문에 그 와중에 놓친 것이 있지는 않은지 이중으로 체크하는 것이다.

외과계의 위기가 고착되고 그다음은 내과 차례가 되었다. 전통적으로 공부 잘하는 모범생들이 지원하던 내과의 인기는 형편없이 떨어졌고 많은 병원들의 전공의 모집은 올해도 미달이다. 환자가 줄어들 일이 없는 과임에도 지원자는 계속 줄고 있다. 내과만이 아니고 요즘은 환자들과 직접 대면해야 하는 과 중 딱히 인기 있는 과가 없다. 매 학년 제일 공부를 잘하는 학생들은 대부분 피부과, 성형외과와 같이 노동량 대비 수입이 만족스럽거나 아니면 영상의학과처럼 환자를 직접 대면하지 않는 과들을 선택한다. 나도 머지 않은 장래에 환자가 될 것을 생각하면 그런 현실이 두려워서 가끔 몸서리가 쳐진다.

몇몇 환자들의 상태를 확인한 결과 다행히 어젯밤에는 별문제가 없었다.

"안녕하세요, 밤새 잘 주무셨어요?"

"네. 아픈 건 많이 좋아졌는데 잠을 거의 못 잤어요. 옆자리에 불편하신 분이 계셔서…"

환자가 울먹인다. 무슨 일이 있었던 걸까? 옆자리를 보니 비어 있다. 그 환자는 밤사이 상태가 나빠져서 심폐소생술을 했지만 돌아가셨다. 다인실에서 일어나는 심폐소생술은 같은 병실에 입원한 환자에게 엄청난 트라우마다. 그렇기에 가급적 침대를 빼서 처치실에서 시행하지만 어떨 때는 그럴 겨를이 없다. 환자를 위로하며 증상도 많이 좋아지고 전반적으로 호전되는 것이 명확해서 조만간 집에 가셔도 될 것 같다고 말한다.

"저 오늘 가면 안 돼요?"

이해한다. 환자는 오늘밤 가위에 눌릴지도 모른다. 그런데 아직 위험을 완전히 벗어난 건 아니고 약도 최종 결정이 안 되었다. 서둘러 퇴원을 했다가 잘못하면 밤에 다시 응급실로 실려올 수도 있다.

"자리를 옮길 수 있는지 알아보죠. 그런데 아직 확인할 것들이 남아서 며칠 더 계셔야 해요."

환자는 다시 울상이 되지만 가겠다고 고집을 부리지는 않는다. 전공의가 담당 간호사에게 병실 변경을 지시하지만 빈 병동이 기근이라 쉽지는 않다. 입원 대기 중이던 환자는 어젯밤 누군가가 죽은 그 자리로 아무것도 모르고 입원을 할 것이다. 거듭 환자를 달래며 좋아지고 있다고만 말해주고 회진을 마친다.

내가 몸담고 있는 관절류머티스내과(이하 류머티스내과)는 대부분의 진료가 외래다. 환자를 입원시켜야 할 일이 많지는 않은데 그럼에도 불구하고 입원하는 환자는 대부분 중환자다. 입원한 환자의 문제가 대부분 해결되어 퇴원 계획을 세울 때가 의사생활 중 가장 즐거운 순간이다.

엘리베이터를 기다리는데 호흡기내과 교수가 찌푸린 얼굴로 아래층으로 내려가고 있다. 주말만 지나면 요양병원에 있다가 폐렴이 생겨서 무더기로 전원되는 환자들 때문에 몹시 힘들다고 한다. 인구 구성이 변하다보니 폐렴 환자는 줄어들 기미가 없어 언제나 입원 환자 수도 많고 "오늘도 무사히"가 되기 어려운 입장이다. 어젯밤 사망한 환자도 그의 환자였을까? 내가 전공은 잘 선택했다고 생각하며 병동을 떠난다.

다음 볼 환자는 중환자실에 있다. 젊은 남자 환자는 항상 쾌활하지만 그를 보는 나는 쾌활해질 수 없다. 폐 사진이 어제보다 더 나빠졌다. 여차하면 인공호흡기를 걸어야 할지도 모르겠다. 그런데 환자 상태는 어제보다 낫다. 숨도 덜 차 하고 표정도 더 밝다.

"안녕, 잘 잤어요?"

"네. 저 이제 일반병동 올라가도 될 것 같아요."

이번에도 이해한다. 이해하지만…

"산소포화도가 좀더 좋아져야 하는데…"

"그런가요? 다 나은 것 같은데…"

실망한 기색이 역력하다. '내가 네 입장이어도 싫을 것 같아. 이런 데서 하룻밤 더 자는 거…' 하지만 이 말 대신 폐 상태가 안정되는 대로 바로 일반병동으로 옮겨주겠다는 약속만 한다. 돌아 나오는 길에 보이는 중환자실 환자들은 젊은 사람이 없고 모두 노인들이다. 평균 연령이 85세쯤 될 것 같다. 이런 곳에 누워 있는 20대 젊은이의 마음을 헤아려보며 오늘 산소를 줄이고도 호흡이 좋아져서 환자를 일반병동으로 이실移室할 수 있기를 기도한다. 신을 믿지 않는 나지만 종종 노력만으로는 해결할 수 없는 상황에 직면하면 이렇게 기도를 한다.

외래 진료실로 가려는데 응급실에서 협진 의뢰가 왔다. 나에게 류머티스 관절염 치료를 받던 82세 할머니 환자다. 새벽에 갑자기 피를 토했다고 한다. 눈앞이 캄캄해진다. 관절염 약을 쓰다보면 아무 예고 없이 위출혈이 오는 일이 자주 있다. 응급실 한구석에 할머니가 풀이 죽은 채 누워 있다. 코에는 튜브가 꽂혀 있다.

"에구, 나 이러다 죽는 거유?"

"아니, 왜 그런 말씀을… 이번에 약을 완전히 바꿔야겠네요. 약을 오래 드시다보니 생긴 일이에요. 출혈도 멈추었으니 별문제 없을 거예요."

그래도 생각했던 것보다 환자 상태가 양호해서 가슴을 쓸어내리며 응급실을 나온다.

곧 오전 진료가 시작이 된다. 숨을 크게 쉬고 기를 충전한다. 나를 보러 온 환자들에게 나의 온기를 모두 나누어주고 환자들이 나와 만났다는 것만으로도 조금은 나았다는 느낌을 받을 수 있도록 오늘 아침도 노력한다.

1장

죽음의 장면

벽에 그림이 걸린 방에서 잠을 자고
오늘 같은 내일을 기약했다.
그러나 나는 안다, 어느 날인가는
그렇게 못하게 되리라는 걸.
—제인 케니언「그렇게 못할 수도」

마지막 순간을 준비하지 못한 의사

손바닥 안의 죽음

의대생은 힘들기로 악명 높은 학부생활과 수없는 시험을 거쳐 의과대학을 졸업하고, 국가고시를 합격해서 의사 면허증을 받은 후 의사가 된다. 그러나 흰 가운을 입고 병원을 돌아다닌다고 해서 다 같은 의사는 아니다. 병원 실습 때도 가운을 입고 병동을 다니기는 하지만 실습을 하는 학생의 입장과 일거수일투족을 스스로 책임져야 하는 어엿한 사회인의 입장은 하늘과 땅 차이다. 의사가 되어서도 피 뽑기, 정맥 주사 놓기, 관장 같은 단순 작업만 하는 인턴 시절의 직무 스트레스에 비해 본격적으로 환자의 치료를 담당하는 레지던트의 스트레스는 비교가 안 될 정도로 크다.

지금은 의학 지식 외에 환자를 대하는 방법에 대한 커리큘럼도 많이 개선되었지만, 내가 의과대학을 졸업하던 해인 1989년에는 그런 준비가 거의 없다시피 했다. 환자나 보호자와 대화하는 일이 의학 지식보다도 더 답을 찾기 어려웠다. 당시를 되돌아보면 정말 말도 안 되는 언행으로 환자와 보호자에게 상처를 준 일이 많았다. 지금도 내 인생에 어떤 불운이 닥치면 '그때 내가 그 환자, 보호자에게 그렇게 몹쓸 말을 했기 때문에 벌을 받은 거야'라고 생각할 때가 있을 정도니까. 그중에도 특히 준비가 안 되어 있던 것은 환자의 죽음이었다.

3월에는 대학병원에 입원하지 말라는 말이 있다. 3월은 의과대학을 막 졸업한 신출내기들이 흰 가운을 입고 의사 노릇을 시작하는 달이다. 따라서 시술에 미숙함이 많고 의료사고가 나기도 쉽다는 이유인데 일정 부분 일리가 있는 말이다.

의과대학을 갓 졸업한 나는 추첨 운이 지지리도 없어서 하필이면 소아과에서도 가장 어린 아이들이 입원하는 병동에 배정되었다. 손재주가 그리 나쁜 편이 아닌데도 거미줄처럼 가는 아기들의 혈관을 찾기란 쉽지 않았고, 그 때문에 보호자와 충돌하는 일도 심심치 않게 있었다. 나는 그저 시키는 대로 공부만 하던 모범생 스타일이어서 실패에 대처하는 데는 낙제점 수준이었고, 느긋하게 배워나가면 될 것을 안달을 내며 하다보니 일을 그르치는 경우도 많았다. 임상의로서 첫걸음을 떼던 인턴 초반 긴장과 격무로 제 몸 하나 가누기도 버거웠던 나는 환자와 보호자의 마음을 어루만져주기에는 턱없이 부족했다. 더군다나 같이 병동을 돌던 남자 인턴이 나보다 먼저 주사에 익숙해지면서 엄마들이 나를 경원시하는 분위기가 조성되자, 매일매일이 전장에 나서는 기분이었다. 지금껏 특별히 의식하지 않았던 내 능력의 한계를 마주하는 것은 아무래도 유쾌한 일은 아니었다. 태어난 지 1년도 안 되어 대학병원 소아병동에 입원하는 신세가 된 아기들과 그 보호자의 불운을 조금이라도 이해했어야 했는데, 그때는 그러지 못했다.

병동 칠판에 쓰여 있는 아기 환자들의 병명은 죄다 무시무시한 것들이었다. 백혈병, 선천성 심장병, 선천성 대사 질환… 내가 직접 아이 둘을 키워보고서야, 아이가 건강하게 성장한다는 것이 얼마나 귀한 행운이었는지를 뒤늦게 깨달았다. 그러나 그때는 몰랐다. 몰라도 너무 몰랐다. '이렇게 실처럼 가느다란 혈관에 어떻게 한번에 주사를 놓으라는 거야?' '아이고, 얘는 나만 들어오면 악을 쓰네…' '가만있으란 말야, 그렇게 자꾸 몸부림을 치니까 주사가 더 안 들어가지…'

어느 화창한 일요일 낮, 병동에 심폐소생술^{CPR} 싸인이 떴다. 병실에 도착했을 때는 이미 여러 소아과 주치의 선생님들이 모여 주먹만 한 아이에게 심폐소생술을 하고 있었다. 주치의들은 양손에다 들어오는 작은 몸통을 잡고 엄지손가락만으로 심장마사지를 하고, 인턴들은 딱히 할 일이 없어 분부만 기다리며 눈치를 살폈다. 30분쯤 지나도 심장박동이 돌아올 기미가 없자 주치의는 심폐소생술을 중단하고 사망을 선언했다. 병명은 심실형성부전증. 정상적인 생육이 불가능한 질환이다.

엄마는 아이의 이름을 부르며 구슬피 울었다. "도준아, 도준아… 너 낳았을 때 4킬로그램이나 되고 튼실해서 자랑도 얼마나 많이 하고 축하도 얼마나 많이 받았는데… 이렇게 가는 거니…" 엄마는 생명이 빠져나간 아이의 작은 발에 입을 맞추며 하염없이 통곡했다. 병실에 있던 의료진도 다 같이 눈물을 흘렸다. 나는 그렇게 의사로서 처음으로 환자의 죽음, 그것도 손안에 들어갈 정도로 작은 생명의 종말을 접했다.

그 아이의 죽음 이후 나는 병동에서 엄마들로부터 주사가 서투르다는 원망을 듣는 것을 더이상 고깝게 받아들이지 않게 되었다. 당직실에 처박혀 내 손등에서 가장 가느다란 혈관에 메디컷(혈관에 삽입하는 플라스틱 재질의 바늘)을 넣어가며 정맥 주사 놓는 법을 익히기도 했다. 그러나 그날 그 조그만 생명이 꺼지는 것을 본 후, 더이상 어린아이의 죽음을 눈앞에서 목격하는 일을 겪고 싶지 않았다. 학부 때 소아과학 교과서에서 "□□ 질병의 1년 내 사망률은 65퍼센트" "○○ 질병은 대부분 3세 이전에 사망"과 같은 건조한 문장으로 배웠던 사실이, 피와 살을 가진 살아 있는 생명체가 죽어가는 모습으로 눈앞에 닥치는 것은 이제 막 의사 가운을 입은 나에게 감당하기 쉽지 않은 충격이었다. 그런 일은 경험이 쌓인다 해도 마음이 받아들일 수 있을 것 같지 않았다. 처음에 소아과를 지망했다가 아기가 죽는 것을 본 뒤 안과로 전공을 바꿨다는 어떤 선배의 이야기가 비로소 실감이 났다. 다행히 한달이 지나 다음 과로 옮겨가기 전까지 더이상 그 병동에서 아이가 죽는 일은 없었다.

첫번째 사망선고

내과 전공의를 시작한 뒤 내 환자 중 처음 사망한 환자는 30대의 젊은 여성인 김희진 씨였다. 전임 주치의에게 환자를 인계받고 흉부 엑스레이 사진을 본 나는 맥이 빠졌다. 공기가 드나드는 폐 실질實質이 결핵으로 손상되고 대부분이 섬유화되어 정상적인 검은 공간이 거의 남아 있지 않았다. 희진 씨와의 첫 대면 때 그녀의 눈에 어린 완전한 절망을 보고 나는 어쩔 줄을 몰랐다. 그녀에게는 살아 숨 쉬는 한 숨 한 숨이 너무도 힘들었고 그 무엇도 그녀의 고통을 해결해줄 수 없었다. 지금이라면 폐 이식을 고려할 수 있겠지만 당시에는 그런 선택지가 없었다. 내가 할 수 있는 일이라고는 산소호흡을 최대치로 틀어주는 것뿐이었다.

2주 뒤인 어느 토요일 오후, 병실에서 환자가 울부짖기 시작했다. "너무… 힘들어… 숨… 쉬기가…" 그야말로 단어 하나를 채 다 내뱉지 못하고 터져나오는 절규였다. 희진 씨의 언니가 그 모습을 지켜보고 있었다. 야윌 대로 야윈 그녀의 몸은 마지막이 될지도 모르는 숨을 들이켜기 위해 한껏 일그러졌다. 갈비뼈 사이의 모든 근육이 몸부림치는 것처럼 보였다. 보호자에게 아마도 오늘이 마지막이 될 것 같다고 다른 가족을 부를 것을 권했지만, 부를 가족이 없다고 했다. 결혼도 하지 않았고 부모님은 돌아가셨기 때문에 그녀의 마지막을 지켜볼 사람은 언니밖에 없었다. 얼마 안 되어 그녀는 "이— 이—"하는 비명을 질러댔고, 곧 그 비명소리도 신음으로 잦아들었다. 그리고 오후 4시 45분, 그녀는 숨을 거두었다.

보호자는 이미 오랜 투병생활 끝에 모든 것을 받아들이고 죽음을 준비한 상황이었지만, 주치의였던 나는 도무지 준비가 되어 있지 않았다. 의미도 없는 산소통 작동을 조사한다고 이리저리 돌아다녔는가 하면, 심폐소생술을 해야 하는 게 아닌가 잠시 망설이기도 했다. 그런 나를 보고 오히려 보호자가 "이제 끝난 것 같네요"라고 상황을 정리해주었다. 결국 환자의 심장박동과 자발호흡, 동공반사가 모두 소실된 것을 확인한 후 "김희진 씨는 3월 16일 오후 4시 45분에 사망하셨습니다"라고 사망선언을 하는 것이 내가 할 수 있는 전부였다. 그날 그렇게 나는 생애 처음으로 한 사람이 생명을 잃었음을 공식적으로 결정 내렸다.

사망선고 후에도 나는 여전히 안절부절못한 채 내가 더 할 수 있는 일은 없었는지 생각하며 우왕좌왕했다. '어차피 할 수 있는 일이 아무것도 없었을 거야… 폐가 저 지경이 됐는데… 그래도 그때 기관지 확장제를 좀더 썼어야 했나?' 보호자인 언니가 내게 "그동안 수고하셨어요"라며 인사를 건넬 때에야 나는 조금 정신이 들었다. 나는 내 첫 환자의 죽음에 대해 환자의 보호자보다도 준비가 덜 되어 있었다. 희진 씨를 영안실로 옮기는 바퀴 달린 침대를 바라보며 내가 환자와 보호자 곁에서 조금이라도 위안을 줄 수 있었다면 어땠을까 생각했다. 그러면서도 한편으로는 의사인 나부터 죽음으로부터 어느 정도 무감각해지지 않는다면 이 일을 계속하기가 쉽지 않겠다는 양가감정이 들었다.

'내공'이 무너지다

전공의 수련 기간에 흔히 쓰는 속어로 '내공'이라는 말이 있다. "아무개는 내공이 세서 응급실 밤 당직 때 환자가 두명밖에 안 왔다"라는 식으로 쓴다. 문맥을 보면 내공이라는 말이 어떤 의미인지 짐작이 갈 것이다. 무협지의 고수들처럼 신통한 기운을 발휘하여 고생을 덜한다는 의미인데, 나도 내공이 좋은 편이었다. 물론 이 내공은 실력과는 아무 상관없이 운에 의해 결정된다. 내가 당직을 서는 날 중환자가 덜 온다든지, 2개월간 2인 1조로 병동 순환을 하는데 시작할 때는 분명 내 쪽에 중환자가 더 많았으나 얼마 안 있어 상대편에 중환자가 더 많아진다든지 하는 식이었다. 운 좋게 1년차 때 담당 환자가 사망하는 일도 상대적으로 적은 편이었다. 그래서

였는지 나는 이후로도 얼마간은 환자의 죽음에 준비가 덜 된 의사인 채로 남아 있었다.

당시 내과병동에는 몇개의 특수병동이 있었는데 백혈병 환자들이 주로 입원하는 병동이 그중 하나였다. 백혈병동에 근무하면서 당연히 많은 죽음을 목격하리라 생각했는데 내가 있는 동안 백혈병동에 사망 환자가 적었다. 순전히 운이었다.

백혈병동 근무가 끝나가던 어느 날 새벽, 병동에서 환자가 숨을 안 쉰다는 전화가 왔다. 백혈병 환자였던 50대 김한기 씨는 고된 항암치료를 마치고 회복 중이었다. 갑자기 죽을 이유가 없었다는 의미다. 그러나 병실에 도착했을 때 이미 환자는 심장이 멎고 동공 반사가 소실되어 숨을 거둔 상태였다. 예상치 못한 죽음이었기 때문에 나는 반사적으로 기도삽관을 하고 심폐소생술을 준비했다. 그러던 차에 환자 곁에서 병실을 지키던 부인이 지친 목소리로 말을 걸었다. "이제 그만하지요… 대신 집에나 데려다주세요…" 환자의 집은 강원도 삼척이었다. 백혈병동에 입원해서 항암치료를 하고, 암이 재발하면 다시 항암치료를 하면서 투병생활에 지친 환자나 보호자에게 이런 요구는 흔히 있는 일이다. 당시만 해도 환자가 병원에서 사망하면 객사라 하여 굉장히 불행한 죽음이라고 여기던 시절이었다. 지칠 대로 지친 보호자의 눈빛을 보자니, 그래도 소생 시도는 해보아야 하지 않겠느냐고 설득할 여지는 이미 없어 보였다. 기도삽관을 하고 호흡을 백으로 짜넣는 앰부배깅(AMBU bagging, 호흡이 곤란한 환자를 위한 수동식 산소 공급 장치)을 한 채, 즉 인위적으로 숨을 붙여둔 상태로 환자는 구급차에 실려 집으로 갔다. 강원도 삼척까지 구급차에서 밤새 앰부배깅을 잡았던 담당 인턴은 아침에 파김치가 되어 돌아왔다.

이렇게 환자를 데려다주고 오는 일을 당시 속어로 '배달'이라고 불렀다. 이렇게 다녀온 인턴에게는 쉴 시간을 주어야 하는데 연이어 배달을 해야 하는 사태가 발생했다. 이번에는 대구였다. 정신없이 인턴을 재배정하면서 그동안 쌓았던 내공이 이렇게 순식간에 무너지는구나 싶었다.

오전 회진 때 담당 교수에게 김한기 환자의 사망을 보고한 자리에서 나는 질책을 들었다. 예상치 못한 죽음에 대한 질책은 아무리 백혈병 환자라도 예외가 아니다. 치료를 마치고 회복하며 퇴원을 기다리던 환자의 죽음은 더욱 그러했다. 환자가 왜 사망했는지 변변한 이유를 댈 수 없었던 나는 더 호되게 야단을 맞았다. 이건 뭔가 막을 수 있는 죽음이었을 것이라고… 나보다 연차가 높은 전공의, 전임의와 다시 한번 사망 환자의 의무기록을 다 뒤져보았다. 그러나 검사실 소견 등에서 사망의 원인을 짐작할 수 있는 내용은 없었다. 환자가 이렇게 떠나면 수십년이 지나도 환자의 이름과 얼굴은 물론, 보호자의 얼굴까지 다 기억할 정도로 의사들의 마음 깊은 곳에 남는다.

환자가 석연치 않은 이유로 사망하는 경우 병원에서는 사망집담회(mortality conference, 의료기관에서 사망한 환자 예를 두고 의료진들이 사망을 피하거나 늦출 수 없었는지 토론하는 행사)에서 다시 한번 환자의 사망을 검토하고 피할 수 있는 죽음은 아니었는지 여부를 따지게 된다. 당연하게도 이미 결과가 나온 상태에서 지난 일을 되짚어볼 때는 누구나 어렵지 않게 답을 찾는다. 하지만 일이 실시간으로 벌어지고 있는 상황에서는 답이 안 보이는 경우가 많다. 그렇기에 유감스럽게도 사망집담회가 인신공격의 장으로 변하는 경우도 드물지 않다. "네가 살인자야" 하는 식의 원색적인 비난이 쏟아지기도 한다.

나는 이런 분위기가 싫었다. 환자의 사망에 가장 죄책감을 느끼는 이는 당연히 담당 의사고 경험이 부족한 젊은 의사일수록 트라우마를 얻기 쉽다. 하지만 이런 방식이 정말로 나쁜 이유는 담당 의사가 환자의 사망에 대해 과도한 비난을 받게 되면 다음에는 비난을 면할 방법에만 몰두하게 될 수 있기 때문이다. '아, 그때 이런 검사를 안 했다고 그렇게 혼쭐이 났으니 이번에는 무조건 매일매일 검사를 해야지. 뭐, 그렇다고 환자를 살린다는 보장은 없지만 그래도 욕은 덜 먹을 테니…' 하고 말이다.

세월이 흘러 내가 사망집담회에서 젊은 의사들을 계도해야 하는 입장이 된 지금, 나는 내가 젊은 시절 보아왔던 교훈 없는 질책은 가능한 한 피하려고 노력한다. 이것이 막을 수 있었던 죽음인가를 깊이 성찰하고, 과오가 있었다면 다시는 이런 일이 되풀이되지 않도록 하는 것이 사망집담회의 목적인데 집단 '태움'에 가까운 질책은 도움이 되지 않는다고 생각하기 때문이다. 담당 의사는 사망집담회에 소집된 것만으로도 자신의 치료에 문제가 있어 환자가 죽었을지도 모른다고 받아들인다. 사망집담회 전 담당 의사에게 충분한 시간을 들여 환자의 경과를 정리하도록 함으로써 스스로 문제를 깨닫게 하는 것이 매우 중요하다. 집담회에서 공개적으로 "네가 게을러서" "네가 모자라서" 하는 식의 인신공격은 피해야 한다. 만일 당신이 이 환자를 다시 본다고 가정했을 때 달리했으면 하는 것이 있는지를 스스로 말하게 하는 것이 대부분의 경우 더 효과적이다.

정말 계속해야 하나요

내가 근무했던 대학병원에서는 레지던트 저년차 때부터 내과의 세부 전공을 정하는 것이 보편적이었다. 당시 나는 혈액종양내과를 선택했는데 암세포의 생물학을 연구하고 싶다는 단순한 이유에서였다. 암세포의 왕성한 생명력을 연구하다보면 불로장생의 비밀도 알 수 있지 않을까 하는 엉뚱한 생각도 있었다. 그런데 혈액종양내과의 현실은 내 생각과 많이 달랐다. 지금도 '암'은 '죽음'과 동의어로 받아들여지는 경향이 있는데, 내가 레지던트 수련을 받던 1990년대 초반에야 더 말할 나위가 없었다. 내과병동에서 항암치료를 받는 암 환자의 상당수는 완치의 희망이 희박해진 환자들이었다. 암의 경우 초기 발견 후 수술로 병변을 완전히 제거해야 완치가 가능한데 항암치료를 하는 환자의 다수는 암을 제거하지 못한, 혹은 아예 제거할 시도조차 하지 못한 사람들이었기 때문이다. 나는 곧 수없이 많은 절망을 마주하게 되었다. 그중에서도 가장 힘든 것은 역시 젊은 암 환자가 죽어가는 모습을 지켜보는 일이었다.

레지던트 고년차는 병동을 벗어나 각 분과에서 일정 기간 수련을 하는 일렉티브 과정을 밟는다. 저년차 때는 2개월씩 돌아가며 병동을 맡기 때문에 환자가 병동에 입원해 있는 짧은 기간의 모습밖에 볼 수 없어, 환자의 전체적인 경과를 제대로 알기 어렵다. 이에 비해 분과 수련 과정에서는 환자의 당면 문제를 넘어 전반적인 경과, 즉 입원 전과 현재의 상태 등 치료 상황을 전체적으로 파악해야 한다. 따라서 한 환자의 경과에 대한 큰 그림을 그릴 수 있게 된다.

나는 3년차 혈액종양내과 과정 중에 전진우 씨를 다시 만났다. 1년차 때 항암치료를 위해 입원했던 병동에서 만났던 20대 남성 환자였다. 그는 대학 1학년에 재학 중 목에 멍울이 생겨 입원을 했다. 그 멍울은 임파선이었고 조직 생체검사 결과 암세포가 나왔다. 어디에서 유래한 것인지 알 수 없는 '원인 불명 전이암'metastasis of unknown origin이었다. 한길 사람 몸이라지만 막상 뒤지려면 미로 같다. 암이 생긴 원발原發 장기를 찾기 위해 무지막지한 검사들을 동원했지만 결국 찾지 못한 채 항암치료에 들어갔다. 10여차례에 걸친 고통스러운 항암치료 끝에 암세포는 소멸되었고 환자는 완전관해(complete remission, CR, 암 치료 판정 기준을 나타내는 용어의 하나로, 암 치료 후 검사에서 암이 있다는 증거를 확인하지 못한 상태) 상태로 불안한 희망을 가지고 생활을 이어갔다. 그사이 20대의 싱그러운 젊음은 사라지고 숱 많던 머리털도 모두 빠져버렸다. 가장 보기 힘든 것은 감출 수 없는 환자의 불안감이었다. 캄캄한 밤 발밑에 천길 낭떠러지가 있을지도 모르는 숲속에서 길을 잃고 헤매는 모습 같았다고 할까?

마지막 항암치료가 끝나고 1년이 다 되어갈 무렵, 전진우 씨는 이유 없이 열이 난다며 다시 병원을 찾았다. 단순한 문제로 보기에는 열이 나는 기간이 너무 길었다. 결국 불명열(不明熱, 간단한 검사로는 원인을 파악할 수 없는 상태로 3주 이상 지속되는 열)에 준해 정밀검사를 하기 위해 입원을 시켰다. 첫날 시행한 컴퓨터 단층촬영CT 등 검사 결과, 암이 재발했다는 소견은 없었다. 둘째날에는 골수검사를 시행했다. CT에서 정상 소견이었다는 말을 전해들은 진우 씨는 불안해하면서도 일단은 안도의 한숨을 내쉬는 모습이었다. 셋째날 골수검사실에서 전화가 왔다. 전진우 씨의 골수에서 헤아릴 수 없이 많은 암세포가 나왔다고… 이 사악한 질병이 1년 동안 젊은 환자의 골수 속에 숨어 야금야금 세력을 확장해 결국 환자를 쓰러뜨리고 만 것이다. 나는 차마 그에게 이 소식을 직접 전할 수가 없었다.

악성 림프종을 진단받았을 때 이거호 씨는 고등학생이었다. 림프

종은 완치가 가능한 암으로 알려져 있기는 하지만, 1차 항암치료가 실패로 돌아가는 경우 예후가 매우 나빠진다. 이건호 씨는 1차 항암치료 실패 후 2차 항암치료까지 실패했다. 환자와 보호자는 3차 항암치료를 고려했지만 의료진은 이미 더이상의 치료가 무의미하다고 판단을 내린 상태였다. 흉강에 물이 차서 숨을 제대로 쉴 수 없게 되자 건호 씨는 다시 입원했다. 그러나 할 수 있는 것은 아무것도 없었다.

나이 어린 환자의 절망과 고통은 피가 섞이지 않은 의료진들로서도 곁에서 바라보기 힘들었다. 눈이 부시도록 하늘이 맑았던 어느 일요일 오후, 병동 회진을 갔을 때 건호 씨는 침대 사이드레일을 잡고 눕지도 앉지도 못한 채 숨을 몰아쉬고 있었다. 흉강에는 입원 당시보다도 물이 1리터는 더 찬 것같이 보였다. 흉강에 박아놓은 흉관도 별 소용이 없었고 코에 부착한 산소호흡기는 장난감처럼 보일 뿐이었다.

부질없는 일이라는 걸 알면서도 나는 담당 교수에게 전화를 걸었다. "교수님, 건호에게 항암치료를 더 하는 건 의미가 없을까요?" 그는 내게 왜 지금은 적극적인 치료를 더이상 고려할 수 없는 상황인지, 내가 알고 있으면서도 납득하지 못하는 상황까지 모두 포함해 내게 설명을 해주었다. 지금 3차 항암치료를 한다 해도 환자의 흉막에 침투한 암세포에는 아무런 영향을 미치지 못할 것이다. 의료진은 모든 것이 끝난 것이 명확할 때 단순히 안 해본 치료가 남아 있기 때문에 그 치료를 하겠다는 유혹을 받으면 안 된다는 뜻이었다. 나는 다시 환자의 병실로 가지 못했다. 그날 밤 이건호 씨는 숨을 거두었다.

부모는 자식의 생명을 포기하지 못한다. 아무리 절망적인 상황이어도 끝까지 뭔가 더 해볼 수 있는 것이 남았는지 묻고, 실낱같은 희망이라도 잡으려 한다. 아이를 키워본 사람이라면 누구라도 그 심정을 이해할 수 있을 것이다. 하지만 어떤 시점에 이르면 누군가 "이제 그만"을 말해야 하는 것이 아닌가 하는 의문도 든다. 환자의 나이가 어리면 자기결정권이 없기 때문에 결국 환자의 행복과 무관하게 부모의 바람대로 치료가 이루어지는 경우가 많다. 그러나 아주 작은 희망이라도 바라는 부모의 마음과는 달리 더 비참한 결과를 맞이하기도 한다.

고등학생이었던 백혈병 환자 김학영 씨는 골수 이식을 하고도 암이 재발해 매우 절망적인 상태에서 다시 항암치료를 시작했지만 그마저도 실패하여 백혈병이 진행되는 상황이었다. 환자의 부모는 끝까지 치료를 포기하지 않겠다고 했고, 의료진은 망설임 끝에 2차 약제로 항암치료를 재개했다. 환자의 상태는 점점 더 나빠지고 있었지만, 젊은 환자였고 부모가 적극적인 치료 의사를 가지고 있어 다른 선택의 여지가 없었다.

일반적으로 항암치료라 하면 머리카락이 빠지고 구토를 하는 모습을 떠올린다. 그런데 항암치료의 가장 무서운 부작용은 감염증이다. 그것도 단순한 항생제로 다스릴 수 있는 감염이 아니고 우리 몸이 정상적인 상태라면 당연히 제압할 수 있는 온갖 종류의 잡균, 곰팡이, 원생류 등의 감염이 환자를 괴롭힌다. 한마디로 균이 몸의 주인이 되는 것이나 마찬가지다. 김학영 씨도 항암치료 후 고열이 발생하고 폐에 아스페르길루스^{aspergillus}라고 하는 기회감염성 진균증이 생겼다. 항진균제 치료에도 잘 반응하지 않는 아주 고약한 곰팡이균이다. 40도가 넘게 치솟는 열에 고통받으며 환자는 객혈을 시작했다. 이쯤 되면 의료진도 손을 들 수밖에 없는 상황이었다. 진균은 입속까지 자리를 잡고 들어앉았고 병실에는 악취가 진동을 했다. 그렇지만 효과가 신통치 않은 진균제를 투여하는 것 외에 의료진이 할 수 있는 것은 아무것도 없었다.

부모는 여전히 매일매일 자식의 몸과 입속을 닦아주며 희망을 놓지 않았다. 그러던 어느 날, 드디어 올 것이 왔다. 저녁 식사를 하고 병동을 향하는데 김학영 환자의 심정지를 알리는 페이저가 울렸다. 병동으로 뛰어 들어갔을 때는 이미 심장이 멈춘 상태였다. 인턴은 심폐정지 세트가 들어오기도 전에 곧바로 환자의 입에 자기 입을 대고 구강 대 구강 인공호흡을 시작했다. 입속은 매일 닦아주어도 피떡으로 가득 차 있고 곁에 다가가기도 힘들 정도로 심한 악취가 나는 상황이었으나 그런 것은 생각할 겨를이 없었다. 굳은 혈액으로 떡이 진 구강을 후벼 파고 간신히 기도삽관을 했다. 그 순간 환자의 아버지와 눈이 마주쳤다.

'정말 계속해야 하는 건가요?' 내 눈은 그렇게 말하고 있었을 것이다.

'그래도 할 것은 다 해봐야 하지 않나요?' 아버지의 눈은 그렇게 말하고 있었다.

기도로 혈액이 올라와 의료진이 피를 뒤집어쓰고, 갈비뼈가 모두 떨어져나갈 정도의 격렬한 심폐소생술과 전기충격을 가했는데도 김학영 환자의 심장박동은 단 한차례도 돌아오지 않았다. 환자는 그렇게 떠났다.

심폐소생술 과정이 너무도 처참해서 다시는 그런 일을 반복하고 싶지 않았다. 그럼에도 불구하고 동시에 그것이 보호자의 마음에 어느 정도 위안이 되지는 않았을지를 계속 자문했다. 그토록 힘든 골수 이식과 항암치료를 견뎌내고도 결국 만신창이가 되어 세상을 떠나야 했던 젊은 환자의 넋을 생각하면, 한동안 침울한 기분을 떨칠 수 없었다.

죽음을 가르쳐준 환자

나는 지금도 꿈에 나오는 뼈아픈 잘못들을 거쳐 4년의 수련 과정을 마치고 내과 전문의가 되었고, 다시 진로를 선택해야 하는 시간이 왔다. 전공의 시절의 진로를 이어 혈액종양내과 전임의를 계속하는 것이 당시 내가 수련을 받던 병원의 당연한 전통이었다. 전문의 자격증을 받고 계속 학문의 길을 밟으려 하는 의사들은 전임의 과정을 수료하는데, 이때 본격적으로 전문 분과를 선택해서 분과 전문의가 된다. 내과 안에는 혈액종양내과를 포함해 소화기, 순환기, 호흡기, 알레르기, 내분비대사, 신장, 감염, 관절류머티스 등 9개의 분과가 있다.

이미 전공의 과정에서 혈액종양내과로 진로를 잠정 결정했지만 막상 평생 혈액종양내과 전문의로 산다고 생각하니 고민이 이만저만이 아니었다. 수차례의 항암치료에 실패한 후 희망을 잃은 사람들을 끊임없이 마주하고 그들의 죽음을 목격할 자신이 없었다. 매일같이 마주쳐야 하는, 죽음을 앞둔 환자와 가족들의 절대적인 절망에 내 기운을 온전히 쏟을 자신도 없었다. 무엇보다 가장 나를 망설이게 한 것은 그들에게 거짓된 희망을 심어주고, 그것이 자신에 대한 만족인지 환자와 보호자를 위한 최상의 선택인지 사이에서 혼돈에 빠진 채 스스로를 기만하는 생활을 하게 되지는 않을까 하는 두려움이었다.

4년간의 전공의 기간이 끝났지만 여전히 나는 죽음에 준비가 되어 있지 않았고 죽음을 어떻게 대해야 하는지 몰랐다. 물론 삶도 잘 몰랐다. 그러던 중 4년차에 일렉티브 과정으로 돌았던 류머티스내과가 마음에 들어왔다. 류머티스내과 환자들이 혈액종양내과보다 치료하기 쉬운 환자들은 결코 아니다. 그러나 최소한 속수무책으로 환자가 떠나가는 일은 드물었다. 환자들 대부분이 여성이라 대하기도 편할 것 같았고 무엇보다 응급 상황이 적다는 점이 아이 둘을 키우는 내게 고려할 만한 이점으로 다가왔다. 또 혹시라도 일이 잘 안 풀려 대학병원에 남지 못하게 되더라도 류머티스내과로 가면 개원을 해서 내 진공을 살릴 수 있을 것 같다는 얄팍한 속셈도 작용했다. 아무래도 혈액종양내과에 가면 대학병원, 그것도 대형 종합병원에 남지 않으면 환자를 유치하기가 쉽지 않고 재벌 병원들이 의료의 헤게모니를 장악한 요즘은 그런 경향이 더욱 심한 것을 보면 내 판단은 어느 정도 맞았던 것 같다.

긴 시간 고민한 끝에 나는 전공을 바꾸기로 했고 류머티스내과 전임의에 지원하여 모두를 놀라게 했다. 아무래도 의사 사회는 보수적이어서 전공의 때 적을 둔 과를 전임의 때 떠나간다는 것을 좋게 보지 않았다. 하지만 주위의 우려에도 아랑곳하지 않고 류머티스내과로 전공을 바꾼 뒤, 나는 역시 진로를 변경하길 잘했다는 생각을 했다. 비교적 신생 분과다보니 지식의 공백이 많고 연구할 거리가 무궁무진하게 보였다. 환자 진료가 주로 외래에서 일어나기 때문에 병동 입원 환자를 돌보는 부담도 비교적 적었고, 입원 환자들도 웃는 얼굴로 고맙다고 말하며 퇴원하는 경우가 많았다.

그렇다고 사망 환자가 전혀 없는 것은 아니었다. 류머티스내과에서 진료하는 다양한 자가면역 질환 중에는 생명을 위협하는 심각한 질병이 많다. 때로는 매우 젊은 나이에 사망하는 환자들도 있다. 대표적인 예가 전신성홍반성낭창(루푸스) 환자들이다. 학생 때이 질환에 관해 배우며 그 진단 기준에 질렸던 기억이 있다. 진단에 필요한 증상, 징후, 검사 소견이 매우 복잡해서 이들을 종합적으로 평가해 진단해야 하는데, 교과서에 실린 증상의 목록이 100개가 넘었다. 젊은 나이에 발병하는 질환이기 때문에 의사나 환자, 보호자 모두 도저히 치료를 포기할 수 없는 경우가 대부분이다.

전임의 시절에 병동에서 만난 환자들은 주로 자가면역 질환을 앓는 젊은 환자였다. 전임의가 되어 처음으로 맡은 병동 환자도 루푸스 환자였다. 티 없이 맑은 21세 대학생이던 김예빈 씨는 몸살기가 끊이지 않아 시름시름 앓으며 여러 병원을 전전했고, 그러다 결국 들어본 적도 없는 희귀병 진단을 받게 되었다. 그때만 해도 인터넷이 없던 시절이라 환자나 보호자 모두 불안하고 당황스럽기는 마찬가지였다. 환자의 부모는 "우리 딸이 정상적으로 결혼해서 아기도 낳을 수 있느냐?"라는 질문을 가장 먼저 했다. 애석하게도 나는 "네, 걱정 마세요. 가능합니다"라고 대답할 수 없었다. 이 병은 언제 어디로 튈지 모르는데 예빈 씨의 발병 연령이 너무 어렸다. 암도 그렇지만 면역 질환도 젊은 나이에 생기는 경우 훨씬 더 사납게 진행될 확률이 높다. 내가 할 수 있는 최선의 대답은 다음과 같은 한심한 것이었다.

"치료법이 정립되기 전까지는 발병 5년 내에 거의 대부분 사망하는 질환이었지만 이제는 5년 생존율이 90퍼센트가 넘습니다."

21세 환자에게 26세까지는 문제없이 살 수 있다는 말이 그들에게 어떻게 들렸을까? 물론 하지 못한 말도 있었다. '이제 병 자체로 사망하는 일은 줄었지만 치료제의 합병증으로 사망하는 일이 늘고 있습니다. 10년 이상 오래 치료받은 환자의 경우 감염증, 동맥경화, 심근경색으로 사망하는 경우가 매우 많아요.'

다행히 첫 입원 후 경과가 순조로워 예빈 씨는 2주 만에 퇴원할 수 있었다. 그러나 한달도 못 되어 고열이 나는 바람에 다시 입원했다. 이번에는 열과 함께 다른 합병증들이 꼬리를 물고 찾아왔고, 입원한 지 한달 만에야 퇴원할 수 있었다. 당연히 학교를 다닐 수 없어 휴학계를 낸 예빈 씨는 자신의 불확실한 미래에 몹시 불안해하기 시작했다. 부모도 이제 결혼해서 아이를 낳고 평범한 삶을 사는 것이 헛된 꿈일지도 모른다는 생각을 하기 시작한 듯했지만 그래도 딸 앞에서는 애써 밝은 모습을 보이려고 노력했다. 그런 모습을 보고 있자니 마음이 아팠다.

그러나 해를 넘기지도 못하고 예빈 씨는 다시 세번째 입원을 했다. 절망의 그림자가 환자와 부모 모두에게 짙게 드리우고 있었다. 이번에도 열이었는데 원인을 알 수가 없었다. 약을 증량해도 열은 잡히지 않았고 원인을 찾아보려 해도 아무런 이상을 발견하지 못했다. 다시 스테로이드 증량밖에는 할 수 있는 것이 없었다. 1년여에 걸친 스테로이드 치료로 환자의 예쁜 얼굴은 달덩이처럼 둥그렇게 변했다. 젊은 여성 환자에게는 도저히 받아들이기 힘든 스트레스였을 것이다. 이번에도 다행히 스테로이드 증량으로 열은 잡혔고 환자는 퇴원할 수 있었다. 그후의 싸움은 열과 스테로이드 사이의 줄다리기가 되었다. 스테로이드를 장기 복용하는 경우 부작용을 최소화하기 위한 저용량 기준이 있는데, 이 환자는 스테로이드를 조금만 줄여도 열이 났고 매일 복용해야 하는 약은 저용량 기준을 한참 벗어나 있었다.

"대체 언제까지 약을 이렇게 많이 먹어야 하는 건가요?" 스테로이드 감량에 실패하고 1년 사이 체중이 8킬로그램이나 늘어난 환자에게 들은 처음이자 마지막 불평이었다. 예빈 씨는 그날 외래 진료를 마치고 집에 돌아가 목을 매 자살했다. 루푸스 환자들의 절반 이상이 겪는다는 우울증의 심각성을 처음으로 생생하게 알게 되었다. 그녀의 자살 소식을 들은 후 한동안은 일이 손에 잡히지 않았다. 자다가 가위에 눌리기도 했다. '예빈 씨에게 좀더 희망적인 이야기를 했더라면 그렇게 하지 않았을 텐데…' 죄책감이 마음을 떠나지 않았다. 그렇게 죽음은 다양한 방법으로 인간 곁을 맴돌며 의사로서의 내 능력을 비웃었다. 모든 죽음이 원통했고 내 부족함 탓인 것 같아 괴로웠다. 이렇게 해서는 더이상 의사생활을 이어갈 수 없을 것 같았다.

어떤 죽음은 의사로 하여금 방어기제를 먼저 작동하게 만들기도 한다. 월남전 참전 용사였던 김성호 씨는 점점 기력이 떨어져 계단을 오르내리기조차 힘들어지자 병원을 방문했다. 극심한 근력 약화 외에 특이 소견은 없었으나 병력 청취 시 전쟁에서 입은 부상으로 인한 만성 통증 때문에 진통제를 복용하게 되었고, 거의 중독 상태라는 것을 알게 되었다. 그중에서도 특히 근육병을 일으키는 마약성 진통제가 원인이었다. 흔히 보는 면역 질환에 의한 근육병과 달리, 이처럼 장기간의 약물 투여에 의한 독성으로 야기되는 근육병은 이렇다 할 치료법이 없다. 그렇다고 손을 놓고 있을 수도 없었다.

면역치료라도 해야 하나 고민하던 어느 날 아침, 갑자기 병동에서 연락이 왔다. 환자가 숨을 쉬지 않는다고… 전신의 근육이란 근육을 가리지 않고 침범하는 근육병의 종착역은 호흡 근육이다. 호흡 근육에 문제가 생기면 호흡부전으로 이어진다. 며칠 전부터 음식이 잘 안 넘어간다고 호소하며 불안한 상태였다.

이렇게 사망하게 놔둘 수는 없어서 기도삽관을 하고 중환자실로 이실을 준비하는데 환자의 가족들이 나타났다. 환자 입원 후 딱 두 번 본 부인은 언성부터 높였다. 한번도 본 적 없던 아들은 의료진의 멱살부터 잡으려고 했다. 환자 곁에 붙어서 계속 상태를 보아온 가족들은 그간의 경과를 잘 알고 있기 때문에 돌발 사태가 생겨도 마음의 준비가 어느 정도 되어 있는 반면, 환자의 경과를 지켜보지 못한 가족에게는 이런 일이 그저 청천벽력으로 느껴진다. 의료진의 잘못으로 멀쩡한 사람이 죽게 됐다고 받아들이기도 한다.

평소 병원에 오지 못하던 가족이 환자에게 문제가 생겼을 때 의료진에게 공격적인 태도를 보이는 일은 매우 자주 일어난다. 의료진들 사이에는 이런 상황을 접했을 때 일단 직접적인 대응을 하지 않는다는 일종의 매뉴얼까지 있다. 나중에 부인에게 경과를 상세히 설명하고 이런 일이 일어날 수 있는 상황이었다는 것을 알려주자 그제야 부인은 눈물을 훔치며 먹고살기 힘들어 남편 곁을 지키지 못한 자신의 신세를 한탄했다.

김성호 씨는 뇌기능 등은 멀쩡한 상태에서 호흡근만 마비되었기 때문에 처음에는 의식이 있는 상태에서 인공호흡을 해야 했다. 이건 거의 고문에 가까운 일이다. 결국 진정제를 다량 투여하고 깊은 수면에 들게 한 후 호흡근의 기능이 돌아올 때까지 인공호흡기로 호흡을 유지했다. 그러나 면역치료를 하면 며칠 만에 근육기능이 돌아오는 다른 환자와 달리 김성호 씨는 어떤 치료를 해도 회복이 될 가망을 보이지 않았다. 언제 끝날지 모르는 기약 없는 중환자실 인공호흡기 치료가 시작되었고 김성호 씨의 호흡근은 결국 회복되지 않았다. 부질없는 짓이 아닐까 고민하면서, 그래도 혹시나 하는 마음으로 실시했던 면역치료는 부작용을 일으켰고, 환자는 폐렴으로 위태로운 지경에 빠지기도 했다. 그렇게 하루가 일주일이 되고 일주일이 한달이 되었다. 가족들은 다시 힘겨운 삶의 쳇바퀴 안으로 돌아갔다. 그렇게 중환자실에 들어간 지 70일 만에 김성호 씨는 결국 가족들과 이야기 한번 나누지 못한 채 무의식 상태에서 패혈증으로 세상을 떠났다. 가족에게 그의 죽음은 준비된 것이라기보다는 체념에 가까운 것이었다.

어느 날 류머티스 관절염으로 오래 치료를 받던 86세 노부인의 아들로부터 엽서 한장이 왔다.

"그동안 저희 어머니를 잘 치료해주셔서 감사드립니다. 어머니는 지난 가을 폐렴 합병증으로 소천하셨습니다. 가실 때까지 좋은 약 처방해주시고 고통 없이 살게 해주신 점 다시 한번 감사드립니다."

그러고 보니 노부인을 못 본 지 한참이 되었는데, 합병증이 온 것을 미처 알지 못했다. 아마도 노부인의 아들은 돌아가신 어머니의 유품을 정리하던 중 병원에서 받았던 약봉지를 보면서 나를 떠올렸고, 이렇게라도 마음을 전해야겠다고 생각했을 것이다. 이런 순간들이 의사로서의 삶을 견딜 수 있게 한다.

많은 환자와 그 가족들이 죽음에 준비되지 않았던 의사들에게 거꾸로 죽음을 가르쳐준다. 죽음이 언젠가는 누구에게나 찾아오는, 즉 어떤 이에게만 벌어지는 특별한 비극이나 천벌이 아니라는 것을 다시금 깨닫는다. 그렇게 나는 의사로서 죽음을 준비하는 방법을 점차 배워갔다.

2

생사의 갈림길에서

사실 현재 환자의 상태는…

2000년에 나는 전임의 수련을 마치고 한림대학교 의과대학 조교수로 발령받았다. 스승이나 동료들과 의견을 나누어가며 어려운 문제들을 풀어나갈 수 있었던 수련 기간과 달리, 일단 새로운 자리에 부임하면 그때부터는 혈혈단신으로 모든 문제를 해결해야 할 때가 많다. 다행히 첫해에는 운이 좋아 환자가 사망하는 일이 없었다. 그러나 다음 해부터는 어김없이 젊은 면역 질환 환자의 죽음을 보는 일이 반복되었다.

자가면역 질환에 걸린 남고생이 여러 고비를 넘긴 끝에 병세가 회복되어 퇴원을 했는데, 그날 저녁 대량 객혈로 인한 폐출혈로 불귀의 객이 되는 일이 있었다. 이 병의 심각성을 충분히 이야기하지 않았다는 이유로 보호자의 원망도 많이 들었지만, 사망진단서를 발부받으러 온 환자의 아버지는 오히려 내게 수고했다는 말을 했다. "어젯밤에 아들이 꿈에 나타나서 자기는 좋은 곳에 있으니 엄마, 아빠도 너무 슬퍼하지 말라더군요. 아들 얼굴을 꿈에서라도 그렇게 보니 얼마나 행복하던지…"

나는 같이 울 수조차 없었다. 지금도 그때 내가 환자를 퇴원시키지 않고 병원에 잡아두었더라면 살릴 수 있었을지를 스스로에게 묻곤 한다. 그리고 매번 아니라고 생각하며 마음을 달랜다. 전혀 예측할 수 없었던 일이었고, 모든 면역치료를 마친 후 일어난 일이었다. 설령 병원에서 객혈이 발생했더라도 속수무책이었으리라. 오히려 그때 잠깐 집에 가지 않았더라면 결국 중환자실의 기계들 속에서 생을 마쳤을 것이다. 그러니 차라리 잘한 일이었을 거라고 스스로를 위안한다. 그러나 아무리 반추하고 자위해도 이렇게 갑자기 찾아오는 죽음, 그것도 아직 생을 꽃피워보지도 못한 어린 환자의 죽음에 대해서는 매번 좀처럼 적응할 수가 없다.

류머티스내과에서 환자가 사망하는 경우, 특히 젊은 환자의 경우는 자가면역 질환으로 인한 사망이 대부분이다. 자신의 정상적인 몸을 공격하는, 이상 면역 반응이 생기는 어렵고 복잡한 이 질환들은 그 다양한 임상적 발현과 변화무쌍한 경과 때문에 많은 의사를 당혹케 하는 동시에 매혹하기도 한다. 자가면역 질환은 뇌신경부터 심장, 폐, 소화기관, 관절에 이르기까지 전신의 모든 장기를 침범할 수 있기 때문에 이 질환을 잘 이해하면 내과를 다 이해하는 것이라는 말이 나올 정도다.

지금도 자가면역 질환 환자가 고열로 병원을 찾으면 나는 바짝 긴장한다. 어제는 웃고 있던 환자가 오늘 갑자기 저세상 사람이 되는 일이 드물지 않기 때문이다. 그럴수록 환자나 가족에게 예후를 설명하는 일이 매우 중요하다. 그러나 지금까지도 환자나 보호자에게 환자의 나쁜 예후를 설명하는 일은 참으로 어렵다. 좋지 않은 이야기만 하면 불필요한 공포심과 절망을 안길 수 있다. 반면 좋은 쪽으로만 이야기하면 그만큼 희망을 심어주게 되고, 경과가 나빠졌을 때 온갖 원망을 다 들어야 한다.

환자나 보호자와의 소통 방법에 대한 견해나 태도는 의사마다 다른데, 나는 좋은 이야기를 많이 하는 쪽에 속한다. 성격이 워낙 낙천적이다보니 환자의 가장 좋은 징후들을 먼저 보고 그들에게 용기와 희망을 주는 편이다. 그러다보면 때로는 환자가 다른 의사에게 무서운 말을 듣고 내게 와서 왜 그런 말을 안 했느냐고 따지기도 한다. 글쎄, 내가 환자라면 일어날 가능성이 높지 않은 최악의 사태는 되도록이면 알고 싶지 않을 것 같다. 물론 의료소송을 두려워하는 의사들은 최악의 일을 먼저 이야기해서 환자들이 '그래도 이만하니 다행'이라고 안도하게 하는 편이 더 안전하다고 생각할 수도 있다. 질환의 경과가 다이내믹하고 예측하기 어려울수록, 나처럼 희망적인 말만 하다가는 낭패를 보기 쉽다. 숨이 차다고 입원했던 42세 이서형 씨가 그런 경우였다.

평소 지병이 없었던 이서형 씨는 미열과 숨이 찬 증상으로 호흡기내과를 방문했다가 폐렴이 의심돼 입원을 했다. 며칠간의 항생제 치료에도 불구하고 미열이 오히려 고열로 바뀌는 등 병세가 호전되지 않아 자가면역 질환을 의심하게 되었다. 그리고 일주일 만에 나온 면역검사에서 이상 소견이 보여 우리 과로 전과되었다. 전과될 당시에도 고열 외에는 특이한 증상이 없었고, 검사상 다른 장기에도 이상 소견이 없었다. 그런데 여전히 열은 38도를 오르락내리락했다.

나는 망설이던 끝에 스테로이드 치료를 시작했다. 처음에는 저용량으로 시작했고, 바로 증상이 호전될 것으로 생각했지만 스테로이드를 시작한 다음 날 오히려 열이 40도로 더 치솟았다. 스테로이드는 익히 알려진 대로 장기간 복용하거나 다량 복용하면 여러 부작용을 일으킨다. 따라서 환자의 상태에 따라 가급적 단기간에 최소 용량을 쓰는 것이 원칙이다. 내부 장기의 위험 징후도 없이 단순히 발열만으로 고용량의 스테로이드를 쓰기가 께름칙했지만 열이 내리지 않으니 어쩔 수 없이 증량할 수밖에 없었다. 일주일간 스테로이드를 올리면 다음 날 열이 더 나고, 그래서 용량을 늘리면 또 열이 더 나는 병마와의 숨바꼭질이 계속됐다. 결국 하루 열두알의 약을 처방하는 고용량 요법으로 들어가야 할지를 고민하던 찰나, 환자가 저녁 식사를 하던 중 갑자기 의식을 잃고 쓰러졌다. 심정지였는데 심폐소생술 후 다행히 심장박동은 살아났지만 의식은 돌아오지 않았고 중환자실에서 인공호흡기 치료가 시작되었다.

원인을 찾던 중 심장에 문제가 있을 때 상승하는 CPK(creatine phosphokinase, 크레아틴포스포키나제, 근육이나 심장에 존재하는 효소) 수치가 며칠 전에 비해 2배 이상 뛴 것이 발견되었다. 심근경색을 의심해야 하는 상황이었지만 이해가 되지 않았다. 비만도 아니고 동맥경화의 위험 인자도 전혀 없었던, 비교적 젊은 연령의 폐경 전 여성에게 심근경색이 오는 일은 흔하지 않기 때문이다. 심전도에서도 심근경색의 소견은 명확하지 않았다. 어쨌든 심혈관의 문제라면 해결할 수 있기 때문에 심장내과와 협진을 하고 심혈관조영술을 하기로 했다. 그런데 이튿날 CPK 수치가 전날의 10배로 다시 치솟았다. 뭔가 이상했다. 흔히 볼 수 있는 심근경색의 경과가 아니었다. 본능적으로 심장 근육에 침투한 자가면역 염증이 원인일 것이라는 생각이 들었다. 바로 강력한 면역 억제 치료를 실시했다. 다음날은 수치가 조금 떨어지는 듯했다. 그러나 이틀이 지나자 CPK 수치가 1만에 육박했다. 이 수치는 심장 근육이 녹고 있다는 말이나 다름없었다.

고가의 면역글로불린을 포함한 모든 치료제가 투여되었다. 환자의 남편은 그때까지도 사태를 이해하지 못했다. 불과 20일 전만해도 정상적으로 생활하던 사람이 이렇게 갑자기 죽음의 문턱까지 온 것을 어떻게 납득하겠는가. 길지 않은 시간 동안 무수한 약을 써봐도 하루 뒤면 더 나쁜 일이 생기던 상황이었다. 점점 더 짙게 어른거리는 죽음의 그림자를 바라보며 매일같이 보호자에게 상태의 위중함을 설명했다. 그럼에도 불구하고 환자가 죽을 것이라는 말은 어쩐지 입 밖으로 나오지 않았다. "어려운 상황이다"라는 말밖에 할 수 없었다. 면역글로불린 치료가 5일간 시행되고 할 수 있는 모든 약을 다 써보았다. CPK 수치는 여전히 1만 대에 머물고 있었고 이제 할 수 있는 일은 기도뿐이었다. 심장내과 교수도 이런 일은 처음 본다며 고개를 저었다. 그렇게 중환자실에 온 지 일주일 만에 서형 씨의 심장은 이제 더이상 못 뛰겠다는 신호를 보냈다. 맥박이 서서히 느려지고 있었다. 어떤 승압제와 촉진제를 써도 반응이 없었다. 남편을 불렀다.

"심장이 곧 멈출 것 같습니다."

"……"

"이제 할 수 있는 방법이 남아 있지 않습니다."

"그럼…"

"마지막으로 체외순환기(에크모. 심폐기능이 심하게 떨어졌을 때 혈액 순환을 도와주는 기계)를 돌려보겠지만 지금처럼 심근에 큰 손상이 온 상태에서는 환자를 소생시키기 어려울 겁니다."

보호자에게 상태를 설명하는 동안 환자 곁에서는 분당 20회로 떨어지기 일보 직전인 심장박동을 되돌리기 위해 주치의들이 침대 위에 올라타 심장마사지를 하고 있었다. 기도에 삽관된 튜브로 심장마사지의 충격으로 파열된 폐혈관에서 나온 피가 솟구쳐 환자의 얼굴은 피투성이가 되었다. 의사로서도 눈뜨고 보기 어려운 광경이었다. 희망이라도 있는 상황이었다면 좀 나았을 것이다. 그러나 어떻게 해도 환자는 죽을 것임을 아는 상황에서 그 광경은 처참하기만 했다. 그렇게 침대 위에서 심장마사지를 하면서 환자를 체외순환기가 있는 방으로 옮겼다. 남편은 그제야 부인의 이름을 부르며 울부짖었다. 체외순환기를 돌리기 시작했을 때 이미 서형 씨의 심장은 박동을 멈추었고, 그렇게 희망 없는 12시간을 보낸 후 비로소 남편은 아내가 이미 죽었다는 사실을 받아들였다.

이후 환자의 다른 가족이 찾아와서 "이런 병원에서 치료하는 바람에 살 사람이 죽었다"라며 따지고 들었다. 소위 '빅 4'라 불리는 병원에 몸담은 게 아니라면, 의료진들은 최선을 다하고도 이런 원망을 듣는 일이 흔하기에, 이번에도 업이라는 생각으로 떨쳐냈다. 그래도 어쩔 수 없이 남는 억울함은 권위 있는 해외 학술지에서 이 케이스가 정말 예측하기 어려운 희귀한 사례임을 인정받아 증례 보고가 출판된 후 조금은 달랠 수 있었다. 하지만 고생은 고생대로 하고, 마음만 상하게 될 게 훤히 보이면 여전히 많은 의사가 일찌감치 더 큰 병원으로 전원시켜 보호자의 원이라도 없게 해줄까 하는 갈등을 한다.

원 없이 다 해보고

원 없이 다 해보고 보낸다는 말은 아무래도 자식을 앞세우는 상황에 몰린 부모들에게서 많이 나온다. 몇달째 원인 모를 열로 여러 병원을 전전하던 고등학생 오혁수 씨가 외래로 나를 찾아왔을 때는 이미 병색이 완연한 모습이었다. 부모는 안절부절못했다. 기본 진찰과 검사만으로도 자가면역 질환이라는 것이 확실했고, 환자의 상태가 매우 좋지 않아 바로 입원을 결정했다. 혁수 씨는 교과서에 나오는 자가면역 질환의 전형적인 증상을 다 가지고 있었다. 적혈구가 쉼 없이 깨지고 있어서 혈색소 수치가 정상 수치의 반밖에 안되었다. 소변으로 단백질이 물 새듯 새어나왔고, 콩팥기능이 떨어지며 몸은 풍선처럼 부었다. 조직검사를 하기 전에 먼저 스테로이드 충격요법과 화학요법을 실시해 콩팥기능을 안정시켰다.

강력한 치료 후 열도 잡히는 듯하고 전신 상태도 조금 좋아졌다. 그러나 안도의 한숨을 쉰 지 며칠 지나지도 않아 환자는 헛소리를 하며 병실을 지키는 엄마도 알아보지 못했다. 이런 경우 순전히 의사의 직관으로 원인을 파악해야 한다. 병세가 악화돼서인지, 약물 부작용인지, 아니면 감염증과 같은 전혀 다른 원인으로 인한 것인지 가능한 경우의 수를 모두 따져보아야 한다. 병세가 악화되었기 때문이라고 판단하면 약물치료를 증량해야 하고, 약물 부작용이라면 약을 줄여야 하는 정반대의 갈림길에 서게 된다.

나는 우선 약물 부작용으로 판단하고 스테로이드를 줄였다. 다행히 증상이 좋아져서 다시 한번 가슴을 쓸어내렸다. 그런데 며칠 후 이번에는 배가 아프다며 밥을 못 넘기고 침상에 누워 식은땀을 흘리고 있었다. 설마 췌장염까지 생겼을까 하며 초음파 검사를 해보니 설마가 사람 잡는다고 췌장염이었다. 엄마가 밤낮으로 해다 나르던 맛있는 반찬들을 다 금지시켰다. 혁수 씨는 코에 말이 치료지 고문에 가까운 레빈튜브를 꽂고 금식에 들어갔다. 다행히 일주일쯤 지나 이번 위기도 잘 해결되는 듯 보였고, 2차 면역치료를 시작할 준비에 들어갔다. 그러던 중 다시 열이 치솟았다.

아무래도 예감이 좋지 않았다. 열이 나는 모양새나 환자가 힘들어하는 모습이 단순히 면역 질환의 증상 같아 보이지 않았다. 아니나 다를까 열이 나던 날 채취한 혈액에서 균이 자라고 있었다. 다시 항생제를 주사하면서 이번에는 균이 자라는 장기가 어디인지를 찾아야 했다. 폐도 아니고 신장도 아니었다. 환자는 몹시 힘들어했다. 그런데 심전도 리듬이 입원 당시와는 조금 달라 보였다. 심장에 청진기를 대어보았다. 희미하게 잡음이 들렸다. 입원 당시에도 있었던 걸 내가 놓쳤는지, 이번에 새로 생긴 건지 판단이 서지 않았다. 설마설마하면서 심장 초음파를 대본 나는 두 손을 들 수밖에 없었다. 심장판막에 염증이 있었고, 여기서 균이 자라 온몸으로 퍼져나간 것이었다. 이렇게 면역 저하 환자에게서 발생하는 감염성 심내막염은 치사율이 매우 높다.

한달 가까이 되는 입원 기간 동안 가지가지 위기 상황을 잘 넘겼다고 생각했는데 질병은 살려고 몸부림치는 환자와, 살리려고 발버둥치는 의료진, 그를 지켜보며 노심초사하는 가족을 비웃고 있었다. 균이 자리를 잡은 모습도 매우 사나웠다. 판막을 가차 없이 갉아먹는 양상이었고, 여차하면 판막이 찢어져 급사할 수도 있었다. 심장판막 수술 외에는 다른 방도가 없었다.

흉부외과 교수를 찾아가서 환자 상태를 설명하고 수술 준비를 하던 중에 환자의 아버지가 나를 찾아왔다. 그는 다짜고짜 내 앞에 넙죽 엎드리더니 말했다. "교수님, 우리 혁수 서울대학교병원에서 수술하게 해주십시오. 제발 살려주십시오." 그 많은 고비를 겪으면서 한번도 큰 병원 운운하지 않고 의료진과 호흡을 맞춰온 분들이었다. 하지만 막상 생사를 넘나드는 큰 수술을 해야 하는 상황이 닥치니, 부모는 어쩔 수 없이 젊은 교수 앞에 무릎을 꿇었다. 더이상 말이 필요 없었다. "아버님, 일어나세요. 이러지 마세요. 제가 아버님 뜻을 잘 알았으니 바라시는 대로 해드리겠습니다." 하지만 그는 일어날 생각은 않고 여전히 머리를 숙인 채 말했다. "제가 교수님께서 그동안 애써주신 거 몰라서 이러는 게 아니니 제발 오해는 마십시오. 우리 혁수는 제가 집을 팔아서라도 꼭 살려야 합니다. 그러니 원이라도 없게 수술은 서울대학교병원에서 받게 해주십시오." 전화 한통이면 해결할 수 있는 일이니, 그리 어려울 것도 없었다. 물론 이런 상황에서 끝까지 환자의 치료를 책임질 수 없는 현실이 못내 서운했지만, 그건 내 능력만으로는 어찌할 수 없는 일이었다.

다시 흉부외과 교수에게 상황을 설명하고 전원을 준비했다. 섭섭한 마음도 잠시, 위중한 상태에서 전원을 하는 혁수 씨가 무사히 수술을 잘 견디기를 바라는 마음만이 간절했다. 혁수 씨의 심장 수술은 무사히 끝났다. 그러나 그후의 경과도 만만치 않았다. 대퇴근에 농양이 생겨 근육을 뭉텅이로 들어내는 대수술까지 받아야 했다. 환자는 전원 후 2개월 만에 퇴원할 수 있었다. 그다음 경과는 알지 못한다. 혁수 씨가 어딘가에서 건강한 모습으로 잘 살고 있기만을 바랄 따름이다.

이런 극단적인 경우가 아니더라도 응급 수술 등 내 손을 벗어나는 위험 요인이 생기는 경우, 환자나 보호자가 전원을 요청해오면 나는 두말없이 해주려 하는 편이다. 어차피 위험이 있는 상황이라면 환자나 보호자들은 똑같이 나쁜 결과라도 대형병원에서 그 결과를 맞이했을 때 의심하지 않고 더 쉽게 승복하는 경향이 있기 때문이다.

물론 별문제 아닌 병도 무조건 더 큰 병원으로 보내달라고 요구하는 환자도 많다. 내가 병원 근무를 시작했을 때, 환자들이 병원을 선택하는 이유의 90퍼센트 이상은 병원 때문이지 개별 의사 때문이 아니라는 말을 듣고 놀랐던 적이 있는데 그런 현상이 나아질 조짐은 전혀 없어 보인다. 의료가 사람이 하는 일이 아닌 첨단 기계와 설비에 달린 일이라는 생각이 팽배하기 때문이다. 반드시 실력이라고만은 할 수 없는 여러가지 이유에 의해 랭킹이 떨어지는 병원에서 일하거나 개원을 한 의사들은 이래저래 도매금으로 병원 수준과 동일하게 취급되는 것이 보통이다. 의료 전달 체계가 엉망이라는 것은 '빅 4' 병원의 외래 진료실이 경증 환자로 미어터지는 현실을 보면 알 수 있다. 그럼에도 정부는 어떤 능력을 발휘한 적이 없고 그럴 의지도 없는 것처럼 보인다.

집으로 데려가시지요

생사를 넘나들며 고통스러워하는 환자를 볼 때면 의료진은 이 환자가 살아 있는 것이 정말 그를 위해 더 나은 일인지를 자문할 때가 적지 않다.

19세 정유경 씨는 혈구감소증으로 혈액종양내과에서 치료를 받던 환자였다. 검사 도중 자가면역 질환 의심 소견이 보여 나에게 의뢰되었다. 원인이 무엇이었든지 간에 해볼 수 있는 치료, 써볼 수 있는 약은 이미 다 거쳤고 환자는 약 부작용으로 더 힘들어하고 있는 암담한 상황이었다. 어떤 치료 방법이 더 남아 있을지 검토하고 있던 중 갑자기 유경 씨가 심한 두통을 호소하며 쓰러졌다. 뇌혈관이 여러군데 막히는 심한 뇌경색이 확인되었는데 그야말로 할 수 있는 일이 아무것도 없었다.

갑작스러운 심폐정지에 대비해 환자를 급히 중환자실로 옮겼다. 이때야 처음으로 나타난 다른 가족들이 왜 미리 뇌 사진을 찍어서 이런 일을 대비하지 않았느냐며 나를 비난했다. 할 말은 많았지만 차분하게 예측 불가의 상황이었다는 것을 설명하고 그들의 원망을 몸으로 받아낼 수밖에 없었다.

뇌경색이 발생한 지 일주일 후 유경 씨의 상태는 정말 참담했다. 의식은 있고 말도 알아듣는데 정작 말을 하지 못했다. 연수기능이 마비되면 언어중추도 같이 소실된다는 것을 그때 처음 알았다. 신경외과 전문의인 남편과 환자 이야기를 하면서 우리가 뇌에 대해 아직도 아는 것이 거의 없다는 사실을 다시 깨달았다. 유경 씨는 팔다리는커녕 손가락 하나도 움직이지 못했지만 심장은 세차게 잘 뛰고 있었다. 그런 상태에서 중환자실에 계속 있을 수는 없었다. 유경 씨가 일반병동으로 옮겨진 날 같은 병실에 있던 환자들이 다 나갔다. 밤낮으로 꽥꽥 울어대는 통에 없던 병도 생길 것 같다는 불만이 쏟아졌다.

유경 씨의 가족도 병동에 나타나지 않았다. 일을 하지 않으면 생계를 꾸리기 어려운 사정이었다. 환자는 병실에 간병인도 없이 홀로 내팽개쳐졌다. 병원도 의료진도 난감한 상황이 되었다. 가족도, 간병인도 없는 상황에서 병동 간호사들이 환자의 대소변을 다 치웠다. 나는 나대로 매주 장기입원사유서를 써서 내야 했다. 사실 유경 씨는 더이상 상급 종합병원에 입원할 이유가 없었다. 환자의 뒤치다꺼리와 수혈 정도만 해줄 수 있는 병원이면 어디에 입원해도 상관없는 상황이었지만, 내가 그 사실을 기록하는 날에는 환자의 치료비가 모두 비급여로 전환되고 만다. 의료진보다 환자 가족은 더 큰 수렁에 빠져 있었다. 이미 4개월이 넘는 병원생활로 지금까지의 병원비만으로도 가족들에게 큰 부담이었다. 더 최악인 것은 이런 생활이 언제 끝나게 될지 기약이 없다는 것이다. 이런 상황에서 병원비보다 더 부담이 되는 것은 간병비. '병원에서 나빠졌으니 병원 책임'이라고 주장하면서 될 수 있는 한 오래 병원에 책임을 전가하는 것이 가족들이 택할 수 있는 최선의 방법이었다. 그렇다고 손가락도 못 움직이는 환자를 병원에서 쫓아내지는 못하지 않겠는가?

그렇게 한달이 지나고 다시 한달이 지났다. 아침에 아무도 없는 병실에 들어가서 "유경아, 잘 잤니?" 하고 물으면 환자는 목청껏 울부짖는 것으로 답을 했다. 소리도 다 들리고 생각도 하는데 누워서 꼼짝하지 못하는 저 삶은 어떤 지옥일까? 결국 환자를 2차 병원으로 옮긴 날, 유경이 어머니는 다시 나를 찾아와서 그 병원에 못 있겠으니 다시 여기로 오게 해달라고 요청했다. "왜요? 치료가 어려운 점이 있나요?" "아니요. 간병비를 포함한 병원비를 한달에 150만원이나 내라는데 저는 그 돈을 낼 수가 없어요. 여기로 다시 옮기게 해주세요."

나는 잠시 천장을 보다가 크게 한숨을 쉬고 말했다. "유경 어머니, 이 병원에서 지난 6개월간 유경이의 치료비가 2차 병원보다 적었던 이유는 이 병원 의료진들이 환자 가족이 떠맡아야 하는 짐을 전부 대신 져주었기 때문이에요. 환자의 대소변을 치워주는 일은 병동 간호사가 해야 하는 일이 아니에요."

"……"

"우리가 유경이에게 어떤 도의적, 윤리적 책임이 있어서 그동안 그 일을 해온 것은 아니에요. 다만 우리 병원에서 치료를 하다가 일어난 그 모든 불행이 안타까워서 선의로 그렇게 했던 겁니다. 그 부분을 오해하지 않으셨으면 해요."

"……"

"만일 지금 유경이가 다시 이 병원으로 옮긴다면, 그동안 저희가 선의로 했던 모든 일을 이제는 더이상 할 수 없다는 걸 아셔야 합니다. 그 모든 선의를 거둔다면, 유경이의 병원비는 지금 있는 2차 병원보다 훨씬 더 비싸질 거예요. 우리나라가 지금보다 더 살기 좋은 곳이 되어서 유경이처럼 불행한 결과를 맞게 된 환자들의 치료를 위해 가족이 져야 하는 부담을 줄일 수 있다면 좋겠지만, 아직 우리나라는 그런 나라가 아니에요."

나의 잔인한 말에 유경이 어머니는 더이상 말을 잇지 못했다.

"말이 나온 김에 무엇이 지금 유경이에게 최선일지에 대해 제 솔직한 생각을 말씀드려도 될까요?"

“뭔데요?”

“이제는 가족들의 삶을 생각하셔야 해요. 유경이의 병원비를 그렇게 짊어지다보면 어머니도 곧 엄청난 곤경에 빠지게 될 거예요.”

“이미 어렵습니다.”

“유경이를 집으로 데려가시지요.”

“뭐라고요? 그러면 죽는 거 아니에요?”

“그동안 제일 문제가 되었던 것이 혈소판 수치인데 우리 병원에서 마지막 두어달 동안 관찰을 해보니 수혈을 안 해도 수치가 더 떨어지지는 않더군요. 어차피 지금 몸을 움직일 수 없는 상황이니까 출혈은 그리 크게 걱정을 안 해도 될 거예요.”

“그럼 밥은 누가 챙겨줘요…”

“지금 콧줄로 영양 공급을 하고 있지요? 그것도 집에서 할 수 있어요. 장애인 활동지원급여를 신청하시면 요양사가 와서 씻기고 영양 공급도 해줘요. 저녁에는 어머니가 해주면 되고요. 요양 시간을 더 길게 신청해도 지금 드는 비용보다는 훨씬 더 적게 들 거예요.”

“그래도 집으로 데리고 오면 아무래도 위험하지 않을까요?”

“유경이가 지금 병원에 누워서 저런 상태로 오래 있는 것이 행복할까요? 그렇다고 병원에 계속 있는다 해도 천수를 다 누리지는 못해요. 정확한 시기는 아무도 모르지만, 머지않은 시일에 유경이는 결국 죽게 됩니다.”

"……"

"인명은 재천이라는 말이 하나 틀린 게 없는 것 같아요. 지금 상황에서 병원은 그 '재천'이 안 되게 무리를 하고 있는 것일지도 모르겠습니다."

어머니는 깊은 생각에 잠겨 진료실을 나갔다. 유경 씨가 이후 집으로 갔는지 병원에 남았는지 나는 알지 못한다. 그러나 집으로 갔다면 최소한 더이상 밤낮없이 큰소리로 울어대지는 않을 거라고 생각한다.

왜 하루를 더 못 견디고

다시 5년 정도 아주 운이 좋은 시기가 찾아왔다. 면역 질환으로 젊은 환자가 죽는 일이 한번도 없었던 것이다. 개인적으로도 무난하게 정년을 보장받는 교수 승진이 되었고, 집안도 무탈한 시기가 이어졌다. 그 5년의 마지막 해에는 혹시 최근 면역 질환의 중증도가 낮아지는 것이 아닌지 연구를 해보고 싶은 마음까지 생겼다. 결국 이것이 폭풍 전야의 고요에 지나지 않았음을 뒤늦게 알게 되었지만…

질병 역시 특별히 치료법이 달라진 것도 아닌데 시대에 따라 얼굴이 바뀐다. 가령 베체트병(구강과 성기에 궤양이 생기고 피부, 눈, 대장에

염증이 동반되는 류머티스 질환)은 내가 수련을 받던 당시에는 진단 기준을 만족시키는 전형적인 환자가 넘쳐났는데, 요즘에는 전형적인 환자를 보기가 쉽지 않다. 그사이 이 병의 치료제가 개발된 것도 아니다. 아무래도 위생이나 환경상의 변화 때문에 병의 발현 양상 자체가 바뀌었다고 해석하는 게 맞다. 같은 맥락으로 이제는 자가면역 질환이 더이상 죽지 않는 병으로 그 얼굴을 바꾼 것은 아닌가 알아보고 싶었다. 건강보험심사평가원을 통해 면역 질환의 최근 10년간 생존 데이터를 구해보겠다고 이리저리 알아보던 중, 숨이 차서 심장내과를 방문했다가 협진 의뢰를 받은 여고생 환자를 만났다.

고등학교 2학년인 박지선 씨는 우울증으로 몇년간 치료를 받고 있었다. 우울증의 원인은 계속된 집단 따돌림이었다고 한다. 지선 씨의 우울증을 치료하던 정신과 의사가 아무래도 우울증 외에 다른 병도 있는 것 같다며 우리 병원으로 의뢰를 했고 심장내과에서 바로 중증 폐동맥 고혈압이 있다고 진단했다. 그 정도가 매우 심각해서 심장기능까지 손상되었고 바로 치료를 시작하지 않으면 생명이 위태로운 지경이었다.

어린 나이에 이런 병이 생기는 게 흔한 일은 아니었기 때문에 원인을 찾아야 했다. 지선 씨를 처음 보자마자 나는 마음이 많이 아팠다. 아마도 병 때문에 힘들어서 달리기도 못하고, 친구들과 어울리지도 못하다보니 친구늘에게 왕따를 당하기 시작한 게 아닌가 싶었다. 눈가에 짙은 그늘이 있고 말도 잘 하지 않으려는 지선 씨를 달래서 병력을 청취하고 혈액검사를 지시했다. 진료를 하면서 뭔가 어색하다는 느낌을 받았는데 금세 이유를 알 수 있었다. 지선 씨의 옆에 환자에 대한 추가 정보를 제공할 보호자가 없었다. 보호자는 어디 있냐는 물음에도 대답이 없는 지선 씨를 대신해 간호사가 부모님은 일 때문에 바빠서 잘 못 오신다고 말해주었다. 폐동맥 고혈압 외에는 면역 질환을 의심할 만한 이렇다 할 증상이나 신체 이상을 확인할 수 없었기 때문에 확진을 위해서는 일단 검사 결과를 기다릴 수밖에 없었다. 그러던 차에 다행히 지선 씨의 엄마가 병원을 방문해서 면담을 할 수 있었다.

"지선이가 언제부터 저렇게 힘들어했나요?"

"중학교 때부터인데 워낙 말수가 적고 운동도 잘 못하니까, 친구들이 왕따를 시킨 것 같아요…"

"그사이 몸이 아프다는 말은 안 하던가요?"

"애가 우울증이 워낙 심해서 말을 잘 안 했어요. 제가 혼자 애들을 키우느라 시장 나가서 일을 하다보니, 애가 아픈지 어떤지 챙길 시간이 없기도 했고요…"

"어머니, 지금 지선이 건강 상태가 매우 심각한 상황이에요. 폐동맥 고혈압이라는 병인데 이게 하루이틀 만에 생긴 문제가 아닌 것 같아요. 꽤 오래됐을 겁니다. 치료는 바로 하겠지만 심장기능이 많이 약해져서 생명이 위험할 수도 있어요."

엄마는 청천벽력이라는 듯한 표정을 지었다. 눈에서는 눈물이 흐르기 시작했다.

"그런가요? 내가 그것도 모르고… 먹고살기 바쁘다고 애를…"

그런 상황에서 잔인하게 따돌림당한 것도 몸이 불편한 게 원인이었을 것이라는 말은 하지 못했다.

1차 검사 결과 면역 질환 의심 소견이 나왔다. 바로 환자를 전과 받아 치료할 준비를 하는데 간기능 수치에 이상이 생겼다. 마음에 걸려 하루 더 기다려보면서 간 수치가 더이상 오르지 않으면 치료를 시작하기로 하고 병원을 나섰다. 개인적으로도 집안에서 몹시 시달리는 일이 있었기 때문에 집에 와서는 병원 일을 전혀 생각할 수 없었다. 온몸에 들러붙은 끈적이는 이물질을 닦아내는 심정으로 관련 서류 작업을 마치니 밤 10시가 넘었다. 그 순간 전화벨이 울렸다. 좋지 않은 소식을 전하는 전화벨은 그 소리부터 다르다.

지선 씨가 방금 심장이 멈추었다고 했다. 눈앞이 캄캄해졌다. 일단 운전대를 잡고 다시 병원으로 향했다. 가면서 내내 머릿속에서 질문이 떠나지 않았다. '왜 하루를 더 못 견디고 하필이면 오늘?' 병원에 도착해 보니 이미 사망이 선언된 후였다. 밤 9시 57분에 멈춘 지선 씨의 심장은 30분 넘게 심장마사지를 해도 꿈쩍을 하지 않았다. 죽음은 잠시도 지체해주지 않았다. 중환자실 바깥에서 엄마는 넋이 나간 채 바닥에 주저앉아 있었고, 어린 남동생이 엄마 옆에 앉아서 흐느꼈다.

"이렇게 빨리 갈 줄은 몰랐네요." 이 말밖에는 할 수 없었다. 엄마는 "못난 부모 만나서…"라는 말만 반복하며 한없이 눈물을 흘렸다. 나는 "어머님이 잘못한 것은 없다"라고 위로 아닌 위로를 건네고, 보호자의 손을 잡아주는 것 외에 할 수 있는 일이 없었다.

최선을 다해야 할 때와 그만 놓아야 할 때

지선 씨를 시작으로 모든 게 다시 되풀이되었다. 지선 씨가 죽은 후 몇달 안 되어 21세 정미래 씨가 의식이 없는 상태로 입원했다. 미래 씨는 중학교 때 소아 루푸스를 진단받았다. 한창 예민한 시기에 스테로이드 치료를 하면서 체중이 10킬로그램이나 늘고 얼굴이 보름달처럼 커졌다. 친구들이 뚱보라고 놀려댔고, 학교에 가기 싫어했다. 자연히 성적도 떨어졌다. 다행히 미래 씨의 병은 치료 후 순탄히 호전되어 약을 상당히 줄일 수 있게 되었다. 문제는 이때부터였다.

이제 병이 다 나았다고 믿은 그녀는 더이상 병원을 다니지 않기로 했다. 무엇보다 약을 먹고 싶지 않았다. 이후 쉽게 피곤해지고, 가끔 열이 나고 몸도 아팠지만 병원이나 치료라는 말만 들어도 몸서리를 쳤다. 어린 시절의 상처가 그만큼 컸던 것이다. 그러나 병은 상처받은 마음이라고 해서 봐주는 법이 없다.

고등학교를 졸업하고 바로 결혼해 아기까지 낳은 그녀는 이내 병으로 인한 큰 고통을 마주해야 했다. 하지만 열이 40도까지 오르고 지칠 대로 지쳐서 아기를 돌볼 수 없는 지경이 되었는데도, 누구에게도 힘들다는 말을 안 하고 하루하루를 버텨냈다. 어느 날 아침 부엌에서 의식불명으로 쓰러져 있는 것을 남편이 발견하기 전까지는…

구급차에 실려 병원에 도착하자마자 촬영한 MRI에서 뇌간 부분의 음영 이상이 관찰되었다. 뇌간은 우리가 숨을 쉬고 생물로서의 기본적인 반응을 하도록 신호를 통합 조절하는 뇌의 컨트롤 타워라고 할 수 있다. 그녀의 상태가 매우 심각하다는 것을 바로 가족들에게 설명했다. 남편과 부모는 애원했다. "우리 미래 제발 살려만 주세요!" 나는 매정하게 말하지 않을 수 없었다. "왜 이렇게 심하게 진행되도록 치료를 안 받으신 건가요?" 사실이기는 하지만 일정 부분 환자에게 나쁜 예후의 책임을 묻는 잔인한 말이라는 것을 안다. 그래도 묻지 않을 수 없었다. 환자의 어머니는 입술을 깨물며 말했다. "우리 미래가 그 약을 너무너무 싫어했어요… 학교 다닐 때 얼굴 보면서 허구한 날 울고, 죽고 싶다는 말도 많이 했어요." 환자가 그런 마음이었다는 건 충분히 이해하지만 제때 치료를 하지 못하면 의료진도 어쩔 수 없는 상황이 닥친다. 지금이 그런 경우였다. "이번 일주일 동안 그동안 못한 치료를 한꺼번에 몰아서 한다고 생각하시면 됩니다. 치료에 반응을 하느냐, 치료를 견디느

냐가 관건이지요."

눈물바다가 된 가족들을 뒤로 하고 중환자실 팀과 치료 계획을 짰다. 사실 너무 늦었다는 것을 알았지만 별도리가 없었다. "일단 3일간 스테로이드 충격요법을 쓰고, 하루는 사이톡산 충격요법, 그리고 이어서 고용량 경구 스테로이드 복용을 유지하고, 상황을 봐서 면역글로불린을 5일간 추가로 써볼 겁니다. 뇌간의 문제이기 때문에 환자 생체기능이 심히 불안정할 수 있어요. 인공호흡기 세팅 잘 맞추고 혈압 떨어지면 바로 승압제 처치하고요. 이건 갈 때까지 가야 하는 경우예요."

미래 씨의 경과는 말 그대로 롤러코스터였다. 과거에도 뇌를 침범한 루푸스 환자를 많이 보았지만 이렇게 심한 경우는 처음이었다. 심장박동이 분당 50에서 130까지 널을 뛰었고, 혈압은 쇼크에 가까운 저혈압을 기록하다가도 조금만 승압제를 주면 최고 180까지 치솟았다. 한마디로 생체 반응이 전혀 조절되지 않고 있었다. 그저 강력한 면역치료에 반응하기만을 기도하는 수밖에 없었다. 인공호흡기를 오래 달아야 할 것이 예상되었기에 환자를 엎드려놓기도 하고 호흡기가 숨을 불어넣는 횟수와 강도를 이리저리 바꿔가며 폭풍과도 같은 병마 앞에 선 환자의 가녀린 생명을 유지시켰다. 일주일간의 치료에도 결국 그녀의 의식은 돌아오지 않았다. 이제 정말 미래 씨가 사망할 것이라고 생각했지만, 나는 차마 그 말을 가족들에게 할 수 없었다. 시간이 더 필요했다. 실낱같은 희망을 가지고 면역글로불린 치료를 했고 역시 반응이 없었다.

그렇게 일주일이 지나 이제 기관절개를 해서 인공호흡기를 유지할지 결정을 해야 할 시간이 되었다. 출혈을 억제하는 혈소판 수치도 낮아 기관절개가 안전하지는 않았다. 가족들에게 이를 설명하자 안 할 수는 없느냐고 물었다. 더 오래 기도에 관을 넣어두면 기도가 손상된다고 말하면서 스스로가 고문집행관이 된 듯한 기분이 들었다. 지금 상황에서 면역치료의 부작용으로 감염증이 생기면 이제 정말 포기하겠다고 마음속으로 결심하던 찰나, 미래 씨가 39도가 넘는 열이 난다는 보고가 들어왔다. 입원한 후 강력한 면역억제 치료를 해서 2주간은 열이 없던 차였기 때문에 정말 감염이 생긴 걸로 간주해야 했다. 그래도 혈액 배양과 항생제 치료를 안할 수는 없었다. 미래 씨도 한번 들어가면 헤어날 수 없는 생명연장의 과정에 들어갔기 때문이다.

병원 중환자실은 일시적인 문제로 생명이 위독해진 환자들이 의학적인 시술의 도움으로 위험한 시기를 넘기고 다시 정상적인 생활로 돌아가기 위해 존재한다. 원칙은 그렇지만 현대의료에서는 이런 원칙이 너무나 빈번히 깨져버린다. 누구도 "이제 그만"이라는 말을 하지 않기 때문이다. 결국 죽음을 말하기 싫어하는 의사와 죽음을 받아들일 수 없는 환자 가족 사이의 암묵적인 합의하에, 중환자실은 환자가 임종을 맞기 위한 장소로 급속히 변질되어가고 있다. 그 결과 정말 치료가 필요한 사람들이 입원하지 못하고 돌려

보내지는 일이 발생한다.

1차 면역치료가 실패로 돌아갔을 때, 가족들에게 미래 씨가 이제 죽을 거라는 말을 솔직히 했어야 하는데 그러지 못했다. 나는 죽음을 말하지 않음으로써 가족들에게 허망한 희망을 심어주고 말았다. 이미 미래 씨가 갈 길은 정해져 있었다. 의식은 돌아오지 않고, 인공호흡기를 떼지 못하는 상황에서 균 감염이 계속되다가 결국 중환자실 밖으로 나가지 못하고 사망할 것이다. 그 과정에서 신장 기능마저 떨어져서 투석까지 해야 할 수도 있고, 갑자기 심장이 멎어 심폐소생술을 해야 할 수도 있다. 무엇이든 의미 없이 단지 환자의 생명만을 붙들어놓는 시술일 뿐이고 어떻게 해도 미래 씨가 살 가능성은 보이지 않았다

감염증은 항생제 치료로 일단 해결되었다. 또 한주가 지났다. 열이 잡혔다고 좋아하는 어머니를 보며 나는 또다시 아무 말도 할 수가 없었다. '어차피 인공호흡기도 뗄 수 없고 집으로 데려갈 수도 없는 상황에서, 헛된 희망이나마 가지고 있는 것이 낫지 않을까.' 나는 그렇게 나의 비겁함을 정당화했다. 3주가 넘어가고 이대로 희망 없는 환자를 잡고 있는 나도 괴로웠다. 면역치료를 또 해야 하는 건 아닌가 혼란스러워하던 중에 다시 열이 오르기 시작했다. 이번에는 항생제도 듣지를 않았고, 혈압조차 유지가 안 되는 심한 패혈증에 바로 진입했다. 승압제를 올리자 말초혈관이 오므라들고 혈액순환이 나빠지면서 손가락, 발가락이 썩어들어갈 기미가 보였

다. 이제는 정말 끝내야 한다. 화창한 토요일 오후 보호자들과 면담 약속을 잡고 병원으로 향하는 마음이 너무나도 무거웠다. 내 얼굴을 보자마자 어머니는 또 울기 시작했다. 내가 무슨 말을 할지 알고 있었을 것이다.

"상태가 너무 안 좋습니다. 이제 준비를 하셔야 할 것 같네요."

"미래가 돌도 안 된 딸이 있어요… 어떡하면 좋아요…"

"할 수 있는 건 다 했습니다. 이제는 어쩔 수가 없어요… 그만큼 사악한 병입니다."

"그래도 아직 심장이 뛰잖아요…"

"네, 젊은 분이니까 지금 이런 상황에서도 심장이 잘 버티고 있는 거예요."

나는 다른 가족들을 내보낸 뒤 남편만 남겨놓고 이야기를 이어 갔다. 아직 얼굴에 앳된 기가 가시지 않은 그는 파랗게 질린 입술을 떨고 있었다.

"이런 말을 하게 되지 않기를 정말 소원했는데, 이제는 말씀을 드려야겠네요. 미래 씨는 아마 오늘 밤을 못 넘길 거예요. 지금은 심장이 뛰고 있지만 곧 서서히 잦아들 겁니다… 그리고 완전히 멈추겠지요. 그때가 되어 따로 지시가 없으면 중환자실에서는 자동적으로 심폐소생술을 하게 됩니다. 하지만 이런 경우 심폐소생술은 아무런 의미가 없어요. 심장이 멈추면 그때는 환자를 그냥 보내야 하는 겁니다."

그의 눈에서 굵은 눈물 줄기가 흘러내렸다.

"이런 말이 무슨 위로가 될지는 모르겠지만… 남편 분과 다른 가족들은 환자를 위해서 할 수 있는 모든 것을 다 하신 겁니다. 하지만 병원에서는 그럼에도 불구하고 환자를 보내야 하는 일이 생겨요. 부디 기운 내세요."

몇주 전 폐동맥 고혈압 말기 환자가 중환자실에서 사망했는데 내가 미처 정리를 안 해주었더니 무위한 심폐소생술을 5시간이나 한 뒤에 환자와 의료진 모두 만신창이가 된 일이 있었다. 환자의 마지막 순간을 정리해주는 것 또한 의사의 중요한 의무다. 미래 씨의 가족들은 심장이 멈추어도 심폐소생술을 하지 않는다는 데 동의했고, 임종을 준비했다. 3주가 넘는 중환자실 투병 끝에 가족들도 심신이 지칠 대로 지친 상태였다. 퇴근하기 전 중환자실에 들어가 보니 환자의 혈압이 안 잡힌다고 주치의가 승압제를 올리고 있었다. 환자의 손가락 두 마디가 이미 검게 썩어가고 있었다.

"이 선생, 그만하지. 저 손 안 보여?"

"네, 알겠습니다."

"더 길어지면 보호자들도 힘들 거야."

그날 밤부터 미래 씨의 심장박동이 늘어지기 시작했고, 새벽 1시 10분에 완전히 박동이 멈췄다. 만일 그때 승압제를 올리거나 심폐소생술을 했더라면 며칠, 아니 몇시간은 더 생명을 연장할 수 있었을 것이다. 그러나 그러지 않은 것이 환자나 그 가족을 위해 내가 할 수 있었던 마지막 의무라고 생각한다. 나는 아직도 스스로 죽음에 준비된 의사라는 생각은 하지 않는다. 다만 좋은 의사는 최선을 다할 때와 이제 그만 놓아야 할 때를 분별할 줄 알고, 가족을 설득할 수 있어야 한다고 믿는다.

의료인문학 수업 I

여러분, 안녕하세요. 오늘 의료인문학 수업의 강의를 맡은 내과학 교실 김현아입니다.

불과 몇년 전만 해도 의과대학에서 인문학 교육을 해야 한다고 하면 "의사에게 그런 교육이 무슨 소용이 있어?"라고 반문을 하는 답답한 사람들이 있었어요. 의사가 교과서대로 환자를 진단하고 치료하면 되는 거지, 그 과정에 무슨 다른 지식이 필요하냐는 생각인데 저도 그런 사고방식을 가진 세대로부터 교육을 받았어요. 하지만 그러다보니 의사들은 매뉴얼만 익힌 영혼 없는 기술자가 되어가고 있었어요. 천금 같은 사람의 생명을 구해야 하는 사람들이… 이런 위기 상황을 인식한 몇몇 훌륭한 선배들께서 전국 의과대학에 의료인문학이라는 강좌를 필수적으로 개설하도록 했고 그것이 계기가 되어 오늘처럼 제가 평소 여러분들을 볼 때와는 조금 다른 이야기를 할 수 있는 기회를 가지게 된 거예요.

오늘 여러분을 인문학의 길로 안내할 길잡이는 그림이에요. 여러분의 전공과 밀접한 관련이 있는 죽음이라는 주제로 이야기해볼까 합니다.

『내가 너의 곁에 있을게』 삽화.

　　가볍게 그림책으로 이야기를 시작하지요. 볼프 에를브루흐^{Wolf} Erlbruch라는 독일 작가가 쓴 『내가 함께 있을게』(김경연 옮김, 웅진주니어 2007)입니다. 오리는 항상 누군가가 자기를 따라다닌다는 느낌이 들었는데 어느 날 그것을 발견하고 "너는 누구니?"하고 묻습니다.

　　"날 마침내 발견했구나. 나는 죽음이야. 그동안 나는 혹시나 해서 항상 네 곁에 있었는데…"

　　"혹시나라니… 그게 무슨 말이야?"

　　죽음을 발견한 오리는 곧 그와 친구가 됩니다. 같이 헤엄도 치고 낮잠을 자기도 하지요. 둘은 긴 시간 삶과 죽음에 대해 이야기합니다. "다른 오리들이 그러는데 우리가 죽으면 천사가 되어 구름 위로 가서 땅을 내려다본내." 죽음이 답합니다. "그럴 수 있지. 오리는 날개가 있잖아." "그런데 나쁜 짓을 많이 한 오리는 지옥으로 가서 오리구이가 된다고도 하던데?" 죽음은 어깨를 으쓱하며 "누가 알겠어?"라고 답합니다. 오리는 "죽은 다음에 어떻게 되는 건지는 너도 모르는 거구나" 하고 실망합니다.

어느 눈 내리는 날 오리는 더이상 숨을 쉬지 않게 됩니다. 땅에 가만히 누워 있는 오리를 죽음은 물끄러미 바라봅니다. 이어서 오리의 헝클어진 깃털 몇가닥을 가지런히 정리한 다음 오리의 시신을 안아 강으로 가져갑니다. 그리고 튤립 한송이를 오리 가슴에 얹고 죽은 오리를 강물에 띄워 보냅니다. 죽음은 강물에 흘러가는 오리를 오랫동안 바라봅니다. 저자는 죽음은 항상 우리를 따라다니고 우리 곁에 있는 일상적인 것이라는, 꺼내기 어려운 이야기를 아이들도 이해할 수 있도록 쉽고 아름답고 뭉클하게 묘사하지요.

다음은 장 프랑수아 밀레의 그림입니다. 밀레 하면 「이삭 줍는 사람들」이나 「만종」과 같이 전원적인 풍경 속에서 뼛골 빠지는 중노동에 시달려야 하는 농부들의 그림으로 유명하지요. 제가 고른 작품은 「죽음과 나무꾼」입니다.

그림 속 두 인물 중 왼쪽의 인물은 서양의 저승사자 Grim ripper 입니다. 커다란 낫을 들고 있는 것으로 알 수 있지요. 오른편에 저승사자의 손에 잡혀 발버둥치는 나무꾼이 보입니다. 나무꾼은 아마도 죽음에 전혀 준비가 되어 있지 않은 것 같습니다. 다 끝내지 못한 나무 더미에 매달려 어떻게든 따라가지 않으려고 몸부림을 치

밀레 「죽음과 나무꾼」, 1859년.

고 있습니다. 나무꾼은 두 팔, 두 다리, 온몸의 힘을 다해 버티고 있
지만 저승사자는 너무도 아무렇지 않게 나무꾼의 어깨에 한 손만
턱 걸치고 있습니다. 이미 승패는 결정이 된 듯하네요. 그림의 오른
쪽 위를 보면 지붕에서 연기가 피어오르고 있습니다. 나무꾼이 필
사적으로 살아야만 하는 이유입니다. 저 집으로 돌아가서 가족과
저녁 식사를 해야 하니까요. 하지만 저승사자의 왼손에 들린 날개
달린 모래시계는 이제 가야 할 시간임을 알리고 있습니다. 그 어떤
이유로도 나무꾼은 죽음을 피할 수 없습니다. 이 그림은 삶의 이유
를 겯코 헤아려주지 않는, 피할 수 없는 죽음의 시간을 형상화함으

로써 죽음이 언제나 우리 곁에 있다는 사실을 일깨워줍니다.

지금은 사람들이 죽음을 목도하는 일이 점점 더 적어지고 있어요. 그래서 그런지 사람은 언젠가 죽는다는 사실을 애써 외면하고, 또 일부는 정말 죽지 않고 영생할 방법이 있을 거라고 착각하는 시대에 살고 있지요. 불과 몇백년 전만 해도 죽음은 항상 내 옆에 살아 숨 쉬는 현실이었어요. 역병이 창궐해서 순식간에 도시 인구 절반이 사라지기도 하고, 끊이지 않는 전쟁으로 인해 죽는 사람도 부지기수였지요. 죽음은 인간의 삶에 항상 고정적으로 등장하는 존재였고 항상 이기는 존재였어요. 피터르 브뤼헐Pieter Brueghel의 작품 「죽음의 승리」는 죽음이 살아 있는 자들을 무자비하게 습격하는 모습을 담고 있습니다. 큰 통에 돈을 가득 숨겨놓은 흰 담비 털 외투를 두른 왕에게도, 류트를 연주하며 사랑을 나누는 연인에게도 죽음은 평등하게 다가오지요.

14세기 흑사병 창궐 이후 죽음에 대한 두려움을 극복하기 위해 만들어진 '죽음의 춤'이라는 도상에서 의사들은 별 볼일 없이 소변통 하나 들고 죽음에게 끌려가는 모습으로 그려졌습니다. 그런데 현대의학이 발달하면서 의사는 이제 신의 영역이라 생각했던 죽음을 제압하는 존재로 묘사됩니다. 정말 경천동지할 변화지요. 이보 살리거Ivo Saliger라는 오스트리아 화가 역시 '죽음의 춤'에서 유래된 '죽음과 소녀' 도상을 교묘하게 마초적인 시각으로 변형해 죽음을 힘껏 물리치는 의사 상을 표현했습니다.

피터르 브뤼헐 「죽음의 승리」, 1562년경.

　하지만 우리는 결국 죽음을 이길 수 없습니다. 에밀 놀데의 작품 「환자, 의사, 죽음 그리고 악마」 같은 모습으로 바뀌었을 뿐이에요. 이 그림은 오늘날 우리가 겪는 죽음의 모습을 적나라하게 보여줍니다. 오랜 옛날부터 근과거까지도 사람들은 집에서 가족과 친지 등 가까운 사람들에 둘러싸여 임종을 맞았습니다. 하지만 이제 죽어 가는 사람의 곁을 지키는 것은 더이상 가족들이 아닌 약병과 의사뿐이지요.

　죽음이 병원으로 떠넘겨진 다음 수순은 당연히 죽음이 치료해야 하는 질병으로 둔갑하는 거예요. 요즘은 한술 더 떠서 노화조차도 치료가 필요한 병으로 치부되고 있지요. 자본주의 사회는 죽음과

에밀 놀데 「환자, 의사, 죽음 그리고 악마」, 1911년.

노화를 병원의 일로 만들고 가족들이 그 시간에 노동을 하고 재화를 축적하도록 작동해왔고요. 여러분이 중견 의사로 활동하는 시기에는 환자들의 평균 연령이 지금보다도 높을 것이고 그런 현상도 더 심해질 거예요. 여러분들이 의사 개인으로서 이 거대한 흐름에 거역한다는 것은 쉽지 않겠지만 최소한 죽음을 앞둔 환자의 입장에서 무엇이 좋은 죽음일지를 한번 고민해보기 바랍니다.

2장

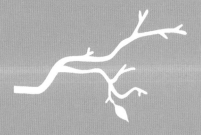

백세시대

죽음이 싫으면서

너를 딛고 일어서고

시간이 싫으면서

너를 타고 가야 한다

　　―김수영 「네이팜 탄」

왜 우리는 이렇게 죽게 되었을까?

갑자기 오래 살게 된 인류

20세기는 인류가 일찍이 경험하지 못했던 인간의 수명 연장이 일어난 시기다. 많은 사람들이 의료기술이 향상됨에 따라 수명이 늘어났다고 생각하지만 그것은 착각이다. 수명 연장은 사실 식량의 안정적인 공급에 따른 영양 상태 개선과 근대사회로 이행하면서 발전한 공중위생 덕분이다. 의료기술의 발달도 물론 영향을 미쳤지만 그보다는 오히려 질병의 원인이 되는 인자들을 찾아내는 예방의학의 발전이 훨씬 더 중요한 역할을 했다. 고지방 식이와 운동 부족, 흡연이 중풍이나 심근경색증의 원인인 동맥경화의 주요 위험 인자라는 것을 밝히고 건강한 식생활, 금연 등 생활양식의 개선을 홍보하여 심혈관 질환 사망률을 끌어내린 것이 좋은 예다.

20세기 초반에 40세 정도였던 인류의 평균 수명은 20세기가 끝날 무렵에는 2배 가까이 증가했다. 석기시대에 20세였던 평균 수명이 수만년에 걸쳐 2배 늘어난 것과 비교하면 불과 100년 남짓한 기간 동안 일어난 이런 변화는 정말 엄청난 것이다. 당연히 인간의 신체가 이런 급격한 수명 연장에 적응하기에는 시간이 턱없이 부족했다.

나는 전문 분야가 관절염을 다루는 류머티스내과이기 때문에 이 방면의 연구를 해오면서 젊은 시절에는 완치제를 찾아보겠다는 야심찬 계획도 가지고 있었다. 그런데 어느 해 외국 학회에서 발표된 오래 사는 원숭이를 연구한 결과를 보고 머리를 세게 맞은 듯 잠시 멍해졌다.

원숭이는 자연 상태에서 평균 5년 정도 사는 데 반해 실험실에서 사육하는 원숭이들은 천적이 없고 식량을 마음대로 먹을 수 있어 10년 이상을 너끈히 살게 된다. 부자 나라에서는 이렇게 원숭이 여러마리를 실험용으로 키우며 노화 연구를 한다. 키우던 원숭이가 죽으면 각 실험실에서 모두 달려와서 자기가 연구하는 분야의 조직들을 채집해간다. 연구 결과 중에 실험실에서 오래 사육된 원숭이의 관절염에 관한 데이터가 있었다. 이 데이터를 보면 말하자면 천수를 누리고 죽은 원숭이의 무릎에 관절이라 할 수 있는 부분이 거의 남아 있지 않았다. 연구자가 그 이야기를 하려고 데이터를 제시한 것은 아닌데 내게는 노화에 의한 관절염을 완치하겠다는 것이 얼마나 허망한 일인지를 보여주는 데이터로만 보였다. 퇴행성 관절염이란 40~50년 살도록 설계된 인간의 관절을 80년을 쓰게 되면서 생긴 진화 과정의 부적응일 뿐 얄팍한 약물이나 시술로는 해결할 수 없는 것이라는 생각이 강력하게 떠올랐기 때문이다. 이후 연구비를 따기 위해 어쩔 수 없이 "퇴행성 관절염의 치료제를 개발하겠다"라는 말을 쓰던 빈도를 차차 줄이고 관절염을 가지고도 최대한의 삶의 질을 보장할 수 있는 방향을 모색하는 쪽으로 연구의 방향을 돌리게 되었다.

크게 보면 의료도 마찬가지 딜레마에 빠져 있다. 이제는 70세에 사망해도 요절이라고 생각하는 분위기까지 생겼기 때문에 의사들은 어떻게 해서든 숫자상으로 환자의 수명을 늘려야 한다는 강박 관념에 사로잡혀 있다. 앞서 언급했듯 의료기술의 발달이 인류의 수명 연장에 기여한 바가 적기는 하지만 급성 질환 치료에서는 분명히 큰 향상을 이루었다. 항생제의 발달로 역사적으로 인류의 수명을 위협하던 대다수 감염 질환이 해결되었고 수술 기술, 생명보조장치의 발달로 과거의 전쟁에서는 사망했을 대부분의 부상병들을 이제는 살려낼 수 있다.

문제는 이런 급성 치료에 중점을 두어온 의료기술이 전혀 다른 문제인 만성 질환자의 치료에 그대로 적용되고 있다는 점이다. 전쟁 부상병, 사고 부상자의 생명을 건지기 위해 개발된 기술들이 아무런 기준 없이 삶의 마지막 길을 걷고 있는 환자들에게 무차별적으로 적용되고, 심한 경우 의료소송의 빌미까지 제공하게 된 것이다. 이것은 환자와 가족에게는 고통스러운 죽음의 과정을 연장시키고 커다란 경제적 손실을, 국가적인 차원에서는 제한된 의료자원의 낭비를 초래한다. 또한 반드시 이런 치료가 필요한 환자에게 치료의 기회를 박탈함과 동시에 의료비용의 천문학적인 증가를 가져왔다. 중환자실 자리가 없어서 병원을 전전하다가 사망하는 아이의 예는 상당히 많으며, 보건의료 통계로 보면 한 개인이 사망하기 전 한달간 쓰는 의료비가 그 이전 평생에 걸쳐 쓴 의료비보다 더 많다. 결국 선진국들에서는 이런 불행한 결과를 막기 위해 완화의료를 중심으로 하는 죽음의 질 향상에 관한 논의가 일어나게 되었다. 또한 국가는 그 구성원의 삶을 개선하는 데 힘쓰는 만큼 죽음의 질에 대해서도 책임이 있다는 데에 공감대가 이루어졌다.

"우리는 인류 역사상 한번도 경험한 적 없는 인구 집단의 변화를 겪고 있다. 유사 이래 5세 이하 어린이의 수가 65세 이상 노인의 수보다 적었던 적은 없었다. 그리고 이 현상은 역전되지 않고 더욱 심화될 것이다."

세계완화의료협회Worldwide Hospice Palliative Care Alliance, WHPCA의 회장 스티븐 코너Stephen Connor는 죽음을 맞는 사람들에 대한 완화의료의 중요성을 강조하며 이렇게 주장했다.

어떻게 죽는 것이 가장 바람직한 죽음일까? 여기에 대해서는 너무나 많은 복잡한 요인들이 영향을 미친다. 종교, 문화, 사회적 요인에 영향을 받는 개인적인 생각이 전문가의 의견과 항상 일치하지는 않기 때문에 먼저 바람직한 죽음에 대한 정의가 이루어져야 한다.

죽음의 질

이코노미스트 인텔리전스 유닛Economist Intelligence Unit, EIU은 영국의 시사경제 주간지『이코노미스트』The Economist를 발간하는 이코노미스트 그룹의 계열사로 국가별 경제, 정치 전반에 대한 지표를 제공하는 공신력 높은 연구기관이다. EIU는 2010년에 처음으로 죽음의 질 지수를 개발해 발표했다. 죽음의 질을 평가하는 지표는 다음과 같은 항목들이 있다.

1) 완화의료를 포함한 의료 환경
―정부의 의료비 지출 정도(국내총생산에 대한 비율).
―정부 주도의 완화의료 전략의 존재와 효율성.
―완화의료 연구를 지원하는 정부 주도 연구 프로그램의 존재 유무.
―완화의료를 제공하는 능력.

2) 인적 자원

— 전문적인 완화의료 종사자 유무 및 충분성.

— 의료인의 완화의료 숙지 정도.

— 완화의료 전문가의 자격 관리 기구 존재 여부.

— 1,000명의 완화의료 사망 예당 의사 수.

— 1,000명의 완화의료 사망 예당 간호사 수.

3) 완화의료의 비용

— 완화의료에 대한 공적 지원 유무.

— 완화의료 치료를 받는 환자의 개인 부담 정도(80퍼센트 이상
을 개인 부담해야 하는 경우 최하로 평가, 20퍼센트 이하를 개인 부담해
야 하는 경우 최상으로 평가).

— 국민연금이 완화의료 치료를 지원하는 정도.

4) 완화의료의 질

— 완화의료 제공 기관의 질 관리 제도 유무.

— 마약성 진통제 공급 여부.

— 환자와 가족에 대한 정신적, 사회적 지원 여부.

— 소생술 금지Do Not Resuscitate, DNR가 법적 효력을 갖는지 여부.

— 예후 및 치료 방향 결정에 의료진이 환자에게 충분히 정보
를 주고 결정을 공유하는지 여부.

— 환자 만족도 조사 여부.

5) 지역사회 참여

— 완화의료에 대한 공공의 인지도.

— 완화의료에 참여하는 자원봉사 인력 유무.[1]

시험 문제를 보면 성적을 예측할 수 있듯 2010년에 우리나라는 죽음의 질 평가에서 경제협력개발기구^OECD 소속 40개 국가 중 32위로 거의 최하위 그룹에 속했다. 당시 이 결과가 발표되자 사회적으로 큰 반향이 있었고 본격적으로 웰다잉 논의가 시작되는 듯했다.

그후 5년 뒤인 2015년 EIU는 몇가지의 지표를 추가하고 조사 대상국의 수를 40개국에서 80개국으로 대폭 늘려 업데이트 데이터를 내놓았다. 우리나라는 2015년 발표에서 18위로 성큼 올라섰다. 평가 기준이 달라졌기 때문에, 그리고 조사 대상이 달라졌기 때문에 2010년과 2015년의 성적을 직접 비교하는 것은 무리가 있지만 2010년에 우리를 앞섰던 이탈리아와 포르투갈이 이번에는 우리나라보다 뒤처지게 되었다. 아시아 국가 중에는 대만, 싱가포르, 홍콩, 일본이 2010년에 우리나라보다 앞서 있었는데 홍콩을 제외한 나머지 국가들 모두 2015년에도 우리나라보다 앞섰다. 그중 대만은 6위에 올라 최상위권에 자리하게 되었다.

그런데 성적이 올랐다고 무턱대고 좋아하는 것은 별로 도움이 되지 않을 것 같다. 주변의 여러 경우에서 보듯 아직도 우리 사회에서 웰다잉은 너무도 멀고 험한 길처럼 보이기 때문이다. 우리나라에서 죽음의 질 지표가 빠른 시일에 상승한 것은 대부분 정부 주도의 프로그램 도입과 같이 비교적 쉬운 방법, 그리고 세계적으로도 부러움을 사고 있는 국민건강보험 제도와 같이 이미 존재하고 있던 시스템에 기인한 것이다. 좋은 죽음의 질이 실질적으로 일반 국민의 삶으로 스며들기에는 아직도 많은 장벽이 기다리고 있다.

EIU 보고서에 따르면 죽음의 질은 그 나라의 소득 수준과 밀접한 연관을 보인다. 아래 그래프는 국가의 소득 수준과 죽음의 질의 상관관계를 보여주는데 대부분의 국가들이 정비례 관계를 의미하는

세계 각국의 GDP 대비 죽음의 질

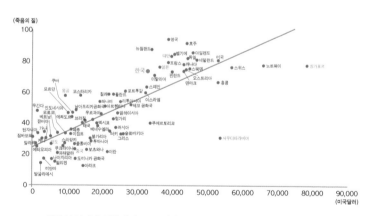

대각선 아래에 위치하면 GDP 대비 죽음의 질이 낮고 위에 위치하면 높다.

(출처: The 2015 *Quality of Death Index-Ranking palliative care across the world*, 17면)

대각선 주변에 놓여 있다. 눈여겨볼 것은 대각선을 훌쩍 벗어나는 국가들이다. 한국, 일본, 대만 등 아시아 국가들이 거기에 해당하는데 소득 수준에 비해 죽음의 질이 높은 국가들이다. 쉽게 말해 모범생들이라 할 수 있는데 실제로 우리가 피부로 느끼는 것과는 좀 다른 이유가 대부분 국가 주도의 시스템이 작동한다는 이유로 높은 점수를 받았기 때문이다.

대만은 우리나라처럼 전국민 건강보험이 있어 의료 서비스 문턱이 낮은 편이다. 일본의 경우 5년 전에는 40개국 중 23위로 비교적 성적이 나빴는데 새로운 암 정복 프로그램이 도입되면서 14위로 순위가 껑충 올랐다. 일본은 이 프로그램에 힘입어 암 진단 초기부터 완화의료를 도입하고 완화의료 시설을 국가가 지원하고 있다. 이에 비해 싱가포르는 소득에 비해 죽음의 질이 나쁜 국가에 속하는데 인구 노령화가 급속히 진행되면서 임종의료에 미처 적응하지 못했기 때문이다. 하지만 최근 국가 주도로 삶의 마지막에 받는 치료의 수준을 환자 스스로 결정할 수 있는 권리를 인정하고 완화의료기관 지원 사업을 도입하고 있어 곧 열등생 신세를 면할 것으로 예상된다. 몽골의 경우 소득 수준에 비해 죽음의 질이 높은 수준으로 24위였고 이는 의사, 간호사, 사회복지사 들을 대상으로 완화의료 교육을 강화하고 마약성 진통제 성분 처방을 가능하게 하는 등 완화의료에 대한 문턱을 낮춘 것에 기인한다.

눈에 띄는 것은 사우디아라비아와 같이 소득 수준에 비해 죽음의 질이 현저히 낮은 나라들이다. 이것이 그 나라의 문화, 즉 사회적 전통 때문인지 의료 시스템의 문제 때문인지는 알 수 없다. 중국이나 인도와 같은 신흥 경제대국도 낙제점을 면치 못하고 있는데 이들 나라의 막대한 인구수에 비추어보면 매우 우려되는 상황이다. 이런 국가들은 아직까지 치료 위주의 의료가 발달되는 단계로 완화의료에 대한 인식 수준이 낮은 편이다.

자연사도 치료합니다

여기에서 좋은 죽음의 질을 가늠하는 척도가 되다시피 한 완화의료가 무엇인지 살펴보자. 완화의료palliative care라는 용어는 임종의료end-of-life care와 구분 없이 쓰이고 있기는 하나 엄밀히 말하면 둘은 조금 다른 개념이다. 완화의료는 반드시 임종을 목전에 두고 있는 사람에게만 시행하는 치료는 아니기 때문이다. 온몸에 암세포가 전이되어 하루하루가 힘겨운, 누가 보아도 임종이 눈앞에 닥친 사람에게만 완화의료가 필요한 것은 아니다. 고혈압, 당뇨, 중풍 등 노년에 닥치는 온갖 만성 질환들의 후유증으로 신체의 정상적인 기능을 모두 잃고 침상생활을 하면서 대소변을 받아내야 하는 환자는 언제 임종이 올지 알기는 어렵지만 삶을 좀더 편안하게 해주는 치료는 필요하다. 세계보건기구WHO에서 정의하는 완화의료는 다음과 같다.

완화의료란 생명을 위협하는 질환과 연관된 문제들을 겪고 있
는 환자와 그 가족들의 삶의 질을 향상시키는 치료로 통증, 신
체적 문제, 정신적 문제, 사회적 문제, 영적인 문제까지 조기에
발견하고 적절히 평가함으로써 고통을 예방하고 덜어주는 방
식을 의미한다.

완화의료는 구체적으로 다음을 의미한다.

- 통증을 포함한 괴로운 증상을 해소시킨다.
- 삶을 긍정함과 동시에 죽음이 정상적인 과정이라는 점을 인
  지한다.
- 죽음을 서두르지도 방해하지도 않는다.
- 환자 치료에서 심리적이고 영적인 면을 통합한다.
- 환자가 사망 전까지 가능한 한 능동적인 삶을 영위하도록
  돕는다.
- 환자의 가족이 환자의 투병을 견디고 환자가 사망한 후 애
  도하는 것을 돕는다. 이런 시도는 여러 전문가들로 구성된
  치료 팀이 관여하도록 한다.
- 삶의 질을 향상시킨다.

• 임종이 임박한 경우 외에도 적극적인 치료와 함께 병행할 수 있다. 예를 들어 항암치료나 방사선 치료 중에도 환자의 괴로움을 덜어주기 위해 완화의료를 적용할 수 있다.[2]

여기에서 눈여겨보아야 할 대목은 "죽음이 정상적인 과정이라는 점을 인지한다"라는 내용이다. 이에 관련하여 최근 대두되는 것이 '죽음의 의료화'medicalization of death 논의다. 다음의 경우가 '죽음의 의료화'가 가져오는 전형적인 사례다.

92세 할아버지가 호흡곤란으로 저녁 8시에 대학병원 응급실에 실려왔다. 할아버지는 그동안 큰 병치레 없이 건강하게 지내다가 1년 전부터 서서히 기운이 없어지기 시작하여 외출을 못하게 되었다. 5개월 전부터는 혼자서 화장실 출입도 못하게 되어 대소변을 받아내게 되었으나 식사는 혼자 했다. 가족들 사이에서 요양병원으로 모시자는 이야기가 나왔지만 할아버지가 거부했다. 할아버지를 모시고 있던 장남이 더 나빠지기 전까지 일단은 집에서 모시기로 하고 지켜보고 있었다. 한달 전부터 침상에서 일어나 앉지도 못하게 되고 식사도 떠먹여주어야 하는 상태가 된 후에도 할아버지는 여전히 집 아닌 곳으로 옮겨지는 것을 거부했다. 병원에 오던 날 아침 할아버지가 약간 열이 있는 듯하면서 횡설수설을 하다가 점점 의식이 나빠지면서 숨을 몰아쉬자 병원 응급실로 옮겼다.

응급실에 들어온 할아버지는 이제 더이상 '할아버지'가 아닌

'환자'가 된다. 환자의 생체 징후를 측정한 간호사가 급히 의사를 호출하고 이어 달려온 의사가 뭐라 뭐라 알 수 없는 의학 용어를 내뱉자 의료진들이 우르르 달려들어 할아버지에게 바늘을 꽂고 기계를 연결하고 수액을 매달고 피를 뽑는다. 거기에 보호자들이 설 자리는 이미 없다. 어리둥절하고 경황이 없는 보호자들에게 한눈에 보기에도 경험이 많지 않은 듯한 젊은 의사가 피로와 짜증이 가득한 얼굴로 다가와 말을 건다.

"상태가 너무 안 좋네요. 지금까지 뭐하신 거예요?"

몇달 동안 할아버지 곁을 지키며 대소변을 받아내고 고생한 보호자들은 순간 죄인이 된다.

"그렇게 안 좋으신가요? 어제까지는 식사도 그런대로 하시고 말씀도 하셨는데…"

"지금 검사 지표가 너무 안 좋아요. 폐렴도 생긴 것 같고 산소포화도가 너무 낮아서 이대로 두면 바로 돌아가실 것 같아요. 지금 곧 인공호흡기를 달아야 하니까 그리 아세요."

"……"

"어제까지 소변도 잘 안 나오지 않았나요? 신장기능도 엉망인데…"

"……"

"동시에 혈액투석도 해야 합니다."

그때서야 가족들은 1년간 매일 보면서도 일부러 외면하고 있었던 사실을 깨닫는다. 할아버지가 이제는 돌아가신다는 것을… 부랴부랴 나머지 가족들에게 연락을 하고 깨알 같은 글자가 박힌 서류들에 서명하느라 눈물을 흘릴 시간조차 없다. 중환자실로 옮겨진 환자는 이미 집에 있던 그 할아버지가 아니다. 기도에는 손가락만 한 삽관이 들어가 있고 삽관을 고정하기 위해 얼굴은 반창고로 도배가 되어 있다. 눈도 한번 더 못 맞추고 할아버지는 중환자실의 매정한 철문 뒤로 사라진다. 생각 외로 할아버지의 경과는 빨리 진행을 해서 몇시간이 지나 심장이 한번 멈추었다. 중환자실 의사들이 심폐소생술을 해서 다시 심장박동은 돌아왔지만 아까보다 더 험악한 표정의 또다른 의사가 나타나 상태가 너무 안 좋으니 마음의 준비를 하라고 한다. 가족들은 이제 희망보다는 빨리 끝나는 것이 낫지 않을까 하는 생각을 하게 된다.

새벽녘에 두번째 심정지가 왔을 때에는 30분 이상의 심폐소생술을 했지만 더이상 심장박동이 돌아오지 않았고 결국 새벽 4시 39분에 사망이 선고된다. 환자가 사망한 후에나 가족들은 중환자실에 들어가 환자를 볼 특권(?)이 생긴다. 병원에 들어온 지 12시간도 안되어 할아버지는 생전과는 완전히 다른 모습으로 차가운 중환자실 침상에서 가족들을 맞는다. 언제 달았는지도 모르는 수많은 수액줄들과 의료기기들을 떼어내고 환자는 영안실로 옮겨진다.

이때 가족 중 한 사람은 뒤에 남아 퇴원 수속을 밟아야 한다. 응급실 원무과 직원은 하품을 참으며 환자의 사위에게 121만원의 치료비가 찍힌 고지서를 건네준다. 사위는 할아버지가 돌아가신 것도 충격이지만 방금 받은 고지서도 못지않게 충격이다. "겨우 10시간 있다가 결국 돌아가셨는데 100만원이 넘는 치료비가 웬 말이냐?"라고 따져보지만 이러이러 저러저러한 치료가 들어갔고 또 비싼 응급실 이용료까지 보태면 계산에 틀림은 없다.

옛날 같았다면 할아버지가 이제 돌아가시게 된다는 것을 옆에서 다들 알고 준비를 했을 것이다. 그러나 의료기술의 발달과 함께 마치 죽을 사람도 살려내는 것 같은 착시 효과가 생기면서 이제는 노화에 의한 자연사라는 만고의 진리가 무색한 시대가 되어버렸다. 결국 쇠약해진 노인이 사망하는 맨 마지막 단계, 근력 약화에 의한 활동력 저하 → 식이 섭취 부진 → 영양실조 및 탈수에 의한 장기 기능 저하 → 인두근 약화에 의한 흡인과 폐렴 → 사망이라는 과정이 모두 처치가 가능한 질환으로 탈바꿈하게 된 것이다.

이것은 의료인들뿐 아니고 다양한 이해 당사자들이 관여하게 되면서 점점 더 복잡한 양상으로 변화했다. 사회는 죽음에 대해 이야기하기보다는 현대의학의 발달로 인간이 얼마나 오래 살 수 있게 되었는지, 예전 같았으면 죽었을 상황에서 얼마나 극적으로 생명을 건질 수 있는지에만 초점을 맞추고 있다. 그러다보니 사람들은 점점 더 죽음을 준비하지 못하게 된다. 부모가 돌아가실 때가 되었다는 것도 인지하지 못하고 그저 막연하게 "이러다가 나빠지면 병원에 모시고 가면 방법이 있겠지…" 이렇게 생각을 한다. 이사들의 사망진단서에는 더이상 노환이 사망 원인으로 등장하지 않는다. 심부전, 신부전, 폐렴, 감염증… 모든 사망에는 의학적인 진단명이 붙어야 한다.

사정이 이렇다보니 이제 현대의학은 죽음의 속도와 시간, 장소도 마음대로 조정할 수 있게 되었다. 죽음은 가족들이 지켜볼 수 있도록, 장기 적출이 적절할 수 있도록 시간을 맞춰야 하는 행사가 되어버렸다.

영화 「마돈나」(2014)에서는 아버지가 자식에게 유산을 물려주지 않기로 한 것을 알게 된 아들이 아버지의 재산을 마음대로 쓰기 위해 아버지에게 타인의 심장을 이식해 생명을 연장한다. 그 과정에서 거부 반응이 날 때마다 계속 새로운 심장을 얻기 위해 살인까지 저지르는 극단적인 이야기를 담고 있다. 영화적 상상이지만 현실에서 전혀 불가능한 일도 아니다. 현실의 죽음은 점점 더 부자연스러운 사건이 되어가고, 자연사는 때로 안락사 내지는 살인과 혼동되기까지 한다. 더 나아가서 인류 역사에서 생물학적으로, 종교적으로, 사회적으로 중요한 자리를 차지하고 있었던 죽음이 이제는 의료의 실패로, 의료의 적으로 둔갑하고 있다.

정상적인 상식이라면 말기 질환에 시달리던 환자가 결국 병원에서 숨을 거두는 경우 의료인은 슬픔을 나누며 남은 가족을 위로하는 것이 바람직할 것이다. 그러나 현대의 병원에서 환자의 죽음은 어떤 경우든 일어나면 안 되는 일종의 사고 같은 것이 되어버렸다. 환자가 사망하면 그 경위가 무엇이었든 의료진은 우선 보호자에게 질책당할 일이 없었는지 먼저 살피고, 병원의 정기적인 사망 집담회에서 동료 의사에게 비난받을 일은 없는지 살피고, 심지어는 사망 예가 병원 평가에 나쁜 영향을 주지 않을지까지 따져야 한다. 이런 시스템은 의사들이 죽음을 자연스러운 과정으로 보는 일을 점점 더 어렵고 기피하게 만든다. 시간을 끄는 것이 환자는 물론 환자의 가족에게까지 고통스러운 상황이라 할지라도 어떻게든 죽음을 늦추려는 시도를 하는 일도 흔히 보게 된다.

외주된 죽음과 보편화된 객사

장수 사회가 되면서 별다른 이유가 없는, 노화에 의한 사망이 늘어가는 실정에서 이런 의료진의 관점은 큰 문제를 야기할 수 있다. 죽음을 의료적 진단과 치료의 실패로 몰아가는 경우 결과적으로 환자와 가족에게서 죽음이 가지는 비의료적인 측면을 모두 빼앗아가버리기 때문이다. 우리나라는 과거 집 밖에서 사망하면 객사라고 하여 매우 불행한 죽음으로 간주하는 전통이 있었다. 그러나 죽음이 의료화되면서 이제는 의료기관에서 사망하는 것이 일상적인 일이 되다보니 객사(?)가 보편적인 현상이 되어버렸다.

통계청 데이터에 의하면 1989년에 77.4퍼센트가 집에서, 12.8퍼센트가 병원에서 사망하던 우리나라의 임종 장소는 2018년에는 의료기관 사망 76.2퍼센트, 자택 사망 14.3퍼센트로 뒤바뀌게 되었다.[3] 이런 현상은 바람직한 임종 장소에 대한 사회적 인식과도 매우 동떨어져 있다. 일반인을 대상으로 어디서 죽는 것이 바람직하다고 생각하느냐는 설문에 병원이라고 답한 경우는 16.3퍼센트에 지나지 않았다. 학력이 높거나 수입이 많을수록 병원에서 죽는 것이 바람직하다는 비율이 낮아졌다. 응답자의 57.2%는 자택에서, 19.5%는 호스피스나 완화의료기관에서 죽는 것이 바람직하다고 답했다.[4]

이렇게 임종 장소에 대한 일반적인 통념과 현실이 차이가 나는 것은 우리나라뿐 아니라 전세계적인 현상이다. 미국의 경우 20세기 초까지는 병원에서 임종하는 사람이 거의 없다가 20세기 후반 50퍼센트를 넘게 되고 2000년대 들어서는 80퍼센트가 병원에서 임종을 맞이했다. 죽음이 병원으로 '외주'되고 있는 것이다.

이런 현상은 비단 죽음의 의료화에만 기인하는 것은 아니다. 전쟁, 기아, 역병 등으로 죽음이 일상에 가깝던 전 시대에 비해 현대 사회는 죽음을 가까이에서 볼 기회가 점점 더 적어졌다. 이에 따라 죽음은 누구에게나, 심지어는 의사들에게조차 낯설고 적응하기 어려운 일이 되어버렸고, 현대의 규격화되고 위생적인 주거 환경에서 죽음은 수용하기 어려운 짐이 되어버렸다.

과거 우리 조상들이 생의 마지막에 곡기를 끊고 죽음을 맞던 일

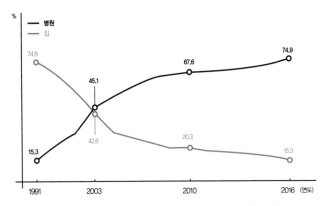

1991~2016년 우리나라 임종 장소의 변화

(출처: 「10명 중 7명은 병원서 눈감아… 재택 임종 작년 15.3% 역대 최저」, 『중앙일보』 2017.3.6.)

은 이제 심하게는 유기로까지 비난받게 되고 하다못해 아무런 도
움도 안 되는 수액이라도 맞다가 죽어야 정상인 것처럼 오인하는
사회 분위기까지 조성되고 있다. 그러나 일반인보다는 죽음을 자
주 목격하는 의료인으로서 분명히 말할 수 있는 것은, 병원은 생의
마지막을 보내는 장소로 결코 바람직하지 않다는 것이다. 특히 가
장 가까운 가족과의 접촉조차 금지되는 중환자실에서의 죽음은 더
욱 그렇다.

사회 전반적으로 죽음의 질을 생각하고 이에 대한 활발한 논의
가 이루어져야 하겠지만 무엇보다도 사람들이 한 인간의 죽음을
그 개인의 일생으로부터 따로 떼어서 다루지 않도록 하는 것이 중

요하다. 긴 인류 역사상 많은 문학작품, 예술작품, 종교, 철학은 항상 죽음이 자연스럽고 용기 있는 삶의 한 과정임을 가르쳐왔다.

노화에서 죽음으로

무병장수라는 헛된 꿈

죽음은 항상 우리 곁에 있다. 목욕을 하러 갔다가 죽음을 만나기도 하고 수학여행 가는 길에 죽음이 찾아오기도 한다. 우리는 그것을 신문 기사나 텔레비전 뉴스로 매일 매시간 접하면서도 마치 그것이 내게는 절대로 일어나지 않을 일인 양, 나와는 무관한 일인 양 외면하고 산다. 죽음은 살아 있는 우리가 감당하기에는 너무나 벅찬 사건이기 때문이다.

죽음은 다양한 얼굴을 하고 있다. 질병의 모습으로 나도 모르는 사이 내 몸에 숨어들기도 하고, 사고의 모습으로 어느 날 갑자기 삶의 한가운데 턱 하고 나타나기도 한다. 우리가 어떤 모습으로 죽어갈지를 예측하기는 불가능하다. 그럼에도 불구하고 대부분의 사람은 갑자기 죽기보다 일정한 과정을 거쳐 죽음에 이른다. 갑작스러운 사고로 준비 안 된 죽음을 맞이하는 사람들보다 조금은 운이 좋아 죽음의 과정에 있게 된 사람들은, 자신이 어떤 과정을 통해 죽어갈지를 미리 가늠하고 이에 대비할 필요가 있다. 일본 속담에 "남아 있는 벚꽃도 떨어지는 벚꽃도 다 지는 벚꽃"이라는 말이 있지 않은가.

죽음을 준비해야 한다는 자각을 하게 되는 나이는 사람마다 다르다. 어떤 이는 아무도 그럴 필요가 없다고 생각하는 시기에 버킷리스트를 작성하고, 자기가 죽었을 때 유품을 누구에게 줄지까지 꼼꼼히 정리한다. 나도 어렸을 때 소설 『작은 아씨들』에서 둘째 딸 조가 유언장을 작성하는 장면을 인상 깊게 읽었던 기억이 난다. 젊은 아가씨가 자기가 가진 얼마 안 되는 물건을 누구누구에게 주겠다고 하는 것이 왠지 멋져 보여 나도 '죽으면 내 책들은 우리 학교 도서관에, 내가 쓴 문집은 제일 친한 친구에게, 학용품은 남동생에게…' 이런 생각을 하다가 왠지 서글퍼지기도 했다.

하지만 대다수의 사람들은 모든 신체기능이 멎는 시점에 와서야 죽음을 준비한다. 아니, 준비 없이 죽음을 당한다. 흔히 말기 상태라고 하면 자동으로 암을 떠올리지만, 암으로 죽는 사람은 전체 죽음의 극히 일부에 지나지 않는다. 암에 걸리지 않았다고 불로장생하는 것도 아닌데 암이 아니면 닥쳐올 죽음에 대해 준비할 필요가 없다고 생각하는 사람도 있다. 실제로 웰다잉 담론에서 암은 거의 유일하게 등장하는 주제다. 하지만 우리는 소위 '죽는 병'이라고 알고 있는 병들을 진단받지 않고도 긴 노화의 과정을 거쳐 결국 죽음을 맞는다.

우리는 어떻게 늙고 죽어가는가? 아래 그림은 노화와 죽음의 과정을 몇가지 패턴으로 보여준다.

현대의학이 도래하기 전 인간은 젊은 시절 질병이나 전쟁 등으로 사망하지 않는 이상 제 수명을 다하면 (가)와 같은 과정으로 자연사했다. 그런데 최근 수십년간 수명이 급속히 연장된 만큼 노년의 삶도 길어졌다. 현대의학의 가장 큰 숙제는 늘어난 수명을 최대한 남의 도움 없이 신체기능을 유지하며 누리다 짧은 죽음의 과정

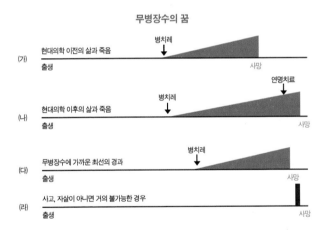

검정색 부분은 죽음에 이르는 과정을 표시한 것이다.
현대의학으로 인해 사망에 이르는 시간이 길어진 것을 확인할 수 있다.

을 거쳐 영면하게 하는 것이다. 이것이 (라)가 묘사하는 죽음이다. 하지만 이런 생애 과정이 누구에게나 가능한 것은 아니다. 오히려 죽음은 (나)의 모습으로 다가온다. 노화와 함께 시름시름 잔병이 찾아오고 기능은 점점 더 쇠해서 누군가의 도움 없이는 살 수 없는 긴 시간을 거쳐 죽음에 이르는 것. 누구나 피하고 싶어하지만 피할 수 없는 과정이다. 이 경과를 인위적으로 중단하겠다는 것이 '안락사'다. 우리나라에서는 안락사가 불법이기 때문에 논외로 하더라도 (라)와 같은 죽음은 사고와 같은 일이 아니면 불가능하다. 생물학적인 신체의 노화 과정이 그렇기 때문이다.

(나)의 과정에서 신체기능이 정상이더라도 치매에 걸리면 결국 누군가의 온전한 돌봄을 받아야 하는 기간이 더욱 길어신다. 치매는 별도의 예로 하고 순전히 신체기능이 저하되어 인간이 죽어가는 과정은 물론 노화의 과정과 밀접한 연관이 있다. 가장 이상적인 현대의 자연사는 (다)와 같이 가급적 돌봄이 필요한 기간을 짧게 하고 영면에 드는 것이다. (나)와 (다)에서 연명치료의 역할이 드러난다.

안 보이고, 안 들리고

우리는 장년에서 노년에 접어들었음을, 즉 늙어감을 어떤 징후에서 가장 먼저 느낄까? 어떤 이는 흰머리로 느낀다. 50대에 접어들면 평균적으로 흰머리와 검은 머리의 비율이 비슷해진다. 그럼에도 불구하고 현대사회에서는 일흔, 여든살에도 머리가 검은 노인들을 흔히 본다. 내 친정어머니처럼 유전적인 요인으로 여든 나이에 염색을 안 해도 되는 사람도 있지만, 이런 경우는 극히 드물고 대부분의 사람들은 암모니아가 잔뜩 섞인 화학물질에 의존해 가짜 젊음을 유지한다.

어떤 이들은 시력이 떨어지는 것으로 노화를 느낀다. 특히 나처럼 글자를 많이 봐야 하는 직업을 가진 사람들은 여기에 예민하게 반응해 우울증이 생기기도 한다. 45세쯤 되면 정도의 차이는 있지만 대부분의 사람에게 노안이 찾아오는데, 정작 본인은 느끼지 못하는 경우도 많다. 의사들 중에도 손에 든 신문이나 책의 거리가 눈과 점점 멀어지고 글자를 읽는 것이 불편한데 그것이 노안인 줄 모르는 사람들이 있다. 나는 노안이 일찍 온 편이어서 40대 초반부터 근거리 작업이 불편해지기 시작했다. 바로 안경을 맞추고 "이제야 좀 학구적으로 보이네" 하고 너스레를 떨며 적응하려 애썼다. 이후로 예쁜 안경테를 보면 이건 컴퓨터 작업용이네, 이건 통근 지하철용이네 하며 갖은 구실을 다 대고 샀다. 그래야 늙는다는 우울함이 조금은 덜어질 것 같았다.

노안은 안경으로 쉽게 조절할 수 있다. 안경으로 해결할 수 없는 대표적인 문제가 백내장인데 이것 역시 수정체를 교체하는 것으로 비교적 간단히 해결할 수 있다. 조금 더 나이를 먹으면 황반변성이 문제가 된다. 망막에서 시력을 관장하는 가장 중요한 부분을 황반이라고 하는데 노화가 오면서 세포 손상이 축적되고, 세월의 흔적인 산소 독성물질 등이 망막의 색소상피를 손상시키면서 진행된다. 초기에는 자각 증상이 없기 때문에 발견이 늦어지는 경우가 많다. 많이 진행되어도 완전 실명으로까지 이어지지는 않지만, 황반이 관장하는 중심 시력을 잃게 되기 때문에 얼굴을 알아본다든지, 운전이나 독서 등의 일상생활 수행에 큰 어려움이 생긴다. 심하면 환각 증상까지 일으킨다. 초기에는 직선이 구불구불하게 보이거나 끊어져 보이는 등의 형상 왜곡이 나타나는데 전봇대나 창틀 등을 바라보다가 자각할 때가 많다. 색상을 분별하는 능력도 크게 떨어져서 검은색과 회색, 베이지색과 핑크색을 구별하지 못하는 일이 생긴다. 시야에서 뻥 뚫려 상이 없는 부분이 생기기도 한다.

또한 운전 능력이나 계단을 내려갈 때 계단의 층을 구별하는 능력, 울퉁불퉁한 지면을 걷는 능력 등이 떨어져 사고와 낙상으로 이어지기 때문에 생명과 직결되는 문제가 발생하기도 한다. 혈관이 증식되면서 발생하는 습성 황반변성은 혈관증식억제 인자로 치료하거나 레이저 치료가 가능하지만, 노인들에게 발병하는 황반변성은 건성인 경우가 많기 때문에 이런 치료는 효과가 없다. 알려진 생활습관 인자로는 흡연이 가장 강력한 유발 요인이다.

많은 사람이 시각장애에 비해 청각장애는 덜 심각한 장애라고 생각하는데, 이것은 큰 오해다. 듣지 못하면 보지 못하는 것과 마찬가지로 일상에서의 사고로 이어질 수 있다. 더 큰 문제가 되는 것은 사회적 능력의 상실이다. 청각장애인들은 기본적인 의사소통이 어렵기 때문에 시각장애인에 비해 일을 구하고 수행하기가 더 어렵다. 상당히 진행된 청각장애가 있어도 이를 자각하지 못하는 사람도 많다. 초기에는 말소리 등이 작고 흐릿하게 들리다가, 텔레비전이나 음향 기기의 음량을 높여야 들을 수 있게 되고, 전화 통화가 불가능해지며, 시끄러운 곳에서 말을 알아듣기가 어려워진다. 더 진행되면 정상적인 대화가 불가능해지고 심한 경우 평형감각까지 영향을 받아 어지럼증이 생긴다.

흔히 이명이 생기면 치료해야 한다고 오해하는데, 이명은 청력 손실의 중요한 초기 증상으로 그 자체로는 질환이 아닌 경우가 많다. 본격적인 청각장애는 50대 이후 발생하는 것이 보통이지만, 18세가 넘으면 이미 고음역의 청각을 잃기 시작한다. 강의실에서 (나이가 상대적으로 많은) 교수에게는 안 들리는 휴대전화 벨소리를 개발해 노년의 청각 소실을 비웃는 사례도 있었다. 시끄러운 작업 환경이나 소음 등에 노출된 사람은 청력 손실이 더 빨리 진행된다.

청각장애는 청신경의 문제기 때문에 치료나 예방을 할 방법이 없거나 매우 제한적이기에 보조구의 도움을 받아야 한다. 보청기는 소리를 증폭하는 원리로 작동하는데, 청력 저하로 잃어버린 음역의 소리를 듣는 데 제한적으로 도움이 된다. 일상생활이 불가능할 정도로 청력이 나빠지면 인공와우 이식을 시술할 수 있다. 이식된 인공와우의 전극이 뇌로 소리 신호를 전달하는 신경다발을 자극해 소리를 들을 수 있다. 아직은 인간 청력의 섬세함을 재현할 수 없어서 음악 감상처럼 정교한 청력을 요하는 활동은 어렵지만 대화나 주변 소리를 듣는 데는 소용이 있다.

그러나 의료기술로 청력을 회복시키는 데는 여전히 큰 한계가 있기 때문에, 주변에 도움을 청하는 것이 때로는 가장 도움이 된다. 사람들의 말이 잘 안 들리고 이해되지 않으면 바로 청력을 확인한 뒤, 청력을 잃고 있다는 사실을 가족과 친구들에게 알려야 한다. 시끄러운 장소에서는 항상 상대방의 입을 보고 대화할 수 있도록 마주볼 수 있게 주변에 이야기하고, 청력 손실이 심해지면 크고 또렷하게 말해달라고 요청해야 한다.

못 걷고, 못 먹고

암처럼 위중한 병을 앓고 있지 않는 한, 평범한 노인들에게서 나타나는 사망과 밀접한 연관이 있는 증상은 보행 이상이다. 어르신들이 나이가 들면 걸음이 느려지고 보폭이 작아져 아기처럼 아장아장 걷는 것을 흔히 볼 수 있다. 아직 어떤 원인에 의해서 보행장애가 오는 것인지는 명확히 밝혀져 있지 않지만 심혈관 및 폐기능의 저하, 황반변성 등 시각장애, 근육의 소실, 관절염에 의한 통증, 그리고 보행할 때 조화를 유지하는 말초신경과 뇌신경 기능의 저하 등 다양한 원인이 제기된다. 노인들의 보행 이상은 낙상, 골절, 침상생활 등으로 이어진다.

미국 뉴욕의 브롱크스 지역에 거주하는 70세 이상인 노인 488명을 대상으로 한 아인슈타인 노화 연구에 의하면 35퍼센트의 노인에게서 보행 이상이 관찰되었고, 남성은 신경학적 원인, 여성은 관절염 등 비신경학적 원인이 흔하게 작용했다. 보행 이상은 남녀 모두 70세에 비해 85세 이상의 노인들에게서 2배 이상 더 많이 발생했다. 보행 이상이 있는 노인의 경우 정상 보행하는 노인에 비해 요양병원에 입원하거나 사망할 위험이 2.2배 높았는데, 특히 보행 이상이 심한 경우 그 위험은 3배 이상으로 높아졌다.[5] 보행 이상이 사망으로 이어지는 이유도 여러가지였는데, 보행 이상을 일으키는 지병의 영향도 있었고 보행 이상이 생기면서 외출을 못하는 등 일상생활이 어려워지며 근력 감퇴 등이 발생한 탓도 있었다.

보행 이상과 앞서거니 뒤서거니 하면서 찾아오는 것이 식욕 감퇴다. 식욕 감퇴 역시 다양한 원인이 제기되지만 정확한 이유는 알 수 없다. 나이가 들면서 배고픔을 덜 느끼게 되고 먹는 양이 줄면서 체중도 감소한다. 낙상, 장애에서 결국 죽음으로 이어지는 소위 노쇠증후군frailty syndrome의 중요한 원인도 식욕 감퇴에 의한 영양실

조와 근력 약화에 기인한다. 노쇠증후군은 다음 증상 중 3개 이상에 해당되면 진단할 수 있다.[6]

- 1년간 의도하지 않은 5킬로그램 이상의 체중 감소.
- 피로감.
- 일상생활에서의 기력 감소(보통 손아귀 힘으로 평가).
- 보행 속도 감소.
- 신체 활동량 감소.

한편 식욕 감퇴는 장애와 사망에 주요 전환점이 되는 노년기증후군geriatric syndrome의 하나로 받아들여진다. 요양시설에 입소한 노인 중 식욕 부진을 호소하는 노인은 정상 식욕을 보이는 노인에 비해 1년 내 사망률이 2배 이상 높다.[7] 우울증, 치아 문제, 변비, 복용 중인 약제의 부작용 등으로 나타나는 식욕 부진은 의학적인 조치가 도움이 되지만, 대부분의 경우 이런저런 검사를 해보아도 뚜렷한 원인을 찾지 못한다. 우리나라의 노인들에게 식욕 감퇴가 얼마나 흔한지에 대한 연구 결과는 아직 충분하지 않다. 질병관리본부의 2014년 「국민건강영양조사」 보고서에 따르면 65세 이상 노인 인구의 8.1퍼센트가 영양 섭취가 부족한 것으로 나타났다.

나이가 듦에 따라 나타나는 여러 신체적 변화가 식욕을 감퇴시키기도 한다. 대표적인 것이 식욕을 돋우는 후각 신경 소실에 따른

냄새 맡는 능력의 감퇴다. 음식 맛의 절반 이상은 냄새로 느끼기 때문에 맛을 모르게 되는 것이다. 미각 신경도 기능이 떨어진다. 할머니가 만드는 음식이 점점 짜지는 이유다. 식사를 하면 위 전정부(위의 아랫부분)가 팽창하고 위장관 호르몬이 분비되면서 중추신경계에 충분히 먹었는지를 알리는 신호가 전달되고 포만감 및 식사량에 영향을 미친다. 그런데 노인들은 위의 신축성이 떨어져서 쉽게 위 전정부가 팽창되고 위에서 음식물을 이동시키는 위장관 호르몬의 배출 속도도 느려져 젊은이에 비해 조금만 먹어도 금방 배가 부르다. 또한 노화가 진행되면 근육에 비해 체지방이 증가하면서 전신에 미세한 염증이 지속되는 상태가 되는데, 이런 경우 지방세포에서 분비되는 염증 물질이 식욕을 떨어뜨린다. 식욕을 돋우는 모든 종류의 신경전달물질도 노화에 따라 감소한다.

이런 신체적인 변화와 함께 정신적인 요인도 식욕 감퇴와 밀접한 연관이 있다. 같이 밥을 먹을 상대가 없는 노인들은 더 쉽게 식욕 부진과 영양 결핍이 생길 수 있다. 우울증은 노인 식욕 부진의 가장 흔한 원인으로 우울증이 생기는 경우 식욕을 억제하는 강력한 신경전달물질이 분비된다. 이 외에도 심장기능 저하나 만성 폐쇄성 폐질환 등의 지병이 동반되는 경우에도 식욕 부진이 흔히 유발된다. 식사를 잘 못하는 노인들에게는 간단히 몇가지 질문을 해봄으로써 문제를 찾아낼 수도 있다.[8]

■ 노인의 식욕 부진에 관한 설문[9]

(총점이 14점 이하인 경우 6개월 이내에 체중이 5퍼센트 이상 감소할 위험
이 높다.)

- 식욕이 1)전혀 없다 2) 없다 3)보통이다 4)좋다 5)매우 좋다

- 식사할 때 1)몇수저만 먹어도 배가 부르다 2)밥을 3분의 1
  공기 정도 먹으면 배가 부르다 3)밥을 반 공기 정도 먹으면
  배가 부르다 4)거의 다 먹어서야 배가 부르다 5)다 먹어도
  배가 부르지 않다

- 음식이 맛이 1)하나도 없다 2)없다 3)보통이다 4)좋다
  5)매우 좋다

- 보통 하루에 1)한끼도 못 먹는다 2)한끼는 먹는다 3)두끼
  는 먹는다 4)세끼 먹는다 5)세끼를 먹고도 더 먹는다

현재로서는 식욕 부진에 효과가 검증된 치료 약물은 없다. 검증
이 안 된 약을 처방하는 경우 이미 다수의 약제를 복용하는 노인들
에게 부작용을 일으킬 위험이 크다. 가장 많이 권장하는 것은 적절
한 신체 활동을 유지하는 것이다. 가급적 일상생활의 활동을 다 영
위하고, 65세 이상 노인 기준 일주일에 150분 이상의 걷기와 같은
중등도 유산소 운동과 저항 운동을 병행하는 것이 좋다. 단백질열
량보충제를 함께 복용하면 영양 결핍 노인의 사망률이 유의미하게

감소한다는 사실이 보고된 바 있다. 밥에 비해 위가 덜 팽창되는 유동식을 섭취하면 포만감이 덜 생겨 식이량을 늘릴 수 있다.

그러나 이러한 방법도 다 소용없는 단계가 오게 되어 있다. 단순히 음식을 넘기는 것만으로 고통스러움을 호소하기도 하고, 근력이 떨어져 음식을 삼키는 데 사용되는 연하근(嚥下筋)에까지 문제가 생기기도 한다. 이 경우 오히려 음식을 많이 섭취하면 흡인 폐렴(음식물 찌꺼기 같은 이물질이 기도에 들어가 이차적으로 발생하는 기관지 폐렴)으로 이어질 수 있다. 그렇게 되면 결국 코에 레빈튜브를 넣어 영양 공급을 하거나 위에 구멍을 내 인위적으로 식이를 공급하는 방법이 동원되어야 한다. 그러나 이제까지의 연구 결과는 임종이 임박한 상황에서의 경정맥 영양 공급이 환자의 증상 개선이나 생존 기간 연장에 큰 도움을 주지 못한다는 사실을 보여준다.[10]

여기도 쑤시고, 저기도 아프고

통증은 늙어가는 신체를 괴롭히는 또 하나의 강력한 적이다. 관절염, 골절, 암(癌)성 통증 등 익히 알려져 있는 원인이 아니어도 노인은 통증으로 인한 괴로움을 흔히 겪는다. 1980년대에 캐나다에서 이뤄진 연구[11]를 통해 나이에 따라 통증의 빈도가 증가한다는 사실이 밝혀진 바 있다. 그렇다고 무작정 모든 통증의 빈도가 증가하는 것은 아니고 통증을 느끼는 감각 신경이 함께 노화하면서 두통이나 급성 통증의 빈도는 젊은이에 비해 높지 않다.

한편 3개월 이상 신체의 통증으로 고통받는 사람에게는 만성 통증을 진단할 수 있다. 만성 통증은 우울증, 신체기능 저하의 직접적인 원인이 된다. 가장 흔한 원인은 관절과 신경의 문제다. 2000년대 이후 보고되는 미국의 연구 결과[12]에 의하면 요양원에 입소한 노인의 66퍼센트가 신체적 통증을 경험하는데, 의사가 이를 아는 경우는 절반 정도밖에 되지 않는다고 한다. 그만큼 많은 노인과 의료진이 나이가 들면 당연히 몸이 아픈 것으로 치부하고 통증을 대수롭지 않게 생각한다는 것을 짐작할 수 있다. 여성이거나 비만인 경우 통증이 흔히 발생하는데, 체지방률이 높은 것이 통증의 원인으로 의심된다. 어떻든 통증이 3개월 이상 지속되거나 반복되는 경우, 그리고 일상생활에 지장을 주는 경우는 심각한 통증으로 간주하고 원인을 찾아야 한다.

그러나 식욕 부진과 마찬가지로 통증 역시 여러 검사를 해보아도 몸이 아픈 원인을 딱히 찾을 수 없을 때가 많다. 노인을 대상으로 한 많은 연구에서 우울증이 동반되면 다른 원인 없이도 몸이 아플 수 있다는 것이 밝혀졌는데, 거꾸로 통증이 우울증의 원인이 되기도 해 결국 계속 몸이 아프게 되는 악순환에 빠질 수 있다.

신체 조직에 손상이 생기면서 발생하는 급성 통증과 달리, 만성 통증은 특별한 조직 손상 등의 원인 없이 신경전달의 문제만으로도 지속될 수 있다. 이때는 일반적인 진통제 처방과는 다른 방법의 치료가 필요하다. 또한 각종 진통제를 복용하는 경우 신경근기능이 저하되면서 낙상 위험이 크게 증가할 수 있기에 세심한 주의가 요구된다.

이렇게 관절염이나 암과 같은 병이 있는 것도 아니고, 스트레스로 인한 것도 아닌, 노화와 죽음의 단계에서 겪는 통증은 어느 정도로 문제가 될까?

만성 노인성 통증은 "65세 이상의 환자에게서 실제적인 기관 손상의 유무와 관계없이 3개월 이상 지속되는 불쾌한 감각이나 정서적 경험"이라고 정의한다.[13] 관절염이나 낙상에 의한 골절 등의 질환이 없더라도 노인들은 신체기능이 쇠약해져서, 인지기능이 저하돼서, 여러 약물을 복용하면서 통증을 경험할 수 있다. 여성, 가난, 낮은 지식수준, 비만, 흡연, 우울증이나 불안은 모두 통증의 위험인자로, 신체적인 통증은 결국 정신적·사회적인 문제와 밀접한 연관이 있음을 시사한다.

다음과 같은 다양한 질환들이 만성 노인성 통증의 원인으로 작용하지만, 어디까지나 가능성일 뿐 여러 검사에도 불구하고 통증의 원인은 끝내 밝혀지지 않을 때가 더 많다.

■ 노인에게 만성 통증을 일으키는 원인

• 피부의 문제: 욕창, 혈액순환 장애에 의한 피부 손상.
• 소화기계: 변비, 과민성 장질환, 게실염, 염증성 장질환.
• 심혈관계: 심부전, 말초혈액 질환.
• 호흡기계: 늑막염, 진행된 만성 폐쇄성 폐질환.
• 류머티스 질환: 퇴행성 관절염, 류머티스 관절염, 통풍, 가성
  통풍, 다발성 류머티스, 척추관 협착증을 포함한 허리 통증,
  근막통 증후군, 섬유근통, 인대염, 점액낭염, 골다공증에 의
  한 병적 골절.
• 내분비계: 당뇨성 신경병증, 파젯병.
• 비뇨기계: 만성 방광염, 말기 신장 질환.
• 면역 질환: 대상포진, 대상포진 후 신경통.
• 신경계: 두통, 말초신경병, 파킨슨병, 중풍 후 통증, 신경 눌
  림, 신경근증radiculopathy.
• 암.
• 기타: 우울증.

　　만성 통증은 단순한 통각의 문제를 넘어 정서 문제, 인지 문제,
행동 문제로 이어진다. 예를 들어 노부부 중 한 사람에게 만성 통
증이 발생하면 결혼생활 유지가 어려워진다. 치매나 중풍 후유증

등으로 의사 표현을 못하고 인지기능이 떨어진 환자들은 밥을 안 먹는다든지 소리를 지른다든지 하는 식으로 통증을 표현한다. 만성 통증을 호소하는 환자에게서 나타나는 자살 성향은 극단적인 예다.

통증이 발생하는 원인과 그 결과는 매우 복잡하기 때문에 의료진의 꼼꼼한 진료와 가족들의 돌봄이 중요하다. 그러나 진료 시간을 짧게 할애하도록 강요받는 지금의 의료 시스템도, 자기 한 몸 먹고살기 바쁜 현대사회도 이러한 통증 치료를 어렵게 한다. 그러다보니 차선책으로 다양한 진통제를 쓸 수밖에 없다. 이것이 이상적인 해결책은 아니지만 더 나은 방법을 찾는 게 불가능한 현실을 고려하면 진통제에 대해 제대로 알 필요가 있다.

진통제 제대로 알기

통증 환자들을 치료하는 게 내 전공이다. 오랫동안 아픈 환자들을 만나며 알게 된 우리나라 환자들의 특징이 하나 있다면, 통증을 굳세게 참아내야 하는 인생살이의 시련 정도로 생각하는 경향이 있다는 것이다. 실제로 관절통이 특별히 심한 날 복용하도록 진통제를 별도 처방하면 대부분의 환자가 그 약에 손을 대는 것에 죄책감을 느낀다. 그러고는 진료실에 와서 말한다. "아파두 꾹 참았어요. 진통제 한알도 안 먹었어요." "아니에요. 그 진통제는 습관성이 있지도 내성이 생기지도 않아요. 그냥 생활을 잘하고 삶의 질을 유지하기 위해 잠깐 의지하는 버팀목일 뿐이에요." 아무리 환자가 알아듣도록 설명을 해주어도, 의사의 사탕발림 같은 말로는 절제와 인내를 높이 평가하는 뿌리 깊은 인식이 쉽게 변할 리 만무하다.

그 대척점에 있는 것이 진통제 중독이다. 특히 통증의 주원인이 정신적인 문제에서 기인하는 경우 모르핀 진통제는 금물이다. 중독의 위험이 매우 높기 때문이다. 전문의를 취득하고 얼마 안 되었을 무렵 통증의 근본 원인을 잘 헤아려보지 않고 환자가 요구하는 대로 이전에 처방받던 마약성 진통제를 다시 처방했다가 중독 증상을 강화시킨 뼈아픈 경험이 지금까지 기억난다.

마약성 진통제가 현재 개발된 어떤 화학약품보다도 더 강력한 진통제임에도 엄격하게 규제받는 이유는 중독성이 매우 강하기 때문이다. 미국은 2000년 이후 마약성 진통제와의 전쟁이 한창이다. 1990년대 말 통증에 대한 적극적인 치료를 주장하는 움직임이 일어나면서 그동안 암성 통증에만 처방하는 것이 원칙이었던 마약성 진통제를 관절염이나 수술 후 회복 중인 환자에게도 처방하는 관행이 생겼다. 불행히도 이 관행은 바로 중독으로 이어졌고 마약성 진통제 과용으로 인한 사망은 15년 사이 4배 넘게 치솟았다. 마약성 진통제의 세계에 발을 들인 사람은 통증이 사라져도 진통제를 끊으면 다시 통증을 느꼈고, 처방에 의한 합법적인 공급이 어려워지자 성분이 비슷한 불법 유통 마약에 의존하기 시작했다.

"정말 통증이 있는 사람은 중독이 되지 않는다."

2000년대 초반 유수의 의학 학술지들에 실렸던 이 주장은 거짓말이었다. 당시 미국 간호협회에서 더 나은 통증 치료를 위한 여러 학술 행사를 주최하며 이 움직임에 동참했던 한 중견 간호사는 언론에 자신의 딸이 헤로인 중독임을 밝히며 눈물을 흘렸다. "사람들이 중독되고 있었는데 우리는 그걸 몰랐어요…"

하지만 여기서 '정말 통증이 있는 사람'이란 어떤 사람인가에 유의할 필요가 있다. 암 환자만이 정말 통증이고 나머지는 가짜 통증이라는 의미일까? 암 환자도 모르핀으로 통증을 조절하면 급속히 중독에 빠진다. 그렇더라도 암 환자는 여명에 상관없이 자유롭게 마약성 진통제를 처방해도 된다는 것인가? 마약성 진통제를 제외하고는 어떤 방법으로도 통증이 조절되지 않지만 암은 아닌 다른 환자는 그냥 참고 견뎌야 하는가? 진통제 사용에 관해서는 이처럼 어려운 문제가 산적해 있다. 의료산업 내에서 벌어지는 일들도 문제를 어렵게 만드는 데 한몫을 한다. 2017년 미국 마약단속국Drug Enforcement Administration, DEA의 고위 간부였던 조 라나지시는 지난 20년간 마약성 진통제 사용의 폭발적인 증가가 제약회사 및 중간 상인들의 악질적인 마케팅과 정부 관리들에 대한 로비 활동에 의한 것이었음을 밝히고 이들을 강력히 처벌할 것을 요구한 바 있다.[14]

현대의학의 눈부신 발전에도 불구하고 부작용이 적고 효과가 좋은 진통제의 개발은 거의 100년 가까이 답보 상태에 있다. 다시 말해, 지금 처방하는 약이나 100년 전에 사용되던 약이나 별반 차이가 없다는 뜻이다. 의사들이 처방하는 진통제는 크게 세종류로 나뉜다.

첫번째는 아세트아미노펜으로 가장 유명한 제품은 타이레놀이다. 과량을 복용하지 않는다면 비교적 부작용이 적기 때문에 경미한 통증에 가장 많이 처방된다. 일일 최대 용량은 4그램인데, 타이레놀 서방정(650밀리그램)을 기준으로 하루 6정까지 복용이 가능하다. 과량 복용하면 간독성(肝毒性)이 생길 수 있다.

두번째로 비스테로이드 항염제는 아스피린을 뿌리로 개발된 약제들로, 가장 널리 쓰인다. 약국에서 처방 없이 살 수 있는 브루펜 등의 제제부터 나프록센, 모빅, 세레브렉스 등 나양한 상품이 있다. 아세트아미노펜에 비해 위궤양, 위·장출혈 등의 소화기계 부작용, 심근경색과 같은 심혈관계 부작용, 신장기능 저하 등의 위험이 현저히 높기 때문에 노인 환자에게 처방할 때는 주의가 필요하다. 장기간 매일 복용이 아닌 몇시간 혹은 며칠간 통증이 악화되는 기간에만 필요에 따라 복용하는 것을 권한다. 경구 약제의 부작용을 덜기 위해 국소적인 통증에 쓸 수 있도록 피부에 부착하는 형태로도 개발되어 널리 쓰이는데, 통칭 '파스'라고 불리는 패치 제제들이 여기에 해당된다.

마지막으로 아편계 진통제가 있다. 가장 강력한 진통 효과를 내는 약제로, 다른 방법으로는 조절이 불가능한 심한 통증에 처방하며, 노인 환자에 대해 단기간 사용하는 경우 진통 효과가 있다고 공인되어 있다. 구역질, 변비, 인지기능 저하 및 의식 저하 등의 부작용이 흔히 동반되며, 특히 노인 환자에게 처방할 때 부작용이 심하다. 3개월 이상의 만성 통증에 대해서는 효과가 불확실하며 의존성이 높은 약물이기 때문에, 한번 시작하면 중단하기 어려운 경우가 많다. 아편계 진통제도 피부에 붙이는 패치 형태로 개발되어 있는데, 패치제도 의존성이 생기는 것은 마찬가지다.

경구 약제 외에 다양한 주사요법이 있는데, 대개 무릎이나 어깨 등 국소 부분의 통증 제어에 처방된다. 가장 널리 알려진 것이 소위 '뼈 주사'로 통용되는 스테로이드 관절 주사다. 이름처럼 뼈에 놓는 것은 아니고 관절이나 인대막, 점액낭 등의 연부 조직으로 약을 주입한다. 이 주사는 류머티스 관절염이나 퇴행성 관절염 환자에게 염증이 심한 부위에 주사를 함으로써 효과적으로 통증을 제어할 수 있다. 잘만 이용하면 경구약을 오래 먹는 것보다 훨씬 더 효과적인 치료가 될 수 있음에도, 단순히 몸에 좋지 않다는 선입견 때문에 의료진이 권해도 맞기를 꺼려하는 사람들이 많다. 그러나 너무 자주 맞으면 관절 손상이나 인대 파열 등이 진행될 수 있기 때문에 다른 모든 치료와 마찬가지로 오용, 남용은 금물이다. 연골 주사는 퇴행성 관절염 환자의 손상된 연골을 치유한다고 잘못 알려져 있는데, 기대할 수 있는 효과는 100퍼센트 진통 효과뿐이다. 경구약이 효과가 없거나 부작용 우려가 있을 때 이용한다.

이외에 프롤로 주사, 태반 주사, 줄기세포 주사 등 공인되지 않은 다양한 주사 치료도 있다. 이들 치료제는 효과를 입증하는 엄정한 과정을 거치지 않았고, 따라서 투여도 비급여로 이뤄진다. 큰 부작용이야 없겠지만 가계에 타격을 주는 비싼 가격도 부작용이라면 부작용이다. 보건의료정책 입안자들이 이런 흐름을 바로잡는 데 관심이 없거나 실패하면 결과적으로 선택은 불충분한 지식에 기댈 수밖에 없는 환자의 몫으로 남고, 그로 인한 경제적인 손해는 누구도 보상해주지 않는다.

많은 약, 더 많은 약

노화가 진행되면 이렇게 외모나 감각 및 신체 기능의 변화도 나타나지만 자질구레한 질환들이 찾아온다. 그에 따라 매일 복용해야 하는 약의 갯수도 점점 늘어난다. 스웨덴에서 2007년에서 2013년 사이 사망한 65세 이상의 남녀 51만 1,843명을 대상으로 시행한 연구 결과에 따르면 사망하기 1년 전 10가지 이상의 약을 복용한 사람의 비율이 30.4퍼센트에서 47.2퍼센트로 크게 증가했다.[15] 특히 사망 1개월 전 복용 약물 숫자의 증가는 더욱 급격했다. 이런 복용 약물의 증가는 암 환자에게서 가장 현저하게 관찰되었지만, 집이 아닌 요양원 등에서 지내는 환자들은 기저질환과 상관없이 복용 약물의 갯수가 늘어 의료진에 의한 과잉 처방 가능성이 제기되었다. 결과만 놓고 보면 1년 후에 사망했다는 최종 결과는 같은데, 7년 사이 복용하는 약의 갯수만 늘었기 때문이다.

가장 많이 복용하는 약제는 진통제로 61퍼센트의 환자가 복용하고 있었다. 그밖에 혈전억제제, 항정신성 약물이 각각 54퍼센트, 51퍼센트로 뒤를 이었다. 미국의 연구 결과도 비슷해서, 평균 연령 74.3세의 암 환자들이 사망 당일 복용한 약제의 수는 10.7종이었다.[16] 게다가 처방된 약물 중에는 효과가 없거나, 신체기능이 떨어진 사망 전의 노인 환자들에게 유독할 수 있는 것도 포함되어 있었다. 다른 병으로 1개월 후 사망할 환자에게 심혈관 질환 예방약이 큰 의미는 없을 것이다.

이런 현상이 고착된 데는 정확한 사망 시점을 예측하지 못하는 현대의학의 한계와 그럼에도 불구하고 뭔가를 하지 않으면 잘못이라고 생각하는 사람들의 인식이 크게 작용했다고 할 수 있다. 거기에 더해 대화는 멀고 클릭은 가까워지는 전자 의무기록과 전자 처방으로 상징되는 현대의 진료 패턴도 중요한 원인이다.

"팔다리가 저릿하고 아파서 잠을 잘 못 자요."

"아, 그런가요? 그럼 제가 약을 드릴게요. (클릭, 클릭. 진통제, 신경통 치료제, 수면제 처방) 다음 환자…"

상황이 이렇게까지 된 배경에 어떤 음모가 있는 것은 아닌지 의심이 들지 않는다면 이상할 정도다. 제약사들이 공격적인 마케팅이 무분별하게 이뤄지고, 고가 장비에 투자했으니 이윤을 뽑아야 하는 의료 자본가들도 병원 시스템을 좌지우지하려 한다. 충분한 진료 시간을 보장하면 약 처방이 줄어들 텐데도, 진료 시간 보장에는 관심이 없고 오로지 검사 수가만 올려주는 정부의 행태를 보면 의심은 더욱 커진다.

자리보전

신체기능이 심각하게 떨어져 와상(臥床) 상태가 되면 가장 먼저 영향을 받는 것이 근육과 관절이다. 며칠만 누워 있어도 근력이 약화되고 관절이 강직된다. 젊은 사람도 골절이 생겼을 때 석고 붕대를 감아 관절을 고정시켰다가 회복 후에 굳은 관절을 펴느라 고생할 때가 많다. 와상 상태로 2주만 경과하면 온몸의 관절은 정상적인 가동 범위를 잃게 된다.

노인들이 자리보전하면서부터는 욕창과의 전쟁이 시작된다. 욕창은 사실 노인에게만 일어나는 일은 아니고 오랫동안 침상생활을 하면 젊은 사람에게도 생긴다. 욕창은 뼈와 인접한 피부에 과도한 압력이 가해지면서 피부와 피하 조직이 손상되어 발생한다. 부동 자세로 오래 누워 있다보면 몸무게 자체로도 과도한 압력이 가해지기 때문이다. 가장 흔히 발생하는 위치가 꼬리뼈와 골반이 인접한 엉덩이 부분과 발뒤꿈치다. 하지만 누워 있는 자세에 따라 팔꿈치, 무릎, 어깨 뒷부분, 뒤통수 등에서도 흔히 발생한다. 노인들은 동맥경화로 인해 혈류가 감소하거나 신경 감각이 저하되고, 상처 치유력도 떨어지기 때문에 자리보전을 하면 욕창이 생기기가 더 쉽다. 거창한 의학적 표현을 떠나 욕창은 내 몸이 더이상 정상적인 피부를 유지하지 못하는 상태라고 이해하면 된다.

욕창은 초기에는 피부 결손 없이 붉게 보이는 정도였다가 더 진행되면 점차 피부 결손이 나타난다. 피부 결손 초기에는 표면의 살갗이 살짝 까지는 정도지만 이후 피부 깊숙이 헐어 들어가면서 피하지방, 근육, 뼈까지 드러나게 된다. 욕창으로 피부의 방어벽이 뚫리면 뼈나 인근 조직으로 세균이 들어가고 골수염이나 패혈증으로 진행되어 생명이 위험해질 수도 있다. 와상 상태를 벗어나지 못하면, 즉 전처럼 일어나서 활동하는 상태로 돌아가지 못하면 근본적으로 욕창은 치유할 방법이 없다. 누운 자세를 수시로 바꾸어주어 한 부위에만 지속적으로 몸무게가 실리지 않도록 하는 것이 유일한 예방법이다.

하늘만이 아는 일

아무리 쇠약해진 노인이라도 몇날 몇시에 사망할지를 예측하기는 어렵다. 사망 시점을 예측하고 준비하는 것은 매우 중요한 일이기 때문에 외국에서는 다양한 알고리즘을 개발하여 신이 하는 일을 조금이라도 따라가보려고 하지만, 이런 알고리즘은 대개 일시는 고사하고 한달 뒤의 예측도 빗나가기 일쑤다.

2017년에 영국에서 18만명의 사망 데이터를 기반으로 나이, 체질량 지수, 인종, 흡연 여부 등을 포함한 무려 33가지의 변수를 고려해 모델을 개발하는 연구가 있었는데, 이 모델이 '1년 뒤 사망할 확률'을 제비뽑기보다는 그나마 더 잘 예측했다고 해서 최고의 권위지인 『영국 의학 저널』*British Medical Journal*에 기고된 바 있다. 사망에 유의한 영향을 미치는 것으로 확인된 요소로는 흡연(약 2배), 하루 7잔 이상의 음주(1.1~1.5배), 과거 1년간 응급 입원 3회 이상(4배 이상), 심방세동(심방이 비정상적으로 불규칙적이고 빠르게 수축하는 형태의 부정맥) 등 다양한 기저질환, 항정신성 약물이나 스테로이드 복용(1.4~1.6배), 식욕 감소(1.3배), 체중 감소(1.2배) 등이 있다.[17] 의사들조차 입원 기간 동안 환자가 사망할 것을 예측하지 못하는 경우가 38퍼센트에 달한다고 하니,[18] 비의료인이 사망을 예측하기란 더 어려울 것이다.

긴 시간을 거쳐 삶의 종착역, 죽음을 맞이하기 전에 우리에게는 어떤 일이 일어날까? 말기 암 환자들을 대상으로 한 국내 연구에 따르면 임종 전 몇주 동안 활동 수행 능력 감소, 섭취량과 소변 배설량 감소, 쇠약감, 변비, 황달, 부종, 욕창 악화 등의 증상이 나타난다. 그러다 임종 일주일 전에는 의식 변화, 진정(외부 자극에 대한 반응의 저하), 수축기 혈압(수축기 때 혈액이 혈관 내벽에 가하는 압력. 혈압의 변화 중 가장 높은 압력) 감소, 구강 건조 등의 증상을 보인다. 특히 임종 하루이틀 전부터는 혈압이 현저하게 떨어지고, 가래 끓는 소리를 내며, 눈을 위로 치켜뜨는 증상을 보인다고 한다.[19] 의식의 변화는 진정, 기면 단계를 거쳐 혼수, 사망에 이르게 되는데, 이는 '잠들 듯 편하게 눈을 감는다'는 표현을 의학적으로 설명한 것이다. 하지만 불행히도 일부 환자들은 착란, 환각, 경련 등 임종 직전의 섬망(譫妄, 갑자기 정신 상태가 악화되는 현상으로 지각력이나 집중력 저하, 헛소리나 잠꼬대, 흥분, 불안, 낮밤 바뀜, 행동 과다 내지 저하 등의 경한 증상부터 환청, 환각, 심한 망상, 혼수상태 등의 중한 증상까지 다양하게 나타난다)을 겪는다. 이런 경우 진정제를 투여해 인위적으로 조용한 죽음을 유도하기도 한다.

의식이 나빠지면 이에 따라 호흡이 불안정해진다. 숨을 몰아쉰다든지 긴 시간 숨을 쉬지 않는 무호흡 증상이 나타나면, 임종에 임박한 것으로 보아야 한다. 이때 환자가 특별히 힘들어하지 않는 한 치료는 하지 않는다. 임종이 가까워지면 통증은 오히려 감소하는 것으로 관찰되는데, 임종 환자의 50퍼센트는 거의 고통을 느끼지 못하며 25퍼센트는 가벼운 통증 혹은 중등도의 통증만을 느낀다.[20]

환자가 가래 끓는 소리를 내면 옆에서 지켜보는 가족들이 당황할 수 있다. 특히 호흡곤란과 같이 올 경우 이는 집에 있던 환자를 의료기관으로 옮기는 중요한 계기가 된다. 임종 환자의 가래 끓는 소리를 의학적으로 임종천명^{臨終喘鳴}, death rattle이라고 한다. 임종천명은 신체기능이 쇠약해져 기관지에 고인 분비물을 뱉어내거나 삼킬 수 없어지면서 기도 내에 분비물이 쌓여 발생한다. 임종을 맞는 환자의 절반 정도에서, 임종 약 17~57시간 전에 들리는 것으로 보고된다.[21] 이 증상이 일어날 때쯤이면 대체로 의식은 혼수상태이며, 환자는 불편함을 거의 느끼지 않는다고 알려져 있다. 하지만 이를 지켜보는 가족들에게는 임종의 모습이 트라우마로 남아 환자가 사망한 후에도 수년간 회상될 수 있다고 한다.[22] 이 시점에 도저히 참지 못하고 환자를 의료기관으로 옮기는 순간, 연명치료의 굴레에 들어서게 된다.

임종치료의 두갈래 길: 연명치료와 완화치료

오랫동안 임종의 경과를 지나온 노인에게 이런저런 검사를 실시하면 당연히 검사한 숫자만큼의 이상을 발견한다 해도 과언이 아니다. 병원으로 옮겨지는 즉시, 의료진은 기관지에 고인 분비물을 뽑기 위해 흡인기를 연결한다. 폐렴 소견이 발견되면 항생제 치료를 하고 산소포화도가 나쁘면 인공호흡기를 달 수도 있다. 전해질 이상 소견이 발견되면 곧장 정맥으로 수액 공급 치료가 들어가고,

신장기능이 나쁘면 투석을 하게 된다. 혈압이 낮으면 혈압을 높이기 위한 여러 약제를 동원한다.

완화의료를 선택하는 경우 상황은 많이 달라진다. 앞에 기술한 일반적인 치료들이 죽음의 각 단계에 나타나는 증상들을 모두 치료해야 하는 질환으로 보는 반면, 완화의료는 이 모든 증상을 죽음에 이르는 하나의 과정으로 보고 그 과정에서 환자가 통증이나 정신적 스트레스로 고통받는 것을 최소화하는 치료를 목표로 한다. 흔히 완화의료라고 하면 환자를 포기하는 치료 정도로 폄하되는 경향이 있는데 이것은 큰 오해다. 환자를 전인적으로 보고 접근해야 하는 완화의료의 경우 매뉴얼화되어 있는 일반적인 치료에 비해 훨씬 더 고도의 판단력과 기술이 필요한 경우가 많다.

예를 들어 기관지 흡인의 경우 완화의료 전문의들은 흡인기로 구강과 비강 및 인후부의 분비물을 시도 때도 없이 흡인하면 큰 효과도 없을뿐더러 요란한 소리로 인해 오히려 환자와 주변 가족들에게 더 큰 불안감을 주므로 지양해야 한다고 이야기한다. 그보다는 히오신(자율신경조절제로 흔히 멀미와 구토 치료에 사용되며 분비물을 줄이는 작용을 한다)과 같은 약물을 사용하여 부교감신경 반응을 감소시키고 기도 분비물을 줄이는 방법을 권한다. 마찬가지로 호흡곤란이 왔을 때도 모르핀이나 진정제를 사용하여 환자를 안정시키는 것을 권장한다. 다만 진정제나 모르핀은 호흡중추를 억제하는 효과가 있어 임종을 당기는 결과를 초래할 수도 있다.

이처럼 임종치료는 관점에 따라 전혀 다른 방식으로 환자를 치료한다. 따라서 임종 전 환자와 가족들 간의 충분한 소통이 있어야 의료진도 마음 놓고 환자를 치료할 수 있다. 밥을 못 먹는 단계를 지나 물도 못 마시는 단계가 오면, 이제는 정말 살 시간이 얼마 남지 않았음을 알고 이에 대한 준비를 해야 한다. 사람이 물을 전혀 먹지 않고 생존할 수 있는 기간은 길어야 사나흘이다. 통념과 달리 임종 환자는 탈수가 되었다고 해서 갈증을 호소하지 않는다. 음식과 수액을 거부한 호스피스 환자들이 죽음에 이르는 과정을 보고한 연구에 의하면, 환자들은 의료진이 보기에 대체로 편안한 임종을 맞이했고, 허기나 갈증을 호소하지 않았다고 한다.[23]

임종을 앞둔 환자와 완화의료 전문의 85명을 대상으로 조사한 바에 의하면 가장 평화로운 임종은 다음 세가지 조건을 충족한다. ①불안함에서 벗어날 것 ②혼자서 임종하지 않을 것 ③아이들과 함께 있을 것. 모두 병원, 특히 중환자실 임종에서는 지켜지기 어려운 조건이다.

완화치료는 아니지만 내가 생각하는 가장 바람직한 형태의 죽음은 스님들의 예에서 찾을 수 있는 것 같다. 지금도 큰스님이 열반에 들기 전 곡기를 끊고 죽음을 재촉했다는 이야기를 흔히 들을 수 있다. 옆에서 사람들이 음식을 바치며 애원해도 듣지 않고 의연히 죽음을 마주하는 스님들의 이야기에서 나는 죽음의 가장 자연스러운 모습을 본다. 곡기를 끊고 스스로 죽음을 향해 걸어가는 모습은 삶을 구차한 영양제 따위로 연장하는 것만큼 고통스럽지는 않을 것 같기 때문이다. 물론 나의 생각이 극단적으로 느껴질 수도 있다. 이런 죽음을 자살 내지는 자살 방조로 보고 생의 무게에 힘겨운 환자들에게 강제로라도 급식을 하는 것이 최선이라고 믿는 사람들이 아직은 대부분인 것 같다.

네분의 전직 대통령 장례를 모셔 '대통령 염장이'라고 불리는 유재철 연화회 대표는 한 언론사와의 인터뷰에서 정작 본인이 세상을 떠날 때 누가 염해주길 바라느냐는 질문에는 답을 못했다. 밤새 화두처럼 그 질문에 시달렸던 유 대표는 다음 날 기자에게 20년 전 곱게 떠난 팔순 할머니 한분이 떠올랐다며 이렇게 말했다고 한다. "마흔살에 사별하고 2남 1녀 여법하게 키우셨는데 떠나실 땐 일주일간 곡기 끊으시고 가셨어요. 염을 해드리는데 대소변도 없이 너무 깔끔하셨지요. (…) 본인이 임종臨終, 끝을 맞이하며 스스로 염습도 다 하신 겁니다. 그 할머니같이 가고 싶네요. 제일 좋아하는 옷 입고 누우면 후손이 관 뚜껑은 닫아주겠지요."24

5

생로병사의 이유를 찾지 마세요

왜 병에 걸렸는지 꼭 알아야겠어!

2018년 11월 사망한 원로 배우 신성일 씨의 폐암 3기 진단이 화제가 되었다. 많은 사람이 충격을 받았고 원인이 무엇인지 궁금해했다. 그가 35년 전부터 금연을 했고 그동안 공기 좋은 곳에서 건강식을 하며 생활했음에도 불구하고 폐암에 걸렸다는 사실 때문이었다. 건강 관리를 잘하면 무병장수할 수 있다는 세간의 믿음이 흔들렸던 듯하다. 한 방송 프로그램에서는 전공의들을 모아놓고 '신성일의 폐암 발병 미스터리'를 분석하기도 했다. 그의 아버지가 폐암과 아무 관련도 없는 폐결핵으로 사망했다는 사실을 끄집어내어 유전적인 소인이 있을 것이라는 억측을 하기도 하고, 불교 신자인 그가 밀폐된 공간에서 향을 피웠기 때문이라는 견해도 나왔다.

2002년 코미디언 이주일 씨가 폐암으로 사망했을 때도 그가 애연가였다는 사실이 즉각 대두되며 금연 캠페인이 들불처럼 일어났다. 그의 암종이 흡연과는 연관성이 낮은 샘암이었던 것은 아무런 주목도 받지 못했다. 폐암은 샘암, 편평세포암, 소세포암의 세 유형이 90퍼센트를 차지하고, 그중 샘암은 비흡연자에게 흔히 발생하는 폐암이다.

이처럼 우리는 병에 항상 이유가 있어야 한다고 생각한다. 그래야 무엇을 피하면 그 병에 걸리지 않을 거라는 생각에 안심할 수 있기 때문이리라. 하지만 유감스럽게도 병균이나 독성물질에 의한 몇가지 질환을 제외하면 아직까지 그 원인이 명확히 밝혀져 있거나, 한마디로 정리할 수 있을 만큼 인과관계가 단순한 질환은 거의 없다.

나는 면역 질환을 주로 다루는 의사이니만큼 이와 관련된 질문을 많이 받는다. 환자들은 '류머티스 관절염'이라는 진단을 받으면 곧바로 내게 묻는다. "이 병은 왜 생기나요? 음식을 잘못 먹었기 때문인가요? 과로 때문인가요? 스트레스를 많이 받아서 생긴 걸까요?" 그러나 환자들이 단번에 이해할 수 있는 간단하고 명료한 답이 내게는 없다. "원인은 모릅니다. 유전자가 30퍼센트, 환경적인 요인이 30퍼센트 정도고, 나머지 40퍼센트는 알 수 없는 이유로 발병한다고 보아야 합니다." 내 시원찮은 대답에 대부분의 환자들은 딥딥한 듯 가슴을 치며 진료실을 나간다.

이렇게 류머티스 관절염을 비롯해 암, 당뇨병과 같이 진단이 뚜렷한 질환들도 대부분 원인을 알 수 없는데 하물며 노쇠에 의한 여러 증상은 어떨까? 그나마 진단조차도 쉽지 않다. 노인 환자들을 만나다보면 가장 흔하게 호소하는 문제가 통증과 식욕 부진이다. 식사를 통 못하고 자꾸 체중이 줄면 누구나 나쁜 병이 있다고 의심하고, 급기야는 병원에 입원해서 몸을 샅샅이 뒤지다시피 검사를 하게 된다. 그러나 놀랍게도 대부분의 경우 아무런 이상이 없다고 판명된다. 노인들의 경우 특히 더 그렇다.

10년 동안 류머티스 관절염 치료를 받던 83세 박명자 할머니가 아들과 함께 진료실을 찾았다. 할머니는 1년 전부터 밥맛이 없다며 입맛이 돌게 하는 약을 처방해달라고 요구했다. 하지만 할머니가 복용하는 류머티스 관절염 치료제에 들어 있는 소량의 스테로이드는 대부분의 환자가 "왜 이리 밥맛이 당기고 살이 찌느냐"라고 호소하는 부작용을 가지고 있는 약이다. 할머니는 그런 약을 복용하면서도 최근에는 증상이 더 심해져 아침에는 밥 반공기 정도만 물에 말아서 먹고 더는 못 먹는다고 했다. 점심은 건너뛰고 저녁도 아침과 별반 다르지 않다. 그렇게 작년부터 체중이 7킬로그램이나 줄면서 원래도 작았던 체구가 이제는 40킬로그램밖에 안 되어 바람이 불면 날아갈 지경이 되었다.

"왜 못 드시는 거죠? 밥을 드시면 소화가 안 되나요? 삼키기가 힘드세요? 배가 아프신가요?" 연이은 질문에 도리질을 하던 할머니는 "그냥 밥이 보기가 싫어"라고 답했다. '밥이 보기 싫어진다'는 증상은 어떤 교과서에도 나오지 않는다. 그래도 보호자는 우리 어머니가 이런 분이 아니라며, 뭔가 이상이 생긴 것이 분명하니 원인을 찾아달라고 했다. 이럴 때 보호자의 부탁을 거부할 의사는 없다. 만에 하나 정말 큰 병이 있었는데 검사를 안 했다가 나중에 병을 키운 책임을 면할 수 없는 처지에 몰리면 곤란하기 때문이다.

병원에 가보자는 이야기가 몇달 전부터 나왔는데 좀더 두고 보자며 지금까지 끌어왔단다. 할머니는 입원하라는 말에 고개를 저었다. "뭐, 이러다가 죽으면 되지." 환자가 이런 말을 하면 주변 사람들은 오히려 더 불안해진다. "네, 며칠만 입원해서 큰 병은 아닌지 검사를 해보죠." 할머니는 입원해서 위내시경, 대장내시경, 복부 초음파, 암 표지자 검사 등을 했지만 예상대로 아무런 이상이 없었다.

나는 CT촬영으로 방사선 폭탄을 투하할지를 다시 한번 보호자와 이야기했다. 사람들이 쉽게 찍을 수 있다고 생각하는 CT촬영의 방사선 피폭량은 자연 상태에서 노출되는 피폭량을 고려할 때 짧게는 3년, 조영제를 쓰는 경우 7년 동안 맞을 양을 한번에 맞는 것과 같다. 암 환자가 흔히 찍는 양전자방출 컴퓨터 단층촬영^{PET-CT}은 8년 치를 한번에 맞는 수준이다. 그걸 모르는 사람들은 검사하다가 암에 걸릴 가능성은 잘 모르고, 조기 암 진단을 받을 수 있게 정밀 촬영을 해달라고 한다.

보호자는 잠시 고민하다가 그래도 원 없이 확인해보자며 검사하기로 결정했다. 할머니는 흉부와 복부 CT를 찍었고 아무런 이상이 없다는 판정을 받고 퇴원했다. 할머니는 그후에도 별다른 사건 없이 계속 식사량이 줄고 활동량이 줄다가 3년 뒤에 돌아가셨다. 결국 당신의 말대로 '그러다가 돌아가신' 것이다.

이런 일을 반복적으로 겪은 후 나는 환자와 보호자에게 할 말을 생각해냈다. "두가지 방법이 있습니다. 먼저 나쁜 병이 있는지 찾아보는 것인데, 거의 대부분 아무런 이상을 못 찾습니다. 또 한가지는 이것이 하나의 과정이라는 것을 받아들이고 준비를 하는 것입니다. 저는 후자를 권하지만 그것은 제 생각일 뿐이고, 환자와 보호자의 뜻이 다르다면 여러가지 원인 검사를 해드리는 것은 전혀 어렵지 않습니다." 지금까지 이렇게 설명을 한 후, 그래도 검사를 받겠다는 환자와 보호자는 보지 못했다.

결국 생로병사에는 항상 답이 있는 것도, 답이 있어야 하는 것도 아니다. 그런데 현대의학은 우리로 하여금 강제로 이에 대한 답을 찾도록 요구한다.

암에 대한 인식만 봐도 그렇다. 우리는 일반적으로 암을 '예방해야 하는 병' '조기에 발견해서 완치해야 하는 병' '첨단 의술로 정복해야 하는 병'으로 생각한다. 예나 지금이나 동서를 가리지 않고 젊은 나이에 사랑하는 이들을 남기고 암으로 죽어가는 주인공이 등장하는 수많은 영화가 있다. 암은 진단과 동시에 죽음을 연상시

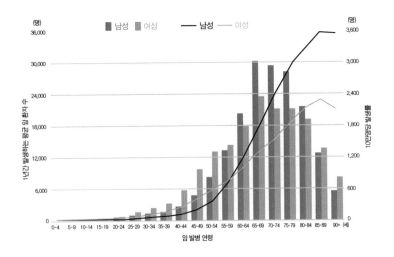

나이에 따른 암 발병률

키는 가장 대표적인 질환이기에 더 그렇다. 그런데 잘 알려지지 않은 사실이 있다. 바로 암도 노환이라는 사실이다.

위의 그래프[25]를 보면 모든 암종이 남성, 여성 모두 연령에 따라 급증하여 65~69세 사이에 정점을 보인다. 85세 이상의 초고령에서도 암 발생률은 낮아지지 않아서 50대의 발생률과 비슷하다. 암이라는 질환이 교정하지 못한 유전자적 결함에서 일어나는 것이라는 원리를 이해하면 당연한 이치다. 나이가 들수록 유전자의 결함이 누적되기 때문이다.

영국의 암 연구 통계Cancer research UK에 따르면 전체 암의 50퍼센트가 70세 이상의 고령에서 발생한다.[26] 너무도 당연한 이야기지만 암에 의한 사망률도 연령에 따라 가파르게 증가한다. 암 사망률이 정점을 찍는 연령대는 75~79세이고, 암으로 사망한 사람의 53퍼센트는 75세 이상의 고령자다. 거꾸로 암 생존율이 가장 높은 연령은 15~40세다. 75세 이상의 고령자들이 흔히 진단받는 암과 50세 이전의 청장년이 진단받는 암에는 많은 차이가 있다. 75세 이상 고령자의 경우 호발하는 암은 남성이 전립선암, 폐암, 위장관암, 방광암, 신장암 순이고, 여성이 유방암, 폐암, 위장관암, 췌장암, 자궁암 순이다. 이는 50세 이전의 청장년 남성에서 두경부암, 고환암, 악성흑색종, 그리고 여성에서 유방암, 악성흑색종, 난소암이 가장 흔한 것과는 차이를 보인다.[27]

이런 맥락에서 연세 지긋한 부모님이 암 진단을 받았다면, 그동안 가져왔던 암에 대한 고정관념을 재고해볼 필요가 있다. 치매, 관절염 등 우리가 흔히 노인성 질환이라고 알고 있는 질병들과 정확하게 같은 발병 양상을 보이는 노환의 하나로 암을 이해하는 것이다. 고령 암 환자의 기대 여명은 같은 암을 진단받은 전체 환자의 평균 생존 기간보다 짧은 경우가 흔하다. 당연히 청장년 때와는 다른 접근이 필요하다. 환자가 수술이나 항암치료를 잘 견딜 수 있을지, 삶과 죽음에 대한 인식은 어떤지, 다른 지병을 앓고 있어 이미 얼마 살지 못하리라고 예상되지는 않는지 등을 고려해야 한다는 의미다. 이는 진단과 치료라는 기계적인 접근만으로는 헤아릴 수 없는 문제들이다. 거기에 더해 암의 조기 진단이라는 것에 대해서도 다시 한번 생각해보아야 한다.

암 진단의 빛과 그림자

암을 조기 발견해야 한다는 것은 너무 당연한 명제처럼 되어버려 아무도 거기에 의문을 갖지 않는다. 현대의료의 난맥상은 암 앞에서 한없이 작아지는 인간의 약한 마음을 이용하여 의미 없는 진단, 수술로 이어지는 과잉 진료를 낳기도 한다. 그러나 조기 진단이 정말 필요한 암들은 분명히 있고, 그 이유가 반드시 수명을 늘리기 위한 것만은 아니다. 암은 생명을 앗아가지도 않으면서 살아 있는 육신을 존엄성을 해치는 수준까지 소멸시키기 때문이다. 암을 조기에 발견해야 한다는 것은 이제 일반적인 상식이 되었기 때문에 자세한 이야기를 할 필요는 없을 것 같다.

그런데 과도한 암 검사가 오히려 실이 될 수도 있다는 사실을 아는 사람은 그렇게 많지 않은 듯하다. 의학 문헌들을 고찰하여 여러 질환의 치료에 가장 충실한 데이터를 제공하는 것으로 유명한 비영리 학술단체 코크란Cochrane의 2013년도 고찰에 따르면 유방조영술mammography에 의한 암 진단 검사가 암 조기 발견에 정말 도움이 되는지 불분명하다.[28]

직관적으로 생각하면 이상할 수 있으나 이런 영상 검사들의 정확성이 문제가 된다. 예를 들어 유방조영술 후 이상 소견은 보이는데 그 자체로는 암인지 양성 종양인지 판별하기 어려운 경우가 많다. 특히 우리나라와 같이 동양 여성의 유방은 서양인과 달리 지방 조직보다 섬유 조직이 많아 유방조영술 검사상 악성 종양을 구별하기가 쉽지 않고 심지어는 정상 조직도 이상 음영으로 보일 수 있다.

만약 유방조영술로 암일 가능성이 있다는 소견이 나오면 어떻게 할까? 아직까지도 '암 = 죽음'으로 생각하기 때문에 그런 결과를 받아본 사람은 당장 눈앞이 캄캄해지고 뒤에 남을 가족들을 생각하면 눈물이 앞을 가린다. 이 상황이 되면 이제 이성적인 판단을 하는 것은 물 건너갔다고 보면 된다. 인터넷을 찾아본들 위안이 되지 않고 무서운 마음만 더 든다.

결국 의지할 것은 병원밖에 없는데 의사들도 별수가 안 난다. 검사에 검사가 꼬리를 문다. 유방조영술 검사보다 더 정확한 것으로 알려진 초음파 검사를 해도 어차피 그림자 잡기는 마찬가지고 그림자를 겨누어 조직을 얻어도 명확히 암인지 아닌지 답이 안 나오는 경우도 있다. 차라리 조직검사에서 암세포가 나왔다면 주저 없이 다음 단계로 진행하겠는데 암세포가 나오지 않았다면 다시 막막해진다. 의사는 완전히 괜찮다는 말을 하지 않고 "밖에서 바늘로 하는 검사의 경우 더러 암인데 놓치는 수가 있다"라는 단서를 단다. 그 말을 들으면 여태까지 고생해가며 여러 검사를 해 암세포가 없다는 결과를 받고서도 오히려 더 불안해진다.

결국은 수술로 답을 가리는 수밖에 없다. 이렇게 조기 암 검진에서 나온 이상 소견이 불필요한 검사와 수술로 이어지고 심각한 경제적, 정신적 손실로 확대되는 예는 그 반대의 경우, 즉 조기 암 검사로 병을 일찍 발견해 치료를 해서 생명을 건졌다는 예에 비해 결코 적지 않을 터인데 잘 알려져 있지 않다. 극단적인 경우가 우리나라의 갑상선암이다. 갑상선암 환자의 대다수는 여성이다. 언제부터인지 심심치 않게 목 앞에 칼자국이 있는 여성 환자가 많아진 것 같다 싶었는데 그것이 다 갑상선암 환자라는 걸 알고 놀랐던 적이 있다.

갑상선암은 부검하면 나오는 암, 즉 경과가 완만하고 그 자체로 환자의 생명을 빼앗는 경우가 적어 죽을 때까지 가지고 가는 암이라고 배웠던 나로서는 요즘 갑자기 갑상선암이 늘어난 것이 조기 검진 때문이 아닌가 하는 의구심을 갖고 있었다. 그것이 나만의 의심은 아니었다. 곧 의료계 안팎의 여러 움직임과 갑상선암 조기 검진에 대한 의사들 간의 찬반 격론으로 이어지면서 의심은 사실로 굳어지게 되었다.

초음파 검사가 화근(?)이었다. 건강검진 조기 암 발견 코스에 갑상선 초음파가 포함되면서 갑상선의 이상 음영이 보이면 바로 침생검(생체검사)을 진행하게 되었는데, 문제는 갑상선이 바늘로 찔러

보면 암세포가 심심치 않게 나오는 기관이라는 점이다. 일단 암세포가 나오면 더이상의 저항은 무의미해진다. 갑상선이라는 인체에 없어서는 안 되는 중요한 기관이 단칼에 날아간다. 그리고 환자는 평생 갑상선 호르몬제를 먹어야 하는 삶을 살게 되는 것이다.

이처럼 갑상선암 수술 광풍에 편승하여 환자들의 갑상선을 떼어내는 의사들이 있는가 하면 '갑상선암 과다 진단 저지를 위한 의사연대'도 생겨났다. 국립암센터 서홍관 박사는 갑상선암 5년 생존율은 우리나라의 경우 100퍼센트에 가깝고 미국과 캐나다도 98퍼센트 수준이라고 언급하며, 갑상선암의 이런 독특한 특징 때문에 미국 질병예방위원회는 1996년 아무런 증상이 없는 사람을 대상으로 초음파 검사를 이용해 감상선암 발병 유무를 감별하는 것은 오히려 해가 될 수 있다며 권고하지 않고 있다고 덧붙였다.

의사들끼리 갑론을박하다가 급기야 국회의원이 나서서 갑상선 진료 의사들을 공격하는 사태까지 벌어졌다. 갑상선암 조기 진단과 치료를 옹호하는 측의 주된 논리는 "작은 암도 전이하는 경우가 있다"라는 것이었다. 반대하는 측에서는 "길을 가다가 벼락을 맞아 죽을 수도 있다"와 같은 논리라고 비판했지만, 벼락을 맞는 것과는 달리 갑상선암은 수술이라는 피할 수 있는 방법이 있기 때문에 그리 간단하지만은 않다.

그러는 동안 우리나라의 갑상선암 환자 수는 1999년 3,325명에서 2013년에는 4만 2,541명으로 15년 사이 12.8배가 됐다. 우리나라의 전체 암 환자 수가 같은 기간 2.2배 늘어났을 뿐이라는 사실,[29] 그리고 여성의 경우 우리나라의 인구 10만명당 갑상선암 환자 수가 이미 2008년 기준 세계 평균의 10배나 된다는 데이터에 비추어 이 현상을 이해해야 한다. 우리나라에서는 원전 사고와 같이 갑상선암 발생과 관련이 있는 사건도 없었다. 이런 현상에 대해 최고의 의학 권위지인 『뉴잉글랜드 의학 저널』New England Journal of Medicine에서 "한국의 전염병, 갑상선암. 조기 암 검사와 과잉 진단"이라는 사설로까지 다루어지면서 한국 의사들은 망신을 당했다. 그럼에도 불구하고 이 현상은 미국에 수출되어 미국 의사들도 갑상선암 진단에 열을 올리는 사태가 벌어졌다. 결국 미국의 국립암연구소가 7개국의 갑상선암 전문의, 병리학자와 임상전문의들과 함께 내분비병리학회 연구 모임The Endocrine Pathology Society working group을 구성해 연구를 진행한 후, 2016년 미국의학협회 종양학회지JAMA Oncology를 통해 '갑상선암 가운데 상대적으로 예후가 좋아 생존율이 높은 암은 '종양'으로 명칭을 바꾸겠다'라고 밝히면서 처음으로 암으로 부르던 병명을 암이 아닌 것으로 개정하게 되었다.[30]

이 위원회에서는 갑상선암뿐 아니라 유방암이나 전립선암의 일부도 암 분류에서 제외할 것을 논의하고 있다. 전립선암도 과잉 진단 논란이 일고 있는 대표적인 질환이다. 혈액에서 '전립선 특이항원'prostate specific antigen, PSA을 쉽게 측정하게 되면서부터 이런 현상이 생겼다. 전립선암이 있을 때 PSA 수치가 올라가기 때문에 이론적으로는 암을 조기에 발견할 수 있는 방법으로 크게 각광을 받았지만 모든 의학적 검사가 다 그렇듯 이도 저도 아닌 애매한 결과가 나오는 경우가 많은 것이 문제가 된다.

초기의 열광적인 반응과 달리 PSA 검사를 해도 전립선암에 의한 사망률은 낮아지지 않는다는 것이 지금은 정설로 되어 있다. PSA 검사가 유용하다고 주장하는 유럽의 한 보고에서도 2~4년 간격으로 PSA를 검사하는 경우 13년간 1,000명당 전립선암 환자는 28명을 더 찾아낼 수 있지만 사망은 1.28명만 감소한다는 결과가 나왔다. 바꿔 말하면 이렇게 찾아낸 환자 대부분은 어차피 전립선암으로는 사망하지 않을 사람이지만 진단이 된 이상 수술 등의 치료를 받지 않을 수 없음을 시사한다. 매해 PSA 검사를 하는 것이 관행인 미국의 경우 이렇게 알 필요 없었던 암을 진단할 확률이 훨씬 높아지는데 이런 현실이 전립선암을 '암'이라는 분류에서 제외하자는 논리의 근거가 된다.

전립선암과 관련해 외국에서 발표하는 최신 논문들도 그다지 신뢰할 만하지 못한 경우도 있다. 다음은 실제 사례이다.[31] 50대의 L교수는 건강검진에서 혈액의 PSA 수치가 높다는 통보를 받았다. 한창 일할 나이에 청천벽력 같은 소식이었다. 놀란 가슴을 안고 비뇨기과 전문의를 찾았는데 조직검사가 필요하다는 답을 들었다. 권유대로 조직검사를 했고 일곱군데의 전립선 조직을 채취하여 두군데에서 암세포가 발견되었다. 영상 검사로는 보이지도 않는 작은 암 조직이었다.

다음 수순은 전립선 절제술을 할지, 진행 여부를 지켜볼지였는데 수술을 하면 합병증으로 요실금과 발기부전이 생길 수 있다는 말을 듣고 L 교수는 고민에 빠졌다. 혈액종양내과를 전공한 절친인 C 교수에게 의견을 묻자 직접 판단하라며 최고 권위지에 실린 두편의 최신 논문을 보내주었다. 두편의 논문 모두 초기 암의 경우 수술을 하는 것이 장기 생존 확률이 더 높다는 결론이었다. L 교수의 부인은 "당신 몸에 암 같은 걸 남겨 두면 절대 안 돼요"라고 말하며 수술을 종용했고 L 교수는 망설임 끝에 수술대에 올랐다.

수술은 성공적이었으나 발기부전이 생겼다. 전립선 절제술 후 흔히 생길 수 있는 문제였지만 생명과 성생활은 맞바꿀 수 있는 것이라 생각하며 스스로를 위안했다. 3년의 세월이 흘렀다. 발기부전은 생각했던 것처럼 가벼운 문제는 아니었고 L 교수는 우울증에 빠졌다. 자신의 인생이 끝났다는 생각까지 들었다. 그즈음 전립선 암 검사에 대한 비판이 제기된다는 이야기를 듣고 L 교수는 문득 3년 전의 선택에 의문이 들었다. 다시 최신 논문들을 검색한 L 교수는 충격에 빠졌다. PSA 검사로 전립선암을 진단받은 후, 수술을 한 사람과 하지 않은 사람의 생존율에 차이가 없다는 논문들이 많았던 것이다. '어떻게 이런 일이 있을 수가 있을까? 내가 도깨비에 홀린 것일까? 저명한 의학 논문들도 가짜 뉴스가 있단 말인가?'

L 교수는 진립선암 표지지 검사가 각광을 받던 시대의 막차를

올라탄 불운한 경우였을 뿐이다. L 교수가 수술을 받던 당시의 논문에서 분석한 초기 전립선암 환자는 증상이 있거나 진찰 시 이상이 발견되었지만 아직 전이는 없는 환자들로 이미 어느 정도 진행이 된 환자들이었다. 반면 L 교수처럼 보이지도 않는 상태의 암을 PSA 검사로 진단받았던 경우에 대한 데이터는 아직 축적되지 않은 상태였다. 결국 L 교수는 자신과는 경우가 다른 환자들 사례를 참고해 수술을 결정했던 것이다. 이후 3년 동안 PSA와 같은 암 표지자 검사상의 상승만으로 진단되는 전립선암의 대부분이 진행하지 않고 조용히 잠복해 있는 경우가 많다는 것이 알려지기 시작했다. 어차피 진행하지 않을 것이어서 떼어내지 않아도 생존에는 영향이 없게 된다. 이런 이유로 학자들 사이에서 표지자 검사로 진단되는 경우 '암'이라는 이름을 붙이지 말자는 의견이 대두되고 있다. 결국 이름 붙이기가 중요하다는 또 하나의 사례를 남긴 셈이다. L 교수는 뒤늦은 후회를 했지만 이미 너무나도 큰 값을 치른 후였다. 일부 암의 경우 조기 검진에 의한 암 조기 발견이 실제 생존율 향상을 가져오지 못함에도 착시 현상을 일으킨다는 보고도 있다. 암을 일찍 치료해서 생존 기간이 길어진 것이 아니라 생존 기간 안에 암을 모르고 지낸 기간이 포함되기 때문이다.

마지막으로 왜 우리나라에서 갑상선암을 둘러싼 과잉 진단 논란이 두드러졌는지를 이야기할 차례다. 한국의 의사 집단이 유난히 부도덕한 사람들이기 때문일까? 일부 그런 논리를 펴는 사람들

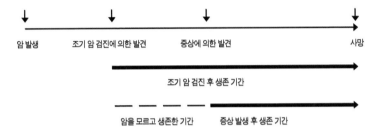

조기 검진에 의한 암 진단 후 나타날 수 있는 착시 현상

암 발생　　조기 암 검진에 의한 발견　　증상에 의한 발견　　사망

조기 암 검진 후 생존 기간

암을 모르고 생존한 기간　　증상 발생 후 생존 기간

조기 암 검진과 증상에 의한 진단 두 경우를 비교하면 암 발생에서
사망까지의 기간은 같지만 조기 암 검진에 의한 발견 후 생존 기간이 길게 보인다.
암 발생을 모르고 생존한 기간이 포함되어 있기 때문이다.

도 있겠지만 그건 문제 해결에 도움이 안 된다. 한국의 의사 집단
도 어디까지나 한국사회가 깔아준 멍석 위에서 노는 집단일 수밖
에 없기 때문이다. 의사들이 지난 수십년간 의료의 모든 문제는 저
수가가 근원이라고 줄기차게 외쳐왔지만 일반인들의 공감을 전혀
얻지 못했다. 공감하지 못할 수밖에 없는 것이 의사는 고수익을 얻
는 직업군이기 때문에 저수가로 착취당한다는 주장이 일반인들의
직관에 어긋나기 때문이다.

　그런데 내용을 잘 들여다보면 의사의 고유한 행위, 즉 환자 문진
과 진찰, 상담, 각종 시술과 수술 등과 첨단 기계 장비를 동원하는
검사 간에는 큰 격차가 있다. 의사의 고유 행위들 중에는 시간당
수가가 최저임금에도 못 미치는 것들도 있다. 반면 검사들은 일반

적으로 높은 이윤이 보장된다. 제대로 코스트 시프트(cost shift, 수입을 이전해서 전체 수지를 맞추는 행위)가 일어나는 것이 한국 의료다. 일단 암을 진단받으면 PET-CT라는 고이윤 검사를 여러번 할 수 있다. 그리고 병원 경영진은 이런 고이윤 검사를 많이 한 의사들에게 혜택을 주는 반면 이윤도 없는 양질의 진료(긴 진료 시간과 환자에게 하는 자세한 설명 등)를 하는 의사들에게는 불이익을 준다. 많은 병원들이 의사들의 수입을 순전히 벌어들이는 돈의 액수에 연동해서 결정한다. 심지어 보직이나 승진 심사에까지 영향을 미치는 일도 흔하다.

정부는 이런 현실을 정확히 알면서도 아무것도 하지 않고 수수방관 내지 조장을 해왔다. 지금도 의료수가 협상을 할 때 진찰료에 대해서는 인상 절대 불가라는 경직되고 완강한 태도를 보이는 보건복지부 공무원들도 소위 신의료 딱지를 붙이고 들어오는 가치도 알 수 없는 검사들의 수가를 만들어주는 데에는 터무니없이 관대하다. 이런 현실을 알아야 큰 그림을 볼 수 있고 문제를 해결할 대안을 세울 수 있게 된다. 한마디로 건강검진은 대형병원들이 코스트 시프트를 할 수 있는 창구로 작용해왔고 여기에 걸려든 것 중의 하나가 갑상선암이었던 것이다. 이런 의료행위를 하는 것으로 높은 연봉, 인력 충원, 풍부한 진료 지원을 해주는 시스템 속에서 의사 개개인에게만 손가락질을 할 수는 없지 않은가?

그래서 암 과잉 진단에 대한 대안은 무엇일까? 유감스럽게도 지금으로서는 없다. 의료의 많은 영역이 그렇듯 다른 선택을 했을 때 최악의 경우가 죽음이라면 합리적이고 이성적인 판단이 어렵기 때문에 더 그렇다. 오늘도 나는 별수 없이 좁은 진료실에서 없는 시간을 쪼개어 환자들에게 이런 말만 해주고 스스로를 위안한다.

"가급적 갑상선에 초음파 대지 마세요. 좋은 일보다는 나쁜 일이 생길 확률이 더 높아요."

갑상선암 논란이 시작된 지 6년이 흘러 2020년, 국립암센터 연구팀은 갑상선암 사망자 120명과 일반인 1,184명을 대상으로 환자-대조군 연구를 통해 초음파 검사를 이용한 갑상선암 검진이 갑상선암 사망을 줄이는 데 효과가 없음을 밝혔다.[32] 가천대-이화여대 공동 연구팀은 2007~16년 국내 갑상선암 데이터를 분석한 결과 갑상선암 과잉 진료 논란이 인 이후 갑상선암 진단 및 수술이 줄어들면서 갑상선을 절제할 때 같이 제거되어 문제가 되는 '부갑상선기능저하증'도 함께 감소한 것으로 보고했다.[33]

결국 원인은 없다

암 이야기를 하다 잠시 곁길로 샜는데, 다시 병의 원인을 찾아 헤매던 이야기로 돌아와보자. 노인들은 아프다. 관절염 때문에 아프고 허리디스크 때문에 이프고 신경통 때문에 아프고 그도 저도 아니면 아무 이유 없이 아프다. "죽는 것은 두렵지 않으나 아픈 것이 두렵다"라고 말하는 환자도 매우 많다. 그만큼 죽음 자체보다 환자를 더 괴롭히는 증상은 통증이다. 통증을 호소하는 환자들을 주로 치료해야 하는 전공을 택한 이유로 나는 통증을 좀더 자세히 관찰하고 연구할 기회가 있었다. 그만큼 지난 세월 이 괴물과 씨름 해왔고 지금도 씨름 중이다. 그동안 터득한 가장 간단한 진리는 통증은 하나가 아니라는 것이다.

우리가 가장 이해하기 쉬운 통증은 팔다리가 부러졌을 때 느끼는 통증처럼 우리 몸이 손상을 입었을 때 나타나는 반응이다. 이런 급성 통증은 그 자체로는 위해하지 않으며, 오히려 우리 몸을 보호하는 역할을 한다. 선천적으로 통증을 느끼지 못하는 유전 질환을 가진 환자들은 신체 손상으로 젊은 나이에 목숨을 잃는 경우가 많다. 머리 위로 펄펄 끓는 물이 떨어지는데 아무런 통증을 느끼지 못하고 가만히 맞고 있다면 어떻게 되겠는가. 암성 통증도 암 덩어리가 조직을 파괴하면서 발생한다는 점에서 이런 신체 위해성 통증으로 이해할 수 있다. 이 경우에는 마약성 진통제 등의 적극적인 치료가 필요하다.

급성 통증과 만성 통증은 완전히 다른 질환이다. 종종 관절염 환자들이 염증을 다 치료해도 여전히 통증을 호소할 때가 있다. 원인은 잘 모르지만 통증을 전달하는 신경회로가 변화되었기 때문이라는 것이 정설이다. 즉 아픔을 느끼지 않아야 할 상황에서 아픔이 느껴지도록 통각신경계가 재설정되었다고 이해하면 쉽다. 환자들에게는 통증이 들어앉았다고 궁색하게 설명한다. 이러한 만성 통증에 대한 진통제의 사용은 매우 신중하게 고려해야 한다. 앞서 설명했다시피 특히 마약성 진통제를 쓰는 경우 습관성이 생기기 매우 쉽고, 습관성은 바로 중독으로 이어지기 때문이다.

아무런 이유를 찾지 못한 채 계속 고통을 호소하는 환자들도 있다. 대표적인 예가 섬유근통이라는 병이다. 섬유근통에 걸리면 극심한 스트레스와 불면증을 겪다가 온몸이 아프기 시작한다. 환자들은 때로는 간단한 집안일도 못할 정도로 심한 통증을 호소한다. 아직까지 현대의학의 진단법으로는 통증을 일으킬 만한 어떤 이상도 발견할 수 없다.

이렇게 다양한 통증의 얼굴에 비해 의사들이 가지고 있는 무기는 매우 제한되어 있다. 그동안 개발된 진통제의 종류 자체도 매우 제한적인 데다, 대부분이 장기간 사용하면 만만치 않은 부작용을 일으킨다.

류머티스 전문의 생활을 시작한 지 얼마 되지 않았을 때 은사님의 모친이 발이 아파 못 걷겠다고 하여 진료를 본 적이 있었다. 만져보아도 관절염이나 인대염 같은 쉬운 원인은 아니었고, 엑스레이를 찍어보아도 아무런 이상이 없었으며, 혈액검사에서도 이상 소견은 없었다.

"우리 어머니가 왜 아프신 것 같니?" 걱정스런 표정의 은사님께

나는 "진찰이나 검사상 최소한 관절염이나 뼈의 문제는 아닙니다. 그렇다고 인대염이나 점액낭염 같은 연조직 문제도 아니고요"라고 답했다. 그런데 은사님은 "그래, 원인은 없을 거야"라며 내 말을 쉽게 넘겼다. 나는 최소한의 성의를 보이겠단 요량으로 "신경압박 때문일 가능성은 있습니다. 드물지만 뼈의 골수염일 가능성도 있고요"라고 덧붙이며 그런 의심을 하는 이유를 차근차근 설명했다. 은사님은 내 말을 가만히 듣더니 짧게 답하셨다. "네가 이렇게 고민하는 줄은 몰랐구나. 신경 써주어서 고맙다." 결국 정확한 진단은 내리지 못했다.

그로부터 20년 가까이 지난 지금도 여전히 같은 문제로 고민하는 일이 숱하다. 통증, 특히 노년의 통증은 경험이 쌓여도 어렵기만 하다.

만성 통증의 가장 강력한 위험 인자는 나이다. 만성 통증은 나이가 들어가며 그 발생 빈도도 증가한다. 안타깝게도 이 가운데 상당수는 아무리 찾아도 원인을 알 수 없다. 찾을 수 있는 원인이 없다면 이제 통증도 노환으로 인정해야 하는 것은 아닌가 하는 생각마저 든다. 그러나 사람이 늙고 죽는 문제가 마치 질병처럼 다루어지고 있는 현대사회에서 '이유를 찾지 않고 두고 본다'는 입장을 지키기가 쉽지만은 않다.

의료인문학 수업 II

이번 시간에는 내가 죽음을 앞두었을 때 벽에 걸어놓고 보며 마음의 위안을 얻고 싶은 작품을 소개해볼까 합니다.

데이미언 허스트Damien Hirst는 죽은 동물의 사체, 내장, 절단면 등을 차갑고 시니컬하고 적나라하게 드러냄으로써 보는 사람들에게 죽음을 체화시키는 작가로 유명하지요. 하지만 작품에 대해 작가 자신은 그 어떤 의견이나 견해도 표명하지 않아요. 그가 작품을 통해 말하는 삶의 무상함과 죽음의 일상성을 마음 편하게 볼 수만은 없지만 '알약 시리즈'는 왠지 편하게 느껴집니다.

허스트가 이 작업을 하게 된 계기는 어린 시절 어머니와 약국에 들렀을 때 보게 된 시각을 자극하는 알록달록 다양한 약들과, 약이라면 무조건 맹신하는 듯한 어머니의 태도였다고 하는데요. 우리나라에서도 삼성미술관 리움에 가면 그의 '알약 시리즈' 중 하나인 「죽음의 춤」Dance of Death을 관람할 수 있어요. 스테인리스 스틸 진열장 위에 무수히 많은 예쁜 색깔의 알약이 배열되어 있습니다. 작가는 사람들이 약에 투사하는 치유의 희망을 비웃으면서 또 한번 죽음 앞에 우리가 얼마나 나약한 존재인지를 드러내는 것 같습니다.

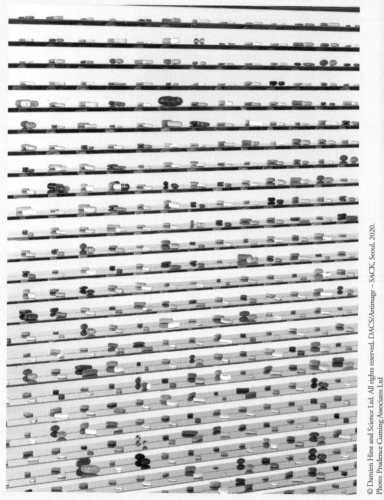

데이미언 허스트 '알약 시리즈' 중 「진실을 찾아서」 부분, 2007년.

케테 콜비츠 「죽음의 부름」, 1937년경

중세시대에 유행했던 죽음의 춤danse macabre이 죽음에 의연해지기 위한 것이었다면 허스트는 현대인들이 죽음 앞에 정신적으로 훨씬 박약해졌다고 믿나봅니다.

두번째 작품은 케테 콜비츠Käthe Kollwitz의 죽음 연작 중 하나인 「죽음의 부름」입니다. 죽음 연작은 콜비츠가 해석한 '죽음의 춤'이라고도 볼 수 있는데 생의 굽이굽이에 갑자기 나타나 아이를 데려가 거나 아이를 안고 있는 엄마를 끌어가는 이미지를 표현하고 있습니다. 그중 가장 마지막에 나오는 것이 이「죽음의 부름」입니다. 자신에게 손을 내미는 죽음에 대해 여인이 "그래, 이제는 때가 되었지요" 하는 표정으로 고개를 돌립니다. 지나온 삶에 어떤 미련도 슬픔도 남아 있지 않은 초연한 모습입니다.

콜비츠는 독일에서 태어나 두번의 세계대전을 겪고 아들이 전사하는 것을 경험하면서 여러 장면의 죽음을 묘사했습니다. 죽은 아이를 부둥켜안고 비통해하는 조각 작품「피에타」로도 유명하지요. 그녀의 다른 작품들에 표현된 죽음의 묘사가 너무도 격렬하고 고통스러운 데 비해 이 작품은 매우 조용합니다. 그림 속의 여인이 콜비츠 자신의 모습이라 하는데 그녀의 이런 표정은 절망일까요? 달관일까요? 콜비츠는 평생을 전쟁을 혐오하면서 살았지만 제2차 세계대전이 끝나기 며칠 전, 전쟁의 끝을 보지 못하고 결국 사망합니다.

마지막으로 일본 사진작가 히로시 스기모토杉本博司의 바다 풍경 작품입니다. 사진인지 추상화인지 혼돈스럽기도 합니다. 그는 1980년대에 구식 대형 카메라를 들고 영국해협, 북극해, 북해, 북대서양 모허 절벽 등 여러곳의 바다 풍경을 찍었는데 장소는 다르지만 사진의 크기나 형식은 다 같습니다.

이 작품들은 바다 풍경임에도 불구하고 배나 일출, 일몰은 전혀

히로시 스기모토 「에게해, 필리온」, 1990년.

등장하지 않습니다. 흑백으로 찍은 사진에 가운데쯤에 항상 수평선이 놓여 있습니다. 노출을 아주 길게 하여 특유의 느낌을 주는데 작가 자신은 자기 작품을 시간이 흐르면서 일어나는 일들의 농축이라고 표현합니다.

그가 대놓고 죽음을 묘사한 것은 아니지만 그의 사진을 보고 있으면 왠지 죽음이 두렵지 않게 느껴집니다. 이 작품의 중심이 되는 수평선은 우리 정신세계의 한계를 의미하는 것 같기도 하고 삶과 죽음을 가르는 경계 같기도 합니다. 그 깊이를 알 수 없는 심오함이 오히려 마음을 편안하게 만듭니다. 이런 엄숙하고 신원한 세계

앞에서 우리를 아등바등하게 만드는 욕망이 허무하다는 생각도 듭니다. 개인적인 생각으로는 아직도 정신 못 차리고 무한 성장을 부르짖으며 지구를 파괴하고 인간들의 삶을 피폐하게 만드는 사람들의 침실에 걸려 있어도 좋을 것 같습니다. 죽음 앞에서 모든 이는 평등하고, 그 누구라도 시간의 바다 속으로 들어가버리고 나면 세상은 마치 그가 존재하지도 않았던 것처럼 계속 아무 일 없이 이어질 거라는 메시지를 읽을 수 있기 때문입니다.

3장

죽음 비즈니스

의사: 곧 회복될 거예요.

비올레타: 왜 의사들은 저런 거짓말을 할까…

—오페라「라 트라비아타」

왜 의사들은 죽음 앞에서 거짓말을 할까?

일어날 일들

잠시나마 일상을 벗어나는 건 정말 오랜만이었다. 모든 일을 다 내려놓고 남쪽의 어느 도시로 가기로 했다. 한 문화클럽에서 마련한 음악회를 겸한 1박 2일 여행이었다. 진료가 끝나고 허둥지둥 짐을 챙겨 KTX 광명역으로 향했다. 시간 맞춰 역으로 들어서는 열차 안에는 서울역에서 먼저 타고 온 남편이 기다리고 있었다.

오늘만큼은 바쁜 일과도 다 잊고 떠나보자 했지만 순조롭지는 않았다. 준비 없이 온 여행이다보니 최종 행선지를 잘못 알았고 남편은 익숙하지도 않은 밤길을 1시간이나 과속으로 달려야 했다. 간신히 목적지에 도착해서 숙소에 짐만 던져놓고 옷도 갈아입지 못한 채 다시 나왔다. 시간이 너무 빠듯하여 행사 측에서 준비한 식사는 엄두도 못 내고 그래도 저녁은 먹고 들어가야겠기에 가까운 식당에서 그냥 제일 빨리 나오는 음식을 주문했다. 바다냄새가 물씬 나는 생선구이와 매생이가 참 맛있었다. 남편과 나 둘다 평소에 식사를 10분 안에 끝내는 나쁜 버릇을 가지고 있어서 음악회 시간을 가까스로 맞출 수 있었다. 입에 음식이 묻어 있지 않은지만 확인하고 부스스한 머리에 운동복 차림으로 공연장으로 들어가기 직전 휴대전화 전원을 끄려 하는데 친구로부터 메시지가 와 있었다. 이제 좋지 않은 소식을 알리는 전화는 벨소리만으로도, 메시지는 도달하는 시간만으로도 알 것 같다.

"지금 전화 통화 괜찮은 거야?"

"응, 음악회 시작 5분 전이어서 전화를 끄려는 참이긴 한데 급한 일 같구나. 아버지 안 좋으시니?"

"그래, 미안한데 이럴 때는 네 생각이 나서 또 전화했어. 지금 의사가 결정을 하라는데 어떻게 해야 할지 모르겠어."

물론 이건 5분 이내에 끝낼 수 있는 이야기는 아니다. 나는 남편을 먼저 들여보내고 홀 밖으로 나왔다. 친구의 아버지는 전립선암 투병 중인데 어르신들 암 특성상 진행이 빠르지는 않아 전이된 상태에서 벌써 여러해를 끌고 있었다. 한해 전 뵈었을 때 암 환자라는 인상은 거의 없을 정도로 잘 유지를 하고 계셨고 그런 상태에서 생명은 하루하루 그저 흐르는 시간에 의해 쇠잔함을 더하고 있을 뿐이었다.

"어제 갑자기 가래가 끓으면서 호흡곤란이 오셨어. 지금 대학병원 응급실인데 상태가 안 좋아서 인공호흡기를 달지 말지 가족들이 정하라고 하네."

이런 경우 결국 남은 삶의 불꽃이 완전히 꺼지는 것은 상당수가 폐렴 때문이다. 신체 상태가 쇠약하다보니 면역력도 떨어지고 가래를 뱉어낼 능력도 떨어지면서 건강한 상태에서는 충분히 물리칠 수 있는 잡균들이 숨길을 통해 사정없이 폐를 파고든다.

"너희 아버지 집에서 돌아가시는 것으로 이야기하지 않았었니?"

그 친구는 몇달 전 나의 시아버지가 돌아가셨을 때 두번이나 문상을 왔었다. 그리고 임종을 어떻게 준비해야 하는지 한참을 이야기하다 갔다.

"응, 그래서 집으로 수녀님도 오시고 다 했었는데 막상 나빠지니까 그렇게 안 되더라."

"……"

"호스피스로 모시려고 했는데 석달을 기다리래. 내가 좀더 일찍 알아봤어야 하는데…"

"……"

"이번에도 아버지가 호흡곤란이 오고 우리가 당황해하니까 수녀님이 이것도 다 사망의 과정이니 집에서 편히 돌아가시길 원한다면 그냥 받아들여야 한다고 하시는데 아무래도 그게 안 되더라.

그냥 집에서 돌아가시게 방치하는 거 아닌가 하는 생각이 자꾸만 들어서…"

"아버지, 많이 힘들어하셨어?"

"아무래도 옆에서 보기에는 안 좋아 보였어."

"그래. 내가 지난번 우리 시아버지 돌아가실 때도 이야기했지만 집에서 돌아가시는 거 그렇게 생각처럼 쉽지 않아. 이미 응급실로 오셨다면 다른 방법은 없겠다. 병원에서 하라는 대로 안 하면 다시 집으로 가야 하는데 그건 안 될 거 아냐."

그렇다. 이런 상황에 상급 종합병원에 발을 들이는 순간 이미 환자와 보호자들은 선택권을 잃게 된다. 병원의 치료 지시를 따르지 않으면 집으로 갈 수밖에 없기 때문이다. 그리고 지금의 치료 지시는 인공호흡기를 다는 것이다.

"며칠이라도 인공호흡기를 달고 소생하실 가망이 있다면 그냥 돌아가시게 두는 건 안 되지 않니?"

물론 맞는 말이다. 그러나 이런 경우 며칠간 인공호흡기를 달고도 결국 돌아가실 가능성이 훨씬 더 높고, 그보다 더 큰 문제는 며칠 인공호흡기를 다는 것이 아니라 몇달 아니 기약 없이 인공호흡기를 다는 상황으로 들어갈 수도 있다는 것이다.

"내가 환자 상태를 보고 하는 말은 아니니까 정말 조심스러운데 인공호흡기는 다는 건 쉽지만 떼는 건 불가능해. 그 점도 가족들과 잘 이야기하고 그래도 해야 한다면 하는 쪽으로 가야 하겠지."

"정말 이런 모습으로 돌아가시게 하고 싶지는 않았는데… 고통스러우시지 않을까?"

며칠 전 사망한 환자가 머릿속을 스쳐 지나간다. 마치 물에 빠진 사람처럼 호흡곤란으로 힘들어하는 모습을 보다 못해 결국 "하는 데까지 버티다가 안 되면 그냥 죽겠다"라고 하던 환자의 의사에 반해 인공호흡기를 달았고, 결국 그 상태로 2주를 버티다 사망했다. 인공호흡기를 달 때 환자가 발버둥을 치며 너무 괴로워해서 진정제를 들이부어 강제로 재워야 했다. 그러나 지금 그런 이야기를 친구에게 하는 것은 너무 잔인하다.

"호흡기 달면 그래도 당장은 좀 편해지실 거야."

거짓말이다

거짓말이다. 그러나 어떨 때에는 이렇게 거짓말을 하는 것이 차라리 약이 될지도 모른다. 앞에서도 언급했지만 인공호흡기를 단 상태에서는 자발호흡을 어떤 형태로든 죽여놓지 않으면, 제정신으로는 버티기가 힘들다. 생각해보라. 자연스러운 호흡 리듬에 반하여 기계가 규칙적으로 그것도 가슴이 터져나갈 듯한 압력으로 강제로 공기를 불어넣는 것이 어떻게 편할 수 있을까? 인공호흡기를 견뎌내기 위해서는 결국 자발적인 호흡중추까지 마비되도록 진정제를 투여해서 환자를 깊은 무의식으로 떨어뜨리는 방법밖에는 없다. 그러나 친구는 나의 거짓말에 조금은 안도한 듯했다.

"그래, 네 말을 듣고 보니 호흡기를 달고 좀 지켜보는 것도 그리 나쁘지는 않을 것 같다."

아니다. 이런 경우 대개 호흡기를 달아도 며칠 안에 사망한다. 대부분의 가족이 바라는 '며칠간 호흡기를 달고 버티다가 회복하는' 그런 기적은 일어나지 않는다.

내 친구의 예처럼 임종이 임박한 환자를 집에 두었을 때 가족들이 죽어가는 사람을 방치했다는 죄책감을 면하기 위한 최소한의 의료시설이 있으면 좋겠는데 그런 완화의료 시설은 아직도 환자들에게서 너무 먼 곳에 있다. 정부의 지원이 부족하다보니 손실을 다 병원에서 떠안아야 하고 그런 이유로 병실은 너무 희소하다. 그것도 지대가 비싼 도회지에서는 구하기 어렵고 먼 곳으로 가야 하는 경우가 많다. 게다가 삶의 마지막 순간에 대해 끝까지 이야기를 꺼리는 사회 분위기 때문에 정말 사망의 순간이 왔을 때에야 허둥지둥하게 된다. 결국 급할 때 갈 수 있는 곳이 응급실밖에 없다.

응급실은 중환자실과 마찬가지로 삶의 막바지에 있는 환자들이 자신을 위탁하기 위한 시설이 아니다. 그러나 달리 갈 곳이 없는 임종기 환자들이 응급실에 도착하게 되면 어쩔 수 없이 환자는 응급치료를 한 뒤 소생이 가능한, 즉 정말 응급환자에만 적용되는 자동적인 치료 알고리즘으로 들어가야만 한다. 그러지 않으면 응급실에서조차 머무를 수 없기 때문이다. 그나마 친구를 도울 수 있는 유일한 방법은 도떼기시장 같은 대형병원 응급실을 벗어나 내과계 중환자실로 옮겨 가도록 하는 것일 텐데 이것조차 쉽지 않다. 대형병원의 중환자실은 먼저 온 고령 환자들로 인해 항상 자리가 없다.

어둡고 어두운 마음으로 남쪽의 밤바다에서 리처드 용재 오닐의 연주를 들었다. 아직 찬 공기가 남아 있는 봄의 분턱에서 또 한 생명이 그렇게 저물어간다.

다음 날 귀로에 다시 친구에게 전화를 했다. 다행히 친구의 아버지는 인공호흡기를 달고 상태가 조금 좋아졌다고 했다. 다행이라고 맞장구치면서 그것이 일시적인, 모니터상의 호전일 뿐이라는 말은 하지 않았다. 친구와 그 형제들은 도떼기시장 같은 응급실에서 거의 날밤을 샜다. 요즘은 상급병원 중환자실이 넘치고 넘쳐 응급실에서조차 인공호흡기 치료를 하는 응급 중환자실을 운영한다. 응급실에서 환자를 지켜보아야 하는 가족들의 심신의 고통은 이루 말할 수 없이 크다.

"아버지가 의식도 있는 것 같고 손 쥐어보라고 하면 쥐기도 하셔."

가족들은 이럴 때 실낱같은 희망을 가지게 되지만 그 희망으로 인해 절망이 더 커지기도 한다. 희망고문이라는 말이 딱 들어맞는다. 의사들은 지표와 모니터만 보면서 환자에게 결국 일어날 일을 끝까지 세내로 밀해주지 않는다. 그저 자신이 치료를 잘해서 (일시적이나마) 좋아졌다는 말만 한다. 나도 내 환자들에게 그랬다.

월요일, 일상으로 돌아와 정신없이 일과를 보낼 때 친구는 다시 메시지를 남겼다.

"통화할 수 있어?"

또 한번의 고비가 왔다는 것을 안다. 이미 올 일인 줄 알았으면서도 마음이 아팠다.

"의사들이 다시 한번 결정을 하래. 아버지가 신장기능이 없어졌대. 그래서 투석을 해야 하는데 우리보고 할지 말지 결정을 하래."

이제는 인공호흡기를 해도 얼마 못 버티는 순간이 온 것이다. 이제 그만 포기하라는 말을 하고 싶지만 내가 결정할 문제는 아니다.

"동생들은 뭐라고 하니?"

"며칠간 혈액투석을 하고 소생할 가능성이 있다면 하고 그렇지 않으면 하지 말자고 이야기가 됐어."

'그럼 하지 마'라는 말이 목구멍까지 올라왔지만 꾹 삼킨다.

"아버지 모니터 좀 찍어서 보내줘볼래?"

이제는 환자를 보지 않고도 대략 언제쯤 생명이 꺼질지를 짐작은 할 수 있다.

"내 생각에는 며칠 안에 소생은 못 하셔. 투석을 하신다 해도 어차피 오래 못 버티실 것 같아. 소생이 목적이 아니라 가족들이 최선을 다했다는 위안을 갖는다는 데 의미를 두고 투석을 할지 말지 결정해야 할 것 같다."

172

백남기 씨의 죽음이 오버랩된다. 2015년 11월 14일, 박근혜 정부에 쌀 수매가 인상 공약 이행을 촉구하기 위해 서울 광화문 일대에서 열린 1차 민중총궐기에 참여했던 백남기 씨는 오후 8시 10분경 찰차로 다가가서 경찰버스에 매인 밧줄을 당기다가 경찰이 쏜 물대포에 맞아 쓰러졌다. 이후 서울대학교병원으로 옮겨져 4시간가량 수술을 받았으나, 결국 의식을 회복하지 못했고 사건이 일어난 지 317일 만인 2016년 9월 25일 서울대학교병원 중환자실에서 향년 68세로 숨졌다.

백남기 씨의 사망진단서를 두고 사회적으로 논란이 되었다. 당시 고인의 사인을 병사라고 기록한 뒤 국정감사에 증인으로 출석한 서울대학교병원 백선하 교수는 "백남기 환자는 급성 신부전과 고칼륨혈증에 의한 심정지로, 투석 등 적극적으로 치료했다면 돌아가시지 않았을 것으로 판단해 병사로 기록했다"라고 진술했다. 말 그대로 받아들이면 합리적이고 전문적인 견해이며, 담당 교수로서의 소신이라고 볼 수도 있을 것 같다. 그러나 여기에는 현대의학이 되풀이해 내보이는 커다란 맹점이 있다. 바로 죽음을 '과정'이 아닌 '치료해야 하는 질병'으로 취급하는 태도다.

사망 전에는 건강했던 백남기 씨가 어떤 원인으로 갑자기 신장 기능을 소실하고 그에 의한 부작용으로 사망한 것이었다면 병사라는 논리가 맞다. 그러나 고인은 뇌사 상태로 300여일간 중환자실 투병 과정을 견디다가 온갖 합병증을 얻은 채 사망했다. 그런 죽음의 경과를 사망 직전의 며칠만 떼어서 보다보니 투석을 안 해서 사망했다는 논리가 나오게 되는 것이다. 백남기 씨 사망 후 한 극우 단체는 가족들이 적극적인 치료를 하지 못하게 해 백남기 씨가 사망했다는 이유로 백남기 씨의 자녀를 '부작위에 의한 살인' 혐의로 검찰에 고발하기까지 했다.

이는 질병을 환자라는 개인과 분리하여 잘게 쪼개고 또 쪼갠 뒤 그 조각만 치료하는 현대의 파편화된 의료의 한 극단을 보여주는 사례다. 백남기 씨 유족은 '사망의 원인을 병사로 왜곡함으로 유족들에게 잘못을 떠넘기는 혼란을 초래하고 유족들에게 큰 정신적 고통을 야기했음'을 이유로 서울대학교병원과 백선하 교수를 상대로 민사 손해배상 소송을 제기했고, 2019년 11월 법원은 백선하 교수에게 유족들에게 4,500만원을 배상하라는 판결을 내렸다. 백선하 교수 측은 '과학과 의학을 무시하며 마음대로 재판한 사법 치욕의 날'이라고 항의했다. 언제부터 '사법 치욕'이라는 말이 이런 의미가 된 걸까?

여기에 의료기술의 발달에 따라 생과 사의 경계를 모호하게 만드는 임종 문화의 혼란상이 더해졌다. 장기능이 상실되면 수액 요법을 쓰고 신장이 기능을 잃으면 투석을 한다. 호흡이 멈춘 환자에게는 인공호흡기를 달아 생명을 연장한다. 심장이 멈춘 환자조차 체외막형산소화장치(에크모)의 출현으로 목숨을 유지할 수 있는 현 상황에서는 도대체 무엇이 죽음이고 무엇이 삶인지, 의료인조차 혼란스러워진다.

　결국 친구의 아버지는 투석을 시작했고 3일 후에 돌아가셨다. 내과계 중환자실은 자리가 없어 옮기지 못하고 응급실 중환자실에서 임종을 맞았다. 중요한 순간순간에 환자에 대한 치료 결정을 고지한 의사는 환자가 한번도 본 적 없는 응급실 담당 의사였다. 환자와 보호자에게 지지와 정신적 도움이 가장 필요한 순간 환자를 오래 보고 잘 아는 의사는 어디에도 없다. 이것이 파편화, 전문화된 현대의료의 가장 큰 맹점이다. 만일 환자를 오랫동안 옆에서 보아왔던 주치의가 있었다면 이런 결과를 피할 수 있었을지도 모른다. 우리나라의 죽음의 질 지표가 좋아졌다지만, 현실은 그와는 거리가 멀다.

7

연명의료결정법 사용설명서

법정으로 간 죽음

김 할머니는 우연히 폐 엑스레이에서 작은 혹을 발견하고 의료진으로부터 이것이 암일 수도 있다는 설명을 들었다. 평소 건강했고 암 조기 치료로 충분히 여생을 더 누릴 수 있었던 할머니는 확진 검사를 원했고 조직검사를 위해 세브란스병원에 입원했다. 그러나 불행히도 조직검사 중 과다출혈로 인한 뇌손상으로 식물인간이 됐다. 폐는 우리 몸의 전체 혈액이 말초기관에서 산소를 다 쓰고 돌아와 다시 산소 공급을 받는 조직이니만큼 혈관 분포가 촘촘히 되어 있고 폐 조직검사는 아무리 주의를 기울여도 항시 대량 출혈의 위험이 따른다. 이런 상황에서 의료진은 김 할머니와 그 가족이 전혀 죽음을 맞을 준비가 되지 않았다는 이유와(검사하러 걸어

176

들어갔다가 사망에 이른 것 아닌가?) 자칫 의료과실 소송으로 이어질 것을 우려해 할머니에게 인공호흡기를 연결하고 생명을 이었다.

그러나 비가역적으로 뇌손상이 일어난 할머니는 의식을 되찾지 못했고 중환자실의 연명치료는 주를 넘기고 달을 넘기게 되었다. 고통스러운 연명치료가 3개월을 넘기자 할머니의 가족들은 무의미한 연명치료를 중단하고 품위 있게 죽을 수 있도록 해달라고 병원 측에 요청했으나 병원 측은 이를 거부했다.

여기에는 1997년 발생했던 '보라매병원 사건'의 영향이 있었다. 뒤에서 다시 설명하겠지만 간단히 언급하자면 인공호흡기를 뗀 의료진이 살인죄로 유죄 판결을 받은 사건이다. 결국 김 할머니의 가족들은 병원을 상대로 소송을 제기했고 1년에 걸친 법적 공방 끝에 2009년 5월 21일 대법원은 이른바 '존엄사'에 대한 최종 판결을 내렸다. 판결의 요지는 "회복 불가능한 사망의 단계에 이른 후에 환자가 인간으로서의 존엄과 가치 및 행복추구권에 기초하여 자기결정권을 행사하는 것으로 인정되는 경우에는 특별한 사정이 없는 한 연명치료의 중단이 허용될 수 있다"는 것이었다. 법원이 생과 사의 갈림길에서 환자와 가족들이 품위 있는 죽음을 선택할 권리를 인정한 것이다.

눈여겨볼 일은 병원에서 이 판결에 따라 2009년 6월 23일 김 할머니의 인공호흡기를 제거했으나 할머니는 스스로 호흡을 하며 생존했고, 그후 201일 만인 2010년 1월 10일 사망했다는 점이다. 이는 의식불명 후 거의 2년 만이었다. 가족들은 세브란스병원의 과잉 진료에 대해 문제를 제기했다. 나는 사건의 자세한 경위를 모르지만 연명치료에 대한 의료진의 무신경함이 드러난 것에 대해서는 환자 가족들과 의견을 같이한다.

통상 중환자실에서 인공호흡기를 단 이후에는 하루하루가 감염 증이나 인공호흡기에 의한 폐 손상 위험과의 사투가 되기 때문에 의료진은 하루라도 빨리 인공호흡기를 떼려는 시도를 한다. 이것을 갓난아기의 젖떼기에 비유해 '위닝'weaning이라고 부른다. 즉 기계호흡의 강도를 점차 낮추어 환자가 자발호흡이 가능한지를 계속적으로 관찰하고 자발호흡이 가능하다면 지체 없이 인공호흡기를 떼는 것이 표준 진료다. 가족들이 대법원 판결까지 받아와서 인공호흡기 치료를 중단하고 장례 준비까지 했는데, 정작 호흡기를 떼고도 200일 이상 환자가 자발호흡을 했다는 것은 의료인이 아닌 일반인의 상식으로도 납득이 가지 않는 일이다. 애당초 제대로 호흡기를 떼는 시도를 했다면 법정 공방까지 가지는 않았을 거라고 생각한다.

김 할머니 사건은 사회 전반에 연명치료와 존엄사에 대한 논의를 일으킨 큰 사건이었지만 아직도 대다수의 사람들에게는 모든 것이 혼란스럽기만 하다. 삶과 죽음의 문제는 당연히 자기가 결정하는 것인데 어려운 법률 용어를 들이대며 자기결정권을 운운하는 이유는 무엇일까? 회복 불가능한 상태라는 것을 어떻게 알 수 있는가? 김 할머니는 의사들이 다 죽을 것이라고 했는데도 200일이나 더 살았는데… 모든 논의를 다 떠나서 죽음이 어떻게 존엄할 수 있다는 것일까?

연명의료결정법

2016년 1월 8일 호스피스·완화의료 및 임종 과정에 있는 환자의 연명의료결정에 관한 법률(약칭: 연명의료결정법)이 마침내 국회 본회의를 통과했다. 연명의료결정법은 그 누구도 피해갈 수 없는 죽음의 과정에 관한 법이니만큼 비판을 하기 전에 먼저 이 법을 자세히 들여다볼 필요가 있다.

우선 혼란스러운 용어들부터 살펴보자.

1. **임종 과정**: 회생의 가능성이 없고, 치료에도 불구하고 회복되지 아니하며, 급속도로 증상이 악화되어 사망에 임박한 상태.
2. **임종 과정에 있는 환자**: 담당 의사와 해당 분야의 전문의 1명으로부터 임종 과정에 있다는 의학적 판단을 받은 자.
3. **말기 환자**: 적극적인 치료에도 불구하고 근원적인 회복의 가능성이 없고 점차 증상이 악화되어 보건복지부령으로 정하는 절

차와 기준에 따라 담당 의사와 해당 분야의 전문의 1명으로부터 수개월 이내에 사망할 것으로 예상되는 진단을 받은 환자.

4. **연명의료:** 임종 과정에 있는 환자에게 하는 심폐소생술, 혈액투석, 항암제 투여, 인공호흡기 착용 및 그밖에 대통령령으로 정하는 의학적 시술로서 치료 효과 없이 임종 과정의 기간만을 연장하는 것.

5. **연명의료 중단 등 결정:** 임종 과정에 있는 환자에 대한 연명의료를 시행하지 아니하거나 중단하기로 하는 결정.

6. **호스피스·완화의료:** 다음 각 목의 어느 하나에 해당하는 질환으로 말기 환자로 진단받은 환자 또는 임종 과정에 있는 환자와 그 가족에게 통증과 증상의 완화 등을 포함한 신체적, 심리사회적, 영적 영역에 대한 종합적인 평가와 치료를 목적으로 하는 의료.

   가. 암

   나. 후천성 면역결핍증

   다. 만성 폐쇄성 호흡기 질환

   라. 만성 간경화

   마. 그밖에 보건복지부령으로 정하는 질환

7. **담당 의사:** 의료법에 따른 의사로서 말기 환자 또는 임종 과정에 있는 환자를 직접 진료하는 의사.

8. **연명의료계획서:** 말기 환자 등의 의사에 따라 담당 의사가 환자

에 대한 연명의료 중단 등 결정 및 호스피스에 관한 사항을 계획하여 문서(전자문서 포함)로 작성한 것.
9. **사전연명의료의향서**: 19세 이상인 사람이 자신의 연명의료 중단 등 결정 및 호스피스에 관한 의사를 직접 문서(전자문서 포함)로 작성한 것.

연명의료결정법의 기본 원칙은 호스피스와 연명의료 및 연명의료 중단 등 결정에 괸한 모든 행위는 환자의 인간으로서의 존엄과 기치를 침해해서는 안 된다는 것에 기준을 두고 있다. 또한 모든 환자는 최선의 치료를 받으며, 자신이 앓고 있는 병 상태와 예후 및 향후 본인에게 시행될 의료행위에 대하여 분명히 알고 스스로 결정할 권리가 있고, 의료인은 환자에게 최선의 치료를 제공하고, 호스피스와 연명의료 및 연명의료 중단 등 결정에 관하여 정확하고 자세하게 설명하며, 그에 따른 환자의 결정을 존중해야 한다고 명시하고 있다.

연명의료계획서는 다음 사항을 포함해야 한다.

1. 환자의 연명의료 중단 등 결정 및 호스피스의 이용에 관한 사항.
2. 의료진의 설명을 이해하였다는 환자의 서명, 기명 날인, 녹취, 그밖의 방법에 의한 확인.
3. 담당 의사의 서명 날인.

4. 작성 연월일.

환자는 연명의료계획서의 변경 또는 철회를 언제든지 요청할 수 있다.

연명의료에 관한 업무를 수행하려는 의료기관은 보건복지부령으로 정하는 바에 따라 해당 의료기관에 의료기관 윤리위원회를 설치해야 하는데 이 위원회는 임종 과정에 있는 환자와 환자 가족 또는 의료인이 요청한 사항에 관한 심의, 환자와 환자 가족에 대한 연명의료 중단 등 결정 관련 상담, 의료인에 대한 의료윤리 교육 등을 실시한다.

19세 이상의 환자가 의사를 표현할 수 없는 상태에 빠진 경우 충분한 기간 동안 일관하여 표시된 연명의료 중단 등에 관한 의사에 대하여 환자 가족 2명 이상의 일치하는 진술(환자가족이 1명인 경우에는 1명의 진술)이 있으면 담당 의사와 해당 분야의 전문의 1명의 확인을 거쳐 이를 환자의 의사로 본다. 다만, 그 진술과 배치되는 내용의 다른 환자 가족의 진술 또는 보건복지부령으로 정하는 객관적인 증거가 있는 경우에는 효력이 없다. 환자 가족의 범위는 배우자, 직계비속, 직계존속, 형제자매까지다.

연명의료 중단이 결정되어도 통증 완화를 위한 의료행위와 영양분 공급, 물 공급, 산소의 단순 공급은 중단되어서는 안 된다.

그밖의 자세한 내용은 국가법령정보센터에서 확인할 수 있다.

연명의료 중단이 아니라 조장?

법안이 공포되자마자 각계에서는 우려의 목소리가 불거져나왔다. 본 법안의 큰 줄기가 연명치료의 확장보다는 김 할머니 사태로 불거진 존엄사에 관한 환자의 의사를 인정하고 이에 대한 합의 과정을 정비하기 위한 것이었음에도 불구하고 본 법안이 오히려 무의미한 임종 과정의 연장을 조장할 가능성이 있기 때문이다.

가톨릭교회는 언제든 작성할 수 있는 '사전연명의료의향서'보다는 아플 때 병원에서 의사와 함께 상의해 의사가 작성하는 '연명의료계획서'를 활용하기를 권고하고 있는데[1] 오히려 연명의료에 대한 생각을 미루는 요인이 될 수 있어 바람직한 방향은 아니다.

실제로 본 법안은 임종 과정에 있는 환자에게 의사 확인을 위해 녹음 진술을 받도록 하는 점, 담당 의사 자격에서 환자의 상태를 최전선에서 보는 전공의를 배제한 점, 가족이 없는 경우 호스피스 이용도 불가능해질 수 있는 점, 과도한 법정 서식과 처벌 규정 등 때문에 한국호스피스·완화의료학회와 대한암학회, 한국의료윤리학회 등 13개 단체에서 공동성명을 내고 "말기 및 임종 과정에 있는 환자들이 편하게 돌아가시는 것을 돕기 위해 제정된 법이 입법 취지와 반대로 무의미한 연명의료 조장을 우려한다"라고 주장한 바 있다.[2] 애매한 상황에서는 일단 처벌을 피하기 위해 무조건 연명치료를 시작하는 관행이 굳어질 수 있기 때문이다.

최혜진 연세대학교 종양내과 교수는 "임종 과정은 예측이 어렵고 긴급하게 발생하는데 전문의 2인이 임종 과정을 판단토록 하는 것은 비현실적 규정"이라며 "1인 의료기관이나 1인 당직 의료기관에서는 임종 과정 판단을 단독으로 할 수 없게 된다. 이는 무의미한 연명의료를 조장할 우려가 있다"라고 지적했다(이 부분을 보완하기 위해 2018년 3월 개정법령에서는 호스피스 전문기관에서 호스피스를 이용하는 말기 환자가 임종 과정에 있는지 여부에 대한 판단은 담당 의사 1명의 판단으로 갈음할 수 있다는 조항이 신설되었다). 최 교수는 또한 "임종 과정이 급박하게 돌아가는 상황에서 사전연명의료의향서나 연명의료계획서가 없는 환자에게 연명의료 의향이 없음에 동의하게 하거나 녹음기를 대고 진술을 받는다는 게 가능하리라고 생각하느냐"라면서 "의료 현장에서는 의료소송에 휘말리지 않기 위해서라도 연명의료를 할 수밖에 없다"라고 우려를 표했다.[3]

허대석 서울대학교병원 혈액종양내과 교수는 『대한의사협회지』 시론에서 매년 20여만명의 만성 질환자가 고통을 받으며 사망하고 있는 현실을 타개하고 품위 있는 죽음의 준비를 지원하려는 취지로 만들어진 법이 규제 입법처럼 변질되고 있는 것을 우려하는 글을 기고했다. 허 교수는 말기 환자들이 임종 전 인공호흡기와 같은 연명의료에 의존해 중환자실에서 보내는 '의료집착적' 문화가 변하지 않는 상황에서 법만 시행된다면 근본적인 웰다잉을 실현하기 어렵다고 주장했다. 병원 현장에서 "환자나 그 가족은 끝없이 생명을 연장하기 위해 의료 서비스에 집착하고, 의료진들은 의료분쟁의 위험을 피하고자 방어 진료를 하지 않을 수 없는 게 현실"이라며 "회생 가능성이 없는 환자임에도 불구하고, 임종 전 마지막 2~3개월을 가족들과 생을 마무리하는 시간으로 보내기보다 중환자실에서 보내는 관행이 그 가족들을 불행하게 만들고 있다"라고 지적했다. 환자나 그 가족들이 집으로 돌아가지 못하는 중요한 이유 중 하나로 '간병 문제'가 있는 만큼 환자가 집에 있어도 의료진들이 왕진을 통해 의료 서비스를 제공할 수 있는 '지역 중심 의료체계'가 필요하다며 "한 인간으로서 삶을 잘 마무리하는 시간을 가지지 못하고 생의 마지막 순간까지 연명의료에 매달리는 한국인의 임종 문화는 변해야 한다"라고 강조했다.[4]

법안이 공포된 지 4년이 지난 2020년 일선 병원 현장에서 연명의료결정법은 어떤 영향을 가지고 있을까? 우선 각 병동에 연명의료에 관한 사전 의향을 밝힐 수 있는 공지문들이 붙었다. 이를 보고 문의를 하는 환자들이 더러 있지만 아직도 자발적으로 준비를 해야 하는 적절한 시기에 사전연명의료의향서의 등록 절차를 밟은 사람은 소수에 지나지 않는다. 가장 큰 이유는 죽음은 지금의 나와는 상관없는, 언제 올지 모르는 아득한(어쩌면 오지 않을지도 모르는?) 미래의 일이라는 생각과 죽음을 이야기하지 않는 일반적인 분위기 때문이다. 환자가 이미 의식이 없고 숨이 넘어가는 상황에서 어떻게 연명의료에 관한 문서를 남길 수 있겠느냐는 반론이 나오는 것은 바로 이런 평소의 준비 부족에 기인한다.

연명의료결정법에 사용된 용어들을 살펴보면 "임종 과정"을 마치 삶의 과정에서 뚝 떨어진, 바로 죽음을 예측할 수 있고 죽음이 임박했음을 쉽게 알 수 있는 시기로 보는 인식의 문제가 있다. 죽음을 삶의 일부분으로 끌어들여야 죽음을 극복할 수 있고 죽음이 삶에 생명력을 부여하는 원동력이 된다고 믿었던 김수영 같은 위대한 시인의 사상을 굳이 빌지 않더라도 죽음은 항상 누구에게나 (비교적) 공정하게 때로는 갑자기 닥쳐올 수 있는 것이기에 항상 죽음을 생각하며 삶을 살아야 하는데도 우리는 죽음을 밀쳐내며 살고 있다. 그 결과는 언제나 남에게, 기계에게 위탁하는 죽음이다. 따라서 특정 질환을 가지고 삶의 여명이 얼마 남지 않은 사람들이 아닌 건강한 사람들도 '사전연명의료의향서'를 미리 작성해보는 것이 필요하다.

사전연명의료의향서와 연명의료계획서

사전연명의료의향서의 실례는 다음과 같다.

우선 인적사항을 기재한 후 상담자로부터 연명치료 시행 방법

사전연명의료의향서 서식

사전연명의료의향서

※ 색상이 어두운 부분은 작성하지 않으며, [ ]에는 해당되는 곳에 √표시를 합니다.

등록번호	※ 등록번호는 등록기관에서 부여합니다.	

작성자	성 명		주민등록번호	
	주 소			
	전화번호			

호스피스 이용	[ ] 이용 의향이 있음　　　　　　　[ ] 이용 의향이 없음

사전연명의료 의향서 등록기관의 설명사항 확인	설명 사항	[ ] 연명의료의 시행방법 및 연명의료중단등결정에 대한 사항
		[ ] 호스피스의 선택 및 이용에 관한 사항
		[ ] 사전연명의료의향서의 효력 및 효력 상실에 관한 사항
		[ ] 사전연명의료의향서의 작성·등록·보관 및 통보에 관한 사항
		[ ] 사전연명의료의향서의 변경·철회 및 그에 따른 조치에 관한 사항
		[ ] 등록기관의 폐업·휴업 및 지정 취소에 따른 기록의 이관에 관한 사항
	확인	위의 사항을 설명 받고 이해했음을 확인합니다. 　　　　　　　　　　년　　월　　일　　　　　성명　　　　　(서명 또는 인)

환자 사망 전 열람허용 여부	[ ] 열람 가능　　　　　　[ ] 열람 거부　　　　　　[ ] 그 밖의 의견

사전연명의료 의향서 등록기관 및 상담자	기관 명칭	소재지
	상담자 성명	전화번호

본인은 「호스피스·완화의료 및 임종과정에 있는 환자의 연명의료결정에 관한 법률」 제12조 및 같은 법 시행규칙 제8조에 따라 위와 같은 내용을 직접 작성했으며, 임종과정에 있다는 의학적 판단을 받은 경우 연명의료를 시행하지 않거나 중단하는 것에 동의합니다.

　　　　　　　　　　　　　　　작성일　　　　　　　　　　　　　　년　　월　　일
　　　　　　　　　　　　　　　작성자　　　　　　　　　　　　(서명 또는 인)

　　　　　　　　　　　　　　　등록일　　　　　　　　　　　　　　년　　월　　일
　　　　　　　　　　　　　　　등록자　　　　　　　　　　　　(서명 또는 인)

및 호스피스 이용 등 여섯가지 내용에 대한 설명을 듣고 이해했음을 표시한 후 완화의료(호스피스 이용)를 받을지도 기록한다. 의사 표현 능력이 없어졌을 때 가족들에게 이 의향서를 열람하도록 할지에 대해서도 표시를 한다. 국립연명의료관리기관 홈페이지(https://www.lst.go.kr)를 방문하면 전국에 있는 서식 작성 가능 기관을 확인할 수 있는데 이들 기관은 병원뿐 아니라 국민보험공단이나 종교 단체인 경우도 많다. 이 기관들을 방문하면 사전연명의료의향서 상담과 작성 및 보관이 가능하다.

작성 시 가까운 가족들과 충분한 대화를 나누어야 한다. 또한 오지 않는 가족들에게도 고지하는 것이 필요하다. 오래 다닌 병원이 있다면 담당 의사에게도 내용을 알리는 것이 좋다. 죽음은 갑자기 닥칠 수 있는 일이라는 것을 항상 기억해야 한다.

그러나 아직 대부분의 경우 이런 준비를 하지 않은 상태에서, 건강이 극도로 나빠지면 의료기관을 방문해서야 연명치료 논의가 일어난다. 이 단계에서 자발적으로 연명치료나 완화의료 이야기를 해주는 사람이 있을 거라고 기대해서는 안 된다. 의료진은 우선 환자를 살리겠다는 눈앞의 목표에만 집착을 하고 환자의 가족들은 차마 환자에게 말을 못한다. 그저 무위한 "빠른 치유를 빕니다"라는 덕담밖에 하지 않는다. 나쁜 결과가 있을 때 이를 환자에게 직접 고지하지 않고 가족들이 환자를 둘러싸고 사실 전달을 막는 일이 아직도 흔하기 때문에 환자의 자기결정권은 물 건너간 이야기

연명의료계획서의 실례

■ 호스피스·완화의료 및 임종과정에 있는 환자의 연명의료결정에 관한 법률 시행규칙 [별지 제1호서식]

연명의료계획서

※ 색상이 어두운 부분은 작성하지 않으며, [ ]에는 해당되는 곳에 √표를 합니다

등록번호		※ 등록번호는 의료기관에서 부여합니다.	
환자	성 명		주민등록번호
	주 소		
	전화번호		
	환자 상태	[ ] 말기환자	[ ] 임종과정에 있는 환자
담당의사	성 명		면허번호
	소속 의료기관		
호스피스 이용	[ ] 이용 의향이 있음		[ ] 이용 의향이 없음

담당의사 설명사항 확인	설명 사항	[ ] 환자의 질병 상태와 치료방법에 관한 사항
		[ ] 연명의료의 시행방법 및 연명의료중단등결정에 관한 사항
		[ ] 호스피스의 선택 및 이용에 관한 사항
		[ ] 연명의료계획서의 작성·등록·보관 및 통보에 관한 사항
		[ ] 연명의료계획서의 변경·철회 및 그에 따른 조치에 관한 사항
		[ ] 의료기관윤리위원회의 이용에 관한 사항
	확인 방법	위의 사항을 설명 받고 이해했음을 확인하며, 임종과정에 있다는 의학적 판단을 받은 경우 연명의료를 시행하지 않거나 중단하는 것에 동의합니다.
		[ ] 서명 또는 기명날인 년 월 일 성명 (서명 또는 인)
		[ ] 녹화
		[ ] 녹취
		※ 법정대리인 년 월 일 성명 (서명 또는 인)
		(환자가 미성년자인 경우에만 해당합니다)

환자 사망 전 열람허용 여부	[ ] 열람 가능	[ ] 열람 거부	[ ] 그 밖의 의견

「호스피스·완화의료 및 임종과정에 있는 환자의 연명의료결정에 관한 법률」 제10조 및 같은 법 시행규칙 제3조에 따라 위와 같이 연명의료계획서를 작성합니다.

년   월   일

담당의사   (서명 또는 인)

건강할 때 작성하는 사전연명의료의향서와 달리 연명의료계획서는 병원에서 작성하게 된다.
국립연명의료관리기관 홈페이지에서 작성 기관을 확인할 수 있고
현재 입원 중인 병원 의료진에게 문의해도 정보를 얻을 수 있다.

가 되는 일도 허다하다. 이 지경이 되면 연명의료결정법은 웰다잉이 아닌 웰다잉을 방해하기 위한 입법으로 작용할 수 있다.

임종 과정에 있는지와 무관하게 작성하는 사전연명의료의향서와 달리 말기 환자나 임종 과정에 있는 환자들이 작성하는 연명의료계획서는 때를 놓치는 경우가 많다. 환자가 명백한 임종 과정에 있다고 판단되는 시기는 이미 환자의 정상적인 판단력 등이 소진된 상태이기 때문이다. 결국 온갖 이해관계에 얽힌 주변인들의 의사가 개입을 하고 그러다보면 병원에서는 가장 쉬운, 그냥 연명치료를 하는 길로 돌입하기 일쑤다. 현재 모든 의료기관의 디폴트 옵션은 연명치료를 하는 것으로 되어 있다는 점을 명심해야 한다. 복잡하고 까다로운 연명의료계획서를 받아야만 디폴트가 해제되는 것이 현실이다. 거듭 강조하지만 웰다잉에 왕도는 없다. 죽음이 항시 가까이 있는 삶의 과정이라는 인식과 다가올 죽음을 깊이 생각하고 준비하는 마음가짐만이 현대의료가 제공하는 임종 문화의 난맥상을 피할 수 있는 유일한 방법이다.

호스피스, 완화의료 제대로 알기

한국호스피스·완화의료학회의 정의에 따른 완화의료는 "치료가 어려운 말기 질환을 가진 환자와 가족을 대상으로 통증 및 신체적, 심리적, 사회적, 영적 고통을 완화하여 삶의 질을 향상시키는 전문적인 의료 서비스"를 의미한다. 우리나라에서는 '호스피스 완화의료'라는 용어로 호스피스와 완화의료의 차이를 구분하지 않는 경향이 있으나 호스피스와 완화의료는 조금 다른 의미를 갖는다.

완화의료가 심각한 질환을 가진 환자 누구에게나 적용 가능한 치료인 반면 호스피스는 이런 심각한 질환으로 인해 기대 여명이 6개월이 안 되는 환자, 즉 좀더 죽음에 가까운 환자에게 행하는 치료다. 완화의료를 선택한 환자는 항암치료 등의 완치를 위한 치료를 병행하는 반면 호스피스에서는 힘든 증상을 경감하는 치료만을 한다는 차이점도 있다. 다시 말해 완화의료는 좀더 넓은 범위의 환자들을 포함하는 치료로 이해하면 되는데 예를 들어 암을 진단받고 완치 가능성이 있는 초기로 판정되어 수술 등 완치 목적의 치료를 하면서 완화의료를 병행할 수 있다. 완화의료는 생명을 위협하는 질환이 발견되고 그 치료를 시작하는 모든 단계에서 선택할 수 있는 치료의 한 축인 셈이다. 완화의료에서 제공하는 주요 돌봄은 다음의 여섯가지 영역이다.

1) 통증 및 신체적 돌봄: 통증, 호흡곤란, 구토, 복수, 부종, 불면 등 고통스러운 신체 증상을 조절.
2) 심리적 돌봄: 환자와 가족의 불안, 우울, 슬픔 등의 심리적 고통을 완화.

3) 사회적 돌봄: 경제적, 사회적인 어려움을 파악하여 가능한 자원을 총동원하여 지원.

4) 영적 돌봄: 삶의 의미, 죽음에 대한 두려움 등에 의한 고통을 경감시키기 위해 노력.

5) 임종 돌봄: 임종 시기의 신체적, 심리적 고통을 완화시키고 가족이 임종을 준비할 수 있도록 지지.

6) 사별가족 돌봄: 사별 후 가족이 겪을 수 있는 불안, 우울 등의 어려움을 극복할 수 있도록 도움.[5]

호스피스 서비스의 경우 병원에 입원하는 입원형과 가정에서 돌봄을 받는 가정형 서비스로 구분된다. 입원형 호스피스는 암 환자에게만 적용이 되는 반면 가정형 서비스는 말기 후천성 면역결핍증, 말기 만성 폐쇄성 호흡기 질환, 말기 만성 간경화 등 적용되는 질환의 범위가 넓다. 입원형 서비스도 다른 의료 서비스와 같이 건강보험이 적용되며 암 환자의 경우 일반적인 치료와 동일하게 본인 부담금 5퍼센트만 적용된다. 그러다보니 호스피스병원에 입원하려면 오래 기다려야 하는 경우가 많다. 죽음을 앞두고 준비가 강조되는 이유는 여기에도 있다. 가톨릭대학교 서울성모병원, 아산병원, 서울대학교병원, 세브란스병원 등의 상급 종합병원들을 포함하여 전국 50여개소의 종합병원, 병원, 요양병원에서 호스피스 입원 서비스를 제공한다. 전체 명단은 국립암센터 호스피스 완화의료 홈페이지(http://hospice.go.kr)에서 확인할 수 있다.

호스피스 완화의료를 이용하라는 말에 환자나 가족들은 어떻게 반응할까? 대부분의 사람들은 흔히 호스피스 병동에 입원했다는 말을 죽음을 기다린다는 것과 동의어로 여기고 부정적인 생각을 먼저 하게 된다. 하지만 죽음을 기다리는 것이 모든 삶에 적용이 되는 명제라는 점을 떠올려보면 특정 질환을 가진 환자가 삶을 덜 고통스럽게 마무리하기 위해 이용하는 의료에 대해 딱히 부정적인 생각을 가질 이유는 없을 것이다. 실제로 호스피스 병동에서 지냈던 환자와 가족들은 고통이 덜했고 음악요법, 미술요법 등의 프로그램을 이용하면서 정서적 지지를 얻고 남은 삶을 의미 있게 보냈다며 만족감을 표시했다.

중환자실에서 생기는 일

휴지조각이 된 사전연명의료의향서

"이놈들아, 내가 사회 정의를 위해 네놈들을 모두 고발하겠다!"

아버지는 두 팔 두 다리가 모두 침대 난간에 묶인 채 중환자실 침대에 누워 발버둥을 치며 온갖 욕설을 다 섞어 고래고래 소리를 질렀다. 대학병원 중환자실에 입원한 지 일주일이 되던 날이었다. 내 부모님은 내가 병원에서 겪는 일들을 보고 진저리를 치시면서 몇년 전 "중환자실이나 연명치료는 절대 안 하겠다"라고 사전연명의료의향서를 작성해주신 바 있었다. 그런데 어떻게 된 일일까?

아버지는 그 시대 대한민국의 온갖 역사의 질곡을 다 겪어낸 것에 더해 조실부모하고도 살아남은 분이었다. 세상사에 대한 뚜렷한 주관이 있었고 그 주관을 가족들에게도 철저히 투영하는 그 세대 자수성가한 분의 전형이었다. 그렇다고 세월의 흐름이 비껴가는 건 아니었다. 젊은 시절 피웠던 담배의 영향으로 일찌감치 동맥경화에 의한 문제들이 꼬리를 물고 찾아왔고 몇년에 한번은 병원 신세를 져야 했다. 그럼에도 운동을 거르지 않고 관리를 열심히 했지만 그런 노력도 어느 날 계단에서 굴러떨어짐으로 종말을 고했다.

다행히 계단 낙상 후 머리를 다치거나 골절이 생기는 정도로 크게 다치신 것은 아니었지만 이후 바깥 활동이 현저히 줄었고 그에 따르는 신체기능 저하로 이어졌다. 그래도 그후 2년간은 아파트 단지 안에서 가볍게 산책도 하고, 평소 좋아하시던 집 앞 중식당에서 하는 가족모임 정도는 나오실 수 있었다.

몇개월간 해외 연수를 다녀온 후 여름에 방문했을 때 아버지 상태가 또 기울어진 것을 보고 나는 그해 겨울에 한해 이르지만 모든 가족들을 초청해 여는 미수 축하 모임을 계획했다. 다음 해는 어쩌면 안 될 수도 있다는 생각 때문이었다. 그러던 중 새벽 3시에 아버지가 쓰러졌다는 엄마의 전화를 받고 나와 남편은 또다시 집을 나서야 했다. 새벽 3시면 잘 시간인데 왜 돌아다니고 계셨을까 하는 의문을 품은 채 병원으로 향했다. 결과는 예상했던 대로 뇌경색이었다. 이번이 두번째다.

첫번째는 10여년 전이었는데 이때는 응급실에서 검사를 하던 중 기적적으로 막힌 혈관이 저절로 뚫렸다. 심장기능을 떨어뜨리는 대표적인 부정맥인 심방세동에 의해 심장 안에 피가 굳기 쉬운 상태가 되고 굳어 있던 핏덩어리 한조각(색전)이 혈관을 타고 뇌로 들어가서 생긴 일인데, 더러 이렇게 색전이 스스로 물러나는 일이 기적처럼 일어난다. 아버지는 아무런 치료도 없이 저절로 굳은 혀가 풀리고 팔다리가 제 기능을 찾았다. 그런 모습을 보면서 '인명은 재천'이란 말을 새삼 절감했다.

그러나 이번에는 그리 간단할 것 같지 않았다. 우선 10여년의 세월이 그리 만만한 것은 아니었다. 70대 초반과 80대 후반의 뇌경색은 완전히 다른 병이다. 그러나 이대로 방치하면 살아서 나가더라도 반신불수가 되는 일이 생기기 때문에 적극적인 치료 외에는 선택의 여지가 없었다. 응급으로 막힌 혈관을 뚫는 시술을 했고 이번에도 혈액순환은 정상으로 돌아왔다. 문제는 그다음부터였다.

급한 곳은 손을 보았지만 뇌로 혈액을 공급하는 양쪽 목의 경동맥이 동맥경화로 거의 다 막혀 있었다. 이번에 생긴 색전은 심장이 아닌 목에서 발생한 것이고 양쪽 경동맥의 모습은 앞으로 이 일이 반복될 것임을 말해주고 있었다. 시술을 끝내고 중환자실로 옮긴 후 정신이 든 아버지는 갑자기 벌떡 일어나 침대에서 내려와 집으로 가겠다며 중환자실 문 앞까지 진출했다. 시술을 위해 뚫어놓은 동맥의 지혈이 채 끝나지 않은 상황이어서 혼비백산한 의료진이 아버지를 침대로 다시 끌어다놓고 팔다리를 묶어버렸다.

가뜩이나 빽빽거리는 기계들과 인체 공장을 방불케 하는 어지러운 환경 속에서 섬망이 오는 건 당연했다. 섬망과 함께 생전 안 하던 온갖 욕설과 고함이 튀어나왔다. 옆에 있는 다른 환자들의 안녕에까지 영향이 미칠 지경이 된 다음 수순은 당연히 강제적인 진정이었다. 진정제를 맞고 잠인지 기절인지 모르는 상태가 되어 조용은 해졌지만 열이 치솟기 시작했다. 흡인 폐렴이었다. 의식이 흐려지면서 정상적인 기도 반사까지 억제되어 생기는 또 하나의 '올일'이었다. 신속히 항생제를 처방했지만 아버지는 숨을 몰아쉬면서 힘들어했다. 산소 공급도 한계가 있었다. 나는 눈을 감았다. 지금 상황에서 더 나빠지면 인공호흡기 같은 건 절대로 안 달겠다고 했던 말은 아무런 소용이 없었다.

그런데 사흘째가 되자 열도 떨어지고 호흡도 좋아져서 다시 한번 '인명은 재천'을 실감하던 차에 이번에는 피를 토하셨다. 폐출혈이 생긴 것이었는데 산 너머 산이고 하나를 넘기면 더 심각한 일이 벌어지는 상황이었다. 기관지 내시경과 CT촬영을 해보니 다행히 출혈의 범위는 크지 않았다. 조마조마하면서 또다시 천운을 기다리던 중 이번에는 혈변이 나오기 시작했다. 밖으로 나오는 양은 많지 않아 보였지만 복부 CT실로 내려가는 침대 위에서 결막을 살펴보니 빈혈이 생긴 것 같았다. 웬만한 출혈로는 이렇게 되지 않는 거라 겁이 났다. 맥도 빨랐다. 피를 많이 흘려서 오는 쇼크 상태였다. 복부 촬영상에서는 아무런 이상이 없었고 어디서 출혈이 되는지도 알 수 없었다. 장례 절차를 알아봐야겠다는 생각이 들었고 항상 생각했던 문상객을 따로 받지 않는 가족장 절차를 친구에게 문의하던 중 활력 징후가 돌아왔다. 출혈이 멈춘 것이다. 다시 한번 천운을 믿을 수밖에 없었다.

위급한 일들이 모두 넘어갔지만 2주간 생사의 문턱에서 방황하고 난 뒤 아버지의 모습은 알아볼 수 없을 정도로 변했다. 중환자실 포박으로 끝나고 인공호흡기는 달지 않고 넘어갔다는 것이 그나마 다행이었다. 2주간의 중환자실 입원 후 더이상의 문제가 없자 아버지는 일반병실로 옮겨졌다. 그러나 섬망은 중환자실에서부터 계속 따라왔다. 사람을 못 알아보았고 옆에 있는 엄마에게 주먹질을 하기도 했다. 중환자실에서 어떤 위급한 일이 있었는지 잘 모르는 엄마에게는 섬망만이 심각한 것으로 보였다.

"얘, 네 아빠가 저렇게 낮밤 바꿔서 밤에는 헛소리만 하니 어쩌면 좋으냐."

"그건 중환자실에 계시면 다 따라오는 일이에요. 좀 오래갈 건데 그 자체로는 위험한 건 아니에요."

"주치의가 식구들이 옆에서 말을 많이 걸고 해야 한다는데…"

내가 시간 될 때마다 가기는 했지만 엄마가 바라는 수준으로는 할 수가 없었다. 그렇다고 다른 형제들이 올 수 있는 것도 아니었다. 할 수 없이 딸들을 동원해서 문병 조를 짰다. 섬망이 심해진 것은 환자를 빨리 일으켜 세우지 않고 진정제를 투여함으로써 생긴 합병증으로 중환자실 입원이 길어진 탓이 더 크다. 이를 가족 책임으로 떠넘기는 의료진에게 불만도 있었지만, 가족의 치료를 소신 있게 결정할 수 없는 사정이 있어 치료에 대한 별다른 의견 표출은 하지 않고 그저 흘러가는 대로 두고 볼 수밖에 없었다.

이대로 가다가는 엄마가 쓰러질 차례가 되어 간병인을 구했는데 이게 또 쉽지 않았다. 이 사람은 이래서 안 되고 저 사람은 저레서 안 되고… 엄마는 마음에 드는 사람이 하나도 없다고 푸념하면서 간병인을 두고도 병원에서 밤을 샜다. 그 와중에 귀가 얇은 엄마는 간병인으로부터 욕창방지매트를 수십만원이나 주고 사는 등 사기도 당했다. 누구도 온전히 정신줄을 붙잡고 있기가 어려운 시기였다.

"아이고 이번 간병인은 왜 이리 지저분한지, 도저히 아빠를 맡길 수가 없구나."

"이번 간병인도 못 쓰겠다. 아빠한테 막 함부로 해."

직접 간병도 못하는 잘나빠진 딸은 보다 못해 결국 이런 냉정한 말을 했다.

"엄마, 이렇게 쇠약해진 상태에서 병원의 돌봄을 받는다는 건 결국 자신의 배설물과 포박, 간병인의 학대를 견뎌야 하는 걸 의미해요. 그게 싫으면 병원에 오지 말고 집에 계셔야 하는 거지요."

미국 현대문학의 거장인 필립 로스가 뇌종양에 걸려 죽어가는 아버지의 곁을 지키며 쓴 에세이 『아버지의 유산』(문학동네 2017)이 떠올랐다. 아무 곳에서나 대소변을 보는 지경이 된 아버지를 목욕

시키고 로스는 아버지의 배설물이 묻은 침구를 검은 봉투에 넣은 후 세탁소에 가져가기 위해 차 트렁크에 실으며 깨닫는다. 아버지의 유산은 "돈이 아니라, 성구함이 아니라, 면도용 컵이 아니라 똥"이라는 것을.

그의 또다른 소설 『에브리맨』(문학동네 2009)은 한때 뉴욕의 성공한 광고인으로 화려하고 방탕한 삶을 살았으나 이제는 늙고 병들어버린 한 남자의 이야기를 통해 늙음과 죽음을 가차 없이 묘사한다. "매주 동지적인 명랑한 분위기에서 만났음에도, 대화는 어김없이 병과 건강 문제로 흘러갔다. 그 나이가 되면 그들의 개인 이력이란 의학적 이력과 똑같은 것이 되었으며, 의학적 정보 교환이 다른 모든 일을 밀쳐냈다. '당은 어떤가요?' '혈압은 어때요?' '의사는 뭐래요?' '내 이웃 얘기는 들었나요? 간으로 퍼졌다는군요.'"

결국 수술대 위에서 죽을 운명의 그는 이렇게 고백한다. "노년은 전투가 아니다. 노년은 대학살이다." 하지만 딸은 아버지의 말을 받아 다음과 같이 피할 수 없는 죽음을 정리한다. "현실을 다시 만들 수는 없어요. 그냥 오는 대로 받아들이세요. 버티고 서서 오는 대로 받아들이세요."

상태가 조금 나아지자 이번에는 밥과의 전쟁이 시작되었다. 흡인되는 것을 우려해서 코에 레빈튜브를 꽂아 유동식을 공급하고 있었지만 아버지는 걸핏하면 튜브를 뽑았다. 하는 수 없이 아버지의 귀에 대고 속삭였다.

"아빠, 이거 뽑으시면 안 돼요. 또 뽑으면 사람들이 와서 팔다리를 묶을 거예요."

딸의 협박이 조금은 효과가 있었는지, 포박당하는 것이 진저리 쳐졌는지 아버지는 그날 밤 튜브를 뽑지 않고 얌전히 넘겼다. 상태가 호전되어 레빈튜브를 제거하고 입으로 음식을 삼키게 되어도 식사는 여전히 어려운 문제였다. "더 먹어야 하네" "그만 먹네" 전쟁이 매 끼니 이어졌는데 억지로 음식을 떠넣어주는 엄마를 말려야 했다.

"엄마, 안 드시겠다면 드리지 마세요. 억지로 먹이다가 또 흡인 폐렴 걸려요."

"그래도 이렇게 안 먹어서야 어떻게 낫겠니?"

뭐가 낫는다는 건지 혼란스러운 가운데 이쯤 되면 음식을 먹는 것이 환자를 위한 것인지 주변 사람의 마음의 안정을 위한 것인지 의심스러워지기 시작한다. 결국 다가오는 죽음을 자신이 인정해도 주변 사람들이 인정하지 않으면 일은 점점 더 어려워진다.

그렇게 한달을 누워 지내니 아버지의 종아리에는 뼈만 남았다. 이렇게 급속하게 근육이 빠지면 일어서기는 정말 어려워진다. 몸 상태가 서서히 기울어가다가 갑자기 절벽으로 곤두박질치듯 급속히 나빠지는 단계가 온 것이다. 재활치료가 시작되었지만 재활은 오로지 의지인지라 쉽지 않았다. 이 지경이 되었는데 삶에 대한 불타는 의지가 남아 있기는 실상 어렵기 때문이다.

앞으로 어떻게 할지를 논의해야 하는데 이야기가 진전이 안 된다. 사전연명의료의향서를 썼음에도 앞으로 같은 일이 생기면 엄마는 나를 호출할 것이고, 아버지는 다시 병원으로 옮겨질 것이고, 사정이 좋지 않으면 또다시 중환자실에서 포박을 당할 것이다. 다음에는 이번처럼 운이 좋지 않아 인공호흡기까지 달아야 할지도 모른다. 결국 사전연명의료의향서가 효력을 발휘하려면 어느 시점에서는 더이상 병원을 가지 않겠다는 선언까지 뒤따라야 함에도 불구하고 그것을 정하는 것이 쉽지 않다. 그런데 이런 것까지 세세하게 정하지 않으면 사전연명의료의향서는 한낱 휴지조각밖에 안 된다. 아버지의 양측 경동맥이 거의 막혀 있어서 앞으로 이런 일이 반복될 것임을 설명했을 때 엄마는 대뜸 화부터 냈다.

"아니, 그럼 그동안 다니던 내과 교수는 그런 것도 치료 안 하고 뭐하고 있었던 거니?"

늙음의 과정을 모두 병으로 간주하면 안 된다는 말을 그렇게 여러번 했음에도 불구하고 소용이 없었다. 다시 처음부터 설명을 했다. 그건 과거의 흡연과 노화에 의한 혈관의 변화 때문에 생긴 문제이지 치료하고 약을 쓴다고 피할 수 있는 일이 아니라고. 그리고 지금의 혈관 상태를 보면 막힌 부분을 뚫는 것도 쉽지 않은 상황이라고. 더 나아가 이번과 같은 일이 또다시 생기면 그때는 치료를 해야 할지 말아야 할지까지 이야기해야 하는데 엄마는 계속 진료 보던 의사 탓만 했다. 거기에 한술 더 떠 폐렴으로 중환자실까지 갔다가 지금은 멀쩡하게 잘 지낸다는 같은 아파트 단지 주민인 92세 할아버지 이야기만 반복했다. 도대체 대화가 진행이 안 된다.

두달간의 입원 후 아버지는 화장실 출입은 가능한 단계가 되어 퇴원을 했고 집으로 돌아가자 상태가 조금 더 좋아져서 집안은 자유롭게 다니신다. 하지만 엄마는 오늘도 푸념이다.

"글쎄, 어젯밤에도 술을 드시겠다고 여러번 나가시지 않겠니? 술 드시면 병마를 이기는 데 해롭다고 그리 말려도 말 안 듣고 주먹질까지 하신단다."

"엄마, 술 드시라고 하세요. 지금 아빠 인생에서 술 마실 자유를 빼앗는 것이 무슨 의미가 있어요. 아빠는 지금 무엇을 이겨내야 하는 상황이 아니에요."

주변 친지들은 "의지가 강한 분이라 이번에도 잘 싸워 이겼다" 라면서 축하를 한다. 하지만 아버지가 싸워 이긴 상대가 무엇이었을까? 예전의 쩌렁쩌렁하던 기백도 없고 다른 사람이 된 것마냥 무표정하다. 때로는 음식을 드리면 어린아이처럼 허겁지겁 입에 가져가 침까지 흘리며 드시고, 어떤 날은 하루 종일 한마디도 안 하실 때도 있다. 퇴행이다. 이런 상태에서 자신의 향후 치료에 관한 결정을 하는 것은 무리다. 앞으로도 이런 이야기를 못하게 될지도 모른다. 이런 상황에서 지난번 같은 일이 다시 발생한다면 아버지도 결국 수십개의 삽관과 울려대는 기계음 속에서 돌아가시게 될까 두려워진다.

한국 중환자실의 실태

현대 의료기술의 정점은 중환자실 치료에서 볼 수 있다. 기계에 의존하지 않으면 바로 숨을 거둘 수도 있는 위중한 환자들은 중환자실로 옮겨진다. 그곳에서 기계들은 잃어버린 호흡을 불어넣고 멈춰버린 신장을 대신해 피를 거른다. 심장이 멈추면 가슴을 누르거나 전기쇼크를 줘서 심장을 다시 뛰게 하고 그래도 안 되면 에크모를 돌려 심장의 기능을 대신한다.

우리나라의 중환자실 치료 후 환자의 생존율은 얼마나 될까? 어쨌든 숨이 붙어 있는 상태에서 중환자실로 옮겨지는 것이고 이런 현대식 기계들을 동원해서 치료하면 대부분의 환자가 살 수 있으리라고 생각되지만, 일반인들의 생각과 현실은 매우 다르다.

2003년부터 2014년까지 대한민국 중환자실 입실 환자의 생존율은 64~66퍼센트로 의료기술의 발달에도 불구하고 향상되지 않았다.[6] 이 수치는 식물인간이 되거나 심한 기능장애를 안은 채 생존한 예를 모두 포함한 수치기 때문에, 실제로 정상생활로 돌아간 예는 훨씬 적다.

환자가 죽었건 살았건 특별한 의사 표명을 확인하지 않으면 무조건 하고 보는 심폐소생술과는 달리, 중환자실은 자원 소모가 많은 한정된 시설이기 때문에 입실에 엄격한 기준이 적용된다. 즉 모든 병원에서는 중환자실 치료를 받으면 생존, 그것도 정상적인 삶으로 돌아갈 가능성을 따져 입실 여부를 결정할 것을 요구한다. 이런 기준이 없으면 말기 환자가 임종 직전에 중환자실 치료를 받는 동안, 급성 질환으로 위중한 상태에 있지만 위기만 넘기면 정상 상태로 돌아갈 가능성이 높은 환자가 자리가 없어서 입실하지 못하는 사태가 발생한다. 이렇게 엄격한 기준에 의해 입실해도, 중환자의 4할 정도가 생존을 하지 못하는 것이 현실이다.

중환자실 생존율과 심폐소생술의 생존율은 어떤 사람을 대상으로 시행했는지에 따라 결과가 크게 달라진다. 애당초 생존 가능성이 높지 않은 환자에게 중환자실 치료를 시작했다면, 당연히 생존율은 낮아진다. 그런 면에서 과거 10년간 치료 기술은 발달했으나 생존율이 높지 않다는 것은, 중환자실에 입원해야 하는 환자 선정이 제대로 지켜지지 않았다는 의미는 아닌지 따져볼 필요가 있다.

우리나라 중환자실 입실 환자를 대상으로 생존 가능성과 연관 있는 인자를 확인하는 다변량 분석을 시행한 결과, 가장 강력한 인자는 연령과 기저질환이었다. 암, 신부전, 폐렴의 경우 생존율이 낮았던 반면 심근경색, 뇌혈관 질환의 경우 생존율이 높았다. 후자는 병을 앓기 전에 건강하던 사람에게 갑자기 닥치는 문제기 때문일 것으로 생각된다. 연령은 생존을 결정하는 가장 강력한 인자다. 2012년 데이터를 살펴보면 20~39세의 생존율은 83퍼센트, 40~59세는 76퍼센트, 60~79세는 65퍼센트다. 80세 이상에서는 44퍼센트만

이 중환자실 치료 후 생존하는 것으로 관찰되었다.[7]

그에 비해 80세 이상의 중환자실 입원율은 해가 갈수록 폭발적으로 증가했는데 전체 중환자실 입원의 7.3퍼센트만이 80세 이상 환자였던 2002년에 비해 2013년에는 전체 입원의 23.1퍼센트로 10여 년 만에 300퍼센트 이상 증가했다. 오늘날 대형병원의 중환자실을 다녀보면 거의 모든 환자가 고령임을 어렵지 않게 확인할 수 있다. 중환자실 생존율이 크게 향상되지 않는 이유는 이렇게 생존 확률이 높지 않은 초고령 환자의 입원이 크게 늘었기 때문이다.

중환자실 입원 빈도는 10년간 2배 가까이 증가했는데, 20~79세에서는 10년간 입원 빈도가 감소하는 경향을 띤 반면, 80세 이상의 입원율은 크게 늘었다.[8] 촌각을 다투는 중대한 병을 앓고 있지만 치료를 받으면 온전한 삶으로 돌아갈 수 있는 환자들이 치료받아야 할 공간인 중환자실은 이미 노인들이 삶을 마감하는 장소로 급속히 전환되고 있다.

우리나라는 OECD 회원국 중 중환자실 병상이 가장 많은 나라임에도 불구하고 항상 중환자실 자원이 부족하다고 호소하는 지경에 이르렀다. 이는 죽음을 말하지 않는 문화와 의료인의 태도에만 원인이 있는 게 아니다. 세계에서도 보기 드문 규모의 거대 기업 대형병원 경영을 허용한 우리나라에서는, 환자를 온전한 개체로 보고 전인적인 치료를 하기가 점점 더 어려워지고 있다. 대형병원들은 병원 경영을 기업 경영과 동일시하면서 이왕이면 이윤이 높은 의료 서비스를 판매하고자 한다. 의료 전문화라는 미명하에 환자의 신체를 조각조각 나누어 진료하는 현 상황이 정상적인 시스템으로 여겨지는 한 진료의 파편화는 피할 수 없는 결과다.

그러나 이런 데이터만으로 고령자들을 중환자실 치료를 받지 않는 쪽으로 몰아갈 수는 없다. 심폐소생술과 마찬가지로 중환자실도 입원할 경우 생존 가능성이 있지만 입원하지 않는 경우 사망 가능성이 매우 높아지기 때문이다. 따라서 중환자실 치료에 대한 어떤 가치판단을 하기 전에 중환자실에서 일어나는 일, 중환자실 치료에서 얻을 수 있는 것이 무엇인지에 대한 정보가 더 중요하다.

이게 생지옥인겨

중환자실로 옮겨진 환자는 우선 심박수, 산소포화도, 호흡수 등을 모니터하기 위해 여러개의 전극을 몸에 부착한다. 수액이나 약물을 안정적으로 투입하기 위해 기본적으로 가지고 있던 말초정맥선에 더하여, 추가로 목이나 앞가슴을 통해 중심정맥에 삽관을 하게 된다. 또한 동맥압 측정을 위해 손목의 요골동맥이나 사타구니의 대퇴동맥을 통해 동맥삽관을 한다.

인공호흡을 위해서는 기도삽관이 필요하다. 손가락 굵기의 기도내 튜브가 입을 통해 기관지로 삽입된다. 기계로 불어넣는 인공호흡은 자연적인 호흡과 리듬을 맞추기가 어렵고 의식이 있는 경우 몹시 견디기 힘들기 때문에 강력한 진정제를 투여해 환자를 의식이 없는 상태로 만들어 자발호흡을 죽인 상태에서 시행된다. 대부분의 인공호흡기 장착 환자가 의식이 없는 것은 이 때문이다.

상태가 좋지 않은 환자들의 경우 신장기능도 떨어지기 때문에 기계로 혈액의 불순물을 제거해서 요독증이나 전해질 교란에 의한 사망을 막아야 하기에 혈액투석도 필요하다. 혈관에 굵은 관을 넣고 불순물을 여과시키는 기계로 혈액을 정화한다. 에크모는 심장이 멈추었을 때 혈액을 전부 환자의 몸 밖으로 빼낸 뒤 인공막을 통해 부족한 산소를 공급해 다시 환자의 몸 안에 주입한다. 목이나 사타구니로 두개의 관을 꽂고 한쪽으로 정맥혈을 뽑아내 산소를 공급한 후 다른 쪽으로 산소포화 혈액을 체내로 들여보내는 장치다. 중환자실에 면회를 가면 환자 곁에서 울리는 여러개의 기계음들은 바로 이런 다양한 시술들의 신호다.

과거 10년간 중환자실 치료 후 생존율은 향상되지 않았음에도 불구하고 시술의 숫자는 크게 늘어서 2003년에 중환자실 입실 후 평균 3.1개의 시술을 받던 환자들이 2013년에는 평균 5.2개의 시술을 받는 것으로 조사되었다.[9] 중환자실에서 사망한 환자의 가족들이 하는 푸념, "주렁주렁 뭘 달고 돌아가셨다"라는 말은 이런 현실에서 비롯된 것이다.

이토록 힘든 투병을 해야 하는 중환자실 치료는 여러 후유증을 남긴다. 가장 큰 문제는 감염으로, 2017년 이대목동병원 신생아 중환자실에서 감염 관리 소홀로 인해 신생아 4명이 잇달아 숨진 사건이 그 극단적인 예다. 의료진의 과실이 아니더라도 중환자실에는 항생제에 저항성이 높은 극강의 병원균이 우글거린다고 생각하면 크게 틀리지 않는다. 우리나라는 중환자실 인력난도 심각하다. 중환자실 전담 전문의 1인당 병상수가 40병상이 훨씬 넘고 간호사 인력도 턱없이 부족하다. 필연적으로 중환자실은 항생제 내성이 높은 균들이 들끓는다. 환자들은 침대 위에서 대소변을 보고 형편이 열악한 병원에서는 이에 대한 관리도 잘 안 된다.[10]

감염과 함께 또 하나 흔한 문제가 섬망이다. 인공호흡기를 단 환자의 60~80퍼센트가 섬망을 경험하는데, 쉽게 말해 정신줄을 놓는다고 이해하면 된다. 낯설고 극단적인 환경, 쉴 없이 울리는 기계음, 옆 환자의 나쁜 경과를 보는 것 등이 그 원인이 된다. 무사히 살아서 중환자실을 나오는 환자의 40~80퍼센트는 인지장애를 겪는다. 고령자, 오랫동안 중환자실 치료를 받은 환자, 섬망이 있었던 환자라면 인지장애의 위험이 높아진다.

중환자실 치료의 경험은 외상후스트레스증후군Post-Traumatic Stress Disorder, PTSD을 일으킬 정도로 큰 충격을 남기기도 한다. 중환자실 치료 후 뇌기능장애 없이 생존한 환자의 36퍼센트는 우울증을, 40퍼센트는 불안장애를, 62퍼센트는 외상후스트레스증후군을 호소한다. 이를 두고 '중환자 치료 후 증후군'Post Intensive Care Syndrome이라는 병명까지 붙는다.

"이게 생지옥인겨."

폐렴으로 중환자실에서 인공호흡기 치료까지 받은 후 무사히 퇴원한 70세 이정희 할머니는 중환자실 경험을 한마디로 이렇게 표현했다.

"손발은 꽁꽁 묶여 있지, 사방에서는 삑삑거리지, 끙끙거리지, 비명 소리도 나고. 눈을 감으면 지옥도가 보이고 눈을 뜨면 천장에 저승사자가 보여. 한번은 간호사가 주사 놓으러 왔는데 나 죽이러 온 사람인 줄 알고 소리소리 지르기까지 했지."

"번쩍이는 문이 철컹 닫히면 그 안은 들을 수도 볼 수도 없어요. 하룻밤만 잘 넘기면 될 줄 알았는데 그게 이틀, 사흘, 일주일이 넘어가면서 사람이 무너지더군요. 병원 대기실에서 새우잠 자다가 가위눌려서 벌떡 일어나기도 해요. '○○ 씨 사망하셨는데요' 이런 말이 환청처럼 들리기도 하고. 30분 면회 시간에 들어가 보아도 어머니는 내가 알던 그 어머니가 아니었어요."

패혈증으로 어머니를 중환자실에 입원시키고 병원을 지켰던 딸의 경험이다. 중환자실에 입실한 환자뿐 아니라 가족들의 고통도 이루 말할 수 없을 때가 많다. 소설가 한지혜는 연명치료를 거부한 가족들의 이야기를 기억해내며 다음과 같이 말한다.

이미 오래전부터 엄마는 물론 우리 가족 모두 연명의료는 하지 않기로 결심이 서 있었다. 연명의료로 2년이나 식물인간 상태에 머물렀다 세상을 떠난 아버지에 대한 기억 때문이었다. 그때는 연명이, '의학적으로의 삶'이 어떤 의미인지 몰랐다. 의식이 있는 상태에서 작별할 수도 있던 아버지를, 의식도 없이 억지로 육체만 세상에 붙들어놓았다 보내고 난 후에야 우리는 그 의미를 정확하게 이해할 수 있었다. 그래서 아버지가 돌아가신 후 우리 가족은 다짐했다. 누구도 그렇게 보내지 않기로, 어떤 상황이 오더라도 그렇게 보내지 말아달라고 서로가 서로에게 부탁도 했다. 그 약속은 엄마도 마찬가지였다. 세상을 떠나는 순간까지 의식이 있던 엄마는, 임종 직전의 고통 속에서도 거듭 그 의사에 변함없음을 밝혔다. 그러나 우리가 비장하게 눈물로 결심한 존엄은 지켜지지 못했다. 임종의 과정을 지키고 있던 의료진이 연명치료에 동의하지 않았다며, 사람은 살리고 보아야 하는 거 아니냐며 큰소리로 비난을 퍼부었던 것이다. 우리가 오랜 세월 어렵게 결심하고 다짐했던 존엄한 죽음은 졸지에 방치한 죽음이 되었다. 세상 마지막까지 살아 있는 것이 청각이라면서 그는 그 비난을 임종 과정에 있는 어머니 앞에서 퍼부었다. 그러므로 엄마가 세상에서 들은 마지막 말은 당신 자식들이 당신을 죽도록 방치했다는 비난일지도 모른다. 사랑한다는 우리의 울음이 그 비난 속에서 전달은 되었을까. 아버지의 연명치료를 결정하고 오래 마음

아팠던 것 이상으로 나는 그 의료진의 비난에 오래 가위눌릴 것이다.[11]

2018년 미국에서의 보고에 따르면 중환자실에 입원한 평균 연령 67세의 환자들 중 적절한 임종 상담을 받고 연명치료를 중단한 환자들이 마냥 중환자실 치료를 지속한 환자보다 사망에 이르는 기간이 짧았다. 그러나 6개월 이상의 장기 생존율은 두 집단에서 동일했다. 어차피 생존할 사람은 연명치료와 무관하게 생존한다는 의미로, 대부분의 환자들에게는 중환자실 치료가 단지 사망까지의 시간을 얼마간 더 연장할 뿐이다. 가족들의 만족도도 연명치료를 중단한 집단에서 더 높았다.[12] 결국 생존 가능성이 낮은 환자의 경우, 중환자실에서의 연명치료 기간을 단축하는 노력이 필요하다는 결론이 나온다.

에크모를 달아주세요

"지금 체외순환기를 단다면 회복하실 가능성이 조금은 높아집니다. 그러나 아주 높다고는 할 수 없습니다. 50퍼센트는 분명 아닙니다. 아마 10퍼센트도 아닐 겁니다."

또 이런 상황이 닥쳤다. 해마다 겪는 일이지만 이번에는 상황이 조금 더 복잡해졌다. 병원에 체외순환기(에크모, ECMO)가 들어왔기 때문이다. 이 기계가 들어오던 날 병원 앞에는 이런 문구가 붙었다.

"멈춘 심장을 살리는 꿈의 치료."

이 치료법은 삼성의 이건희 회장을 저승의 문턱에서 구해온 기적의 치료로 유명세를 탔고 이후 극적인 과장을 보여줘야 하는 메디컬 드라마에서 위급한 장면에 단골로 등장하면서 우리나라 사람이라면 모르는 이가 없는 정도가 되었다. 그러나 이해가 없는 일반인들에게는 큰 오해를 불러일으키기 쉬운 치료다.

인공호흡기가 도입된 후 중환자 생존율이 그 이전에 비해 획기적으로 높아진 것은 사실이다. 그러나 폐의 기능을 인위적으로 보조한다고 해서 문제가 모두 해결되는 것은 아니다. 에크모는 심장과 폐 양쪽에 문제가 있어 인공호흡기만으로는 정상적인 체내 산소 공급이 어려운 중환자에게 산소를 공급하는 장치다. 환자의 몸에서 피를 모두 빼내 기계를 통해 돌리면 그 과정에서 피 속의 이산화탄소를 제거하고 산소를 보충하여 다시 체내로 돌려보내는, 일종의 몸 밖에 있는 심장과 폐의 역할을 한다.

이 기계는 심장 수술을 할 때 일시적으로 심장기능을 대치하는 심폐우회술coronary bypass에서 유래되었다. 심장을 멈춰야 하는 수술 시간에만 작동하고 수술 후에는 심장박동의 수복과 함께 중단하는 심폐우회술과 달리 중환자실에서는 해당 환자가 언제 심폐기능이 돌아올지 알 수 없는 상태에서 계속 기계를 돌려야 한다.

인공호흡기를 달 때 환자가 호흡기를 언제 뗄 수 있을지 아무도 모르는 것처럼 에크모도 기계를 장착한 후 어떤 결과가 올지 예측하기 어렵다. 처음에는 최선을 다해달라던 보호자들도 조금씩 난색을 표한다. 더군다나 인공호흡기처럼 달기는 비교적 쉽지만 떼는 것은 불가능에 가깝다는 말을 들으면 누구라도 정신이 아득해질 것이다. 이건희 회장이야 그런 걱정은 안 했겠지만 돈 문제도 크다. 아주 미안한 듯, 한참을 망설이다가 결국 보호자 중 한 사람이 묻는다.

"비용은 어떻게 되나요?"

못할 말을 했다는 듯 말을 꺼내자마자 내 눈치를 살피는 보호자의 모습이 정말 마음 아팠다. 마치 내가 "돈 때문에 사람 목숨을 포기하는 나쁜 가족들"이라고 화라도 낼 거라고 예상한 것일까? 옆에 비슷한 상황에 인공호흡기와 에크모를 달고 있는 환자가 있다. 그 환자는 50일간 에크모 비용만 2,000만원이 넘었다. 나는 대략적인 비용을 이야기하고 한숨을 쉬는 보호자들에게 위로 아닌 위로를 건넸다.

"보호자 분들에게 치료비는 정말 큰 문제입니다. 생존 가능성이 높지 않은 상황에서 남은 분들이 경제적으로 어려움에 처하게 되는 건 정말 곤란하니까요. 그 점도 잘 생각하셔야 합니다."

보호자들의 얼굴이 조금이나마 펴진 건 결정하는 데 내 말이 도움이 됐다는 뜻일까? 다른 가족들과 더 상의해보겠다고 하고 진료실을 나가는 보호자들의 움츠러든 등을 바라보니 현대의학이 정말 인간에게 도움을 주고 있기는 한 건지 회의감이 들었다.

에크모 치료는 엄청난 비용이 소요된다. 들어가는 총 비용은 1억 원을 훌쩍 넘는 일이 많고 이 중 일부는 환자가 부담해야 한다. 많은 국가들에서 공공의료에 에크모를 도입하지 않겠다는 결정을 하고 있는데, 브라질의 건강 정책 결정 기관인 기술설립위원회 CONITEC에서 2015년에 에크모의 급여 인정을 거부한 것이 한 예다. 많은 연명치료 도구들과 마찬가지로 좋은 취지로 개발된 꿈의 치료가 결국 육신의 생명만 겨우 유지시키는 도구로 오남용이 되는 일이 너무 많기 때문이다.

중환자실로 옮겨져 3일째 인공호흡기를 달고 있는 환자 회진을 돌았다. 언제부터인지 인공호흡기를 달고 의식이 없는 환자에게 인사를 하고 힘내시라는 말을 건네는 습관이 생겼다. 진정제로 마비가 된 육신이지만 무의식의 심연 어디쯤에서 자신에게 일어나는 일들을 다 듣고 보고 있을 것만 같다.

1년 전만 해도 건강하던 60세 황승철 씨는 4개월 전 희귀병인 육아종성 혈관염을 진단받고 수개월간 면역치료를 시행했으나 전혀 반응이 없었다. 할 수 없이 2차 치료를 준비하던 중 면역치료의 가장 무서운 합병증인 감염에 의한 폐렴이 생겼다. 원래 폐 상태가 정상이라면 폐렴이 그리 어려운 문제가 아닐 수 있지만 황승철 씨는 혈관염 때문에 폐기능이 절반 이상 소실된 상태여서 타격이 엄청났다. 그래도 인공호흡기를 안 달고 버텨보려는 환자의 의지를 존중해서 며칠은 산소마스크만으로 유지하려 했다. 하지만 숨이 막혀 몸부림치는 환자의 고통을 더이상 두고 볼 수 없어 보호자들과 상의하에 환자의 의지에 반해 인공호흡기를 달았다.

그러나 정상적인 산소 공급을 위해서 인공호흡기로 불어넣어야 하는 압력이 너무 높았다. 이대로 가면 폐가 파열될 것이 우려되었다. 만일 아무런 치료약이 없는, 가망 없는 상황이었다면 포기했겠지만 2차 치료를 준비하고 있던 상황에 생긴 문제여서 나도 나대로 이렇게 포기할 수는 없었다. 결국 그 상황에서 선택할 수 있는 방법은 인공호흡기와 함께 에크모를 장착하는 것밖에 없었다. 인공호흡기를 달기 전 했던 질문 '과연 환자를 살릴 수 있을 것인가?'에 대한 확신은 이 지점에서는 현저히 작아지게 되지만 그래도 의학에서 "생존 확률 0"은 함부로 말하지 않는 것이 원칙처럼 되어 있기 때문에 나는 나 자신을 속이는 것인지 보호자를 속이는 것인지 번민하면서 다시 보호자 앞에 서게 되었다.

체외연명치료협회Extracorporeal Life Support Organization, ELSO의 지침에 따르면 에크모 치료의 기준은 회복될 가능성이 있고 일반적인 치료로는 반응이 없는 심각한 폐, 심장 부전이라고 되어 있다. 인공호흡기를 달아도 적절한 산소포화도가 유지되지 않는 경우, 심인성 쇼크나 심정지, 심장 이식에 앞서 시간을 벌기 위한 경우가 가장 흔한 적응증適應症이 되는데 이런 가이드라인은 사실 아무런 지침이 되지 못한다. 환자의 전체적인 경과를 조망하지 않은 채 현재의 문제들만을 바라보면 모름지기 현대의학에 있어서 고치지 못할 병은 없기 때문이다. 예를 들어 말기 암 환자가 폐렴에 걸린 경우 당장의 폐렴 치료만 하면 또 얼마간 생존이 가능하기 때문에 "회복될 가능성"이 있다는 논리인데 의료인들조차 이런 궤변에서 헤어나오지 못하는 경우가 많다. 연명치료의 기술이 너무 빨리 발전하고 이에 대한 윤리적, 철학적 논의가 성숙되기도 전에 법리적 귀책이 앞서버린 결과다.

에크모를 단 환자들의 실제 생존율은 어느 정도일까? 2015년 통계는 신생아의 경우 75퍼센트, 소아 호흡부전의 경우 56퍼센트, 성인 호흡부전의 경우 55퍼센트[13] 정도로 일견 상당히 높아 보이지만 이것은 에크모를 다는 적응증을 매우 엄격하게 적용한 결과다. 심폐소생술처럼 죽었는지 살았는지 따지지도 않고 마구잡이식으로 하게 되면 당연히 생존율은 높지 않다. 게다가 인공호흡기처럼 에크모도 한번 장착하면 법리적 절차를 거치지 않고는 떼는 것이 불가능하다. 이럴 때 의료진의 전문적인 견해가 가장 중요한데 불행히도 의사들은 법적 분쟁에 휘말리는 것이 두려워 올바른 판단을 내리지 못하기도 한다. 때로 인공호흡기 등의 연명치료는 사람이 천수를 다할 수 있었는데 해야 할 치료를 안 해서 사망한 것으로 둔갑시키는 도구로 이용되기도 한다.

결국 다음 날 다시 가족들이 면담을 신청했다.

"저희는 살 확률이 반도 안 된다면 에크모 치료는 하지 않겠습니다."

이럴 때 잘못한 것도 없이 미안해하는 보호자들을 위로하는 것이 정말 중요하다. 연명치료를 포기하면서 큰 죄책감을 지고 가는 가족들이 너무 많기 때문이다.

"지금 하신 결정은 절대로 잘못하신 결정이 아닙니다. 환자 분도 의식이 있었다면 가족 분들의 결정에 동의하셨을 거라고 믿습니다."

얼굴이 조금 밝아진 보호자들에게 나는 다시 한번 확인을 했다.

"그런데 이 결정에 가까운 가족들은 모두 오신 건가요?"

가족들은 어리둥절한 표정을 지었다. '우리 말고 누구의 결정이 더 필요하다는 거지?'

"혹시 몇년씩 연락을 안 하는 가까운 가족은 안 계신가요? 연락되는 분들은 다 연락해서 알리셔야 합니다."

이쯤 되면 왜 내가 에크모라는 말을 꺼냈는지 후회막심하다.

당장 에크모를 안 달면 사망할 것 같았던 환자는 놀랍게도 결정이 내려진 다음 날 여러가지 지표가 호전되었다. 폐기능 부전으로 이산화탄소가 쌓여 대사성 산혈증이 진행되고 있었는데 별다른 약물을 투입하지도 않았음에도 불구하고 저절로 교정이 되고 있었다. 그러면 의료진은 다시 고민하게 된다.

'정말 에크모를 달지 않기로 한 결정이 옳은 것일까? 이렇게 몸에서 살겠다는 신호를 보내고 있는데…'

이것이 일시적인 호전에 지나지 않는다는 것을 잘 알면서도 마음이 괴로운 것은 어쩔 수 없다. 보호자들에게는 이날의 반짝하는 상황을 알려주지 않았다. 여기서 더 호전이 되어 인공호흡기를 뗄 수 있는 상황이 되면 사는 것이고 그렇지 않으면 어쩔 수 없다. 이렇게 마음을 다잡아도 꺼져가는 생명이 잠깐씩 반짝일 때 의료진은 깊이 고민한다.

결국 황승철 씨는 인공호흡기를 단 지 2주 만에 사망했다. '오늘은 돌아가시겠구나' 하는 고비가 두번 정도 있었는데 세번째를 넘기지 못하고 조용히 심장이 멈췄다. 보호자들은 이미 DNR 동의서(심폐소생술 포기 동의서)에 서명을 한 상황이어서 심폐소생술은 하지 않은 채 사망선고를 했다.

에크모를 달고 소생한 유명한 환자가 이건희 회장 말고 또 있다. 2015년 메르스 사태 때 삼성서울병원에서 환자를 진료하다가 감염이 된 의사였던 35번 환자는 폐 이식을 고려할 정도로 심각한 상태였는데 6개월간 입원 치료를 받고 생존해서 퇴원했다. 이후 그가 직장에 복귀했는지는 알려지지 않았다.

열에 아홉은 사망하는 심폐소생술

"블루코드, 블루코드, 12병동으로."

'누군가가 돌아오지 못하는 먼 길을 떠났구나.' 병원에서 일상적으로 흘러나오는 이 긴급 안내 방송을 들으면 제일 먼저 드는 생각이다. 블루코드란 병동에서 환자가 심폐정지로 발견된 경우 심폐소생술을 시행하기 위해 의료진들을 호출하는 약속된 용어다. 이 방송을 들으면 다른 긴급한 업무에 관여하고 있지 않는 한 의료진은 해당 병동에 가서 심폐소생술을 도와야 한다.

병원에서 일하지 않는 사람들이 간접적으로라도 심폐소생술을 경험하는 경로는 아마도 메디컬 드라마일 것이다. 드라마에서는 흰 가운을 휘날리며 환자의 침대에 뛰어올라 열정적으로 심장마사지를 하는 의사의 모습을 그야말로 '드라마틱'하게 연출한다. 드라마에서 심장마사지를 받은 환자는 모두 살아난다. 거의 100퍼센트에 가까운 성공률이다. 스토리상 드물게 환자가 절명할 때도 있다. 자리에 있던 의료진은 가까운 사람을 떠나보낸 것처럼 애통해한다.

그러나 현실은 어떨까? 우선 심폐소생술이 무엇인지부터 제대로 알아볼 필요가 있다. 심장이 멈추면 전신으로 가는 산소 공급이 끊기고, 가장 취약한 뇌세포는 몇분 안에 기능을 상실한다. 이때 몸 바깥에서 인위적으로 심장을 눌러 혈액을 순환시켜 환자가 뇌사 상태에 빠지는 것을 막아야 한다. 환자가 호흡까지 정지된 상태라면 산소도 공급해야 하기 때문에, 구강 대 구강 호흡을 통해 환자의 폐에 산소를 인위적으로 불어넣는 것까지 병행해야 한다.

서구사회에 비해 심폐소생술 교육이 보편화되어 있지 않은 우리나라에서는 아직도 심폐소생술을 못해서 살릴 수 있었던 사람이 죽었다는 자성이 많이 나온다. 실제로 지하철에서 응급환자가 발생했을 때 주변 사람들이 우왕좌왕하는 사이 비전문가가 선봉에 나서서 수지침을 놓아 적절한 조치를 방해한 사례도 본 적이 있다. 이럴 때는 어떻게 해야 할까?

우선 가장 먼저 환자에게 도달한 사람이 응급조치에 자신이 없다면 주변에 전문가가 있는지 확인하고 도움을 요청해야 한다. 지하철에서 응급환자가 발생했다면, 바로 기관사에게 연락을 취해 다음 역에서 환자가 응급조치를 받을 수 있도록 준비해줄 것을 부탁한다. 환자를 큰소리로 불러 반응을 살피고, 호흡이 있는지 맥이 뛰는지를 확인한다. 경험이 없는 사람들은 당황한 나머지 이런 확인을 할 생각을 하는 것조차 쉽지 않다.

호흡과 맥이 없다면 바로 심장마사지를 시행해야 한다. 환자를 단단한 바닥에 평평하게 바로 눕힌 후 가슴뼈의 왼쪽 아래 중간쯤에 깍지를 낀 두 손의 손바닥 뒤꿈치를 대고 양팔을 환자의 몸과 수직이 되도록 쭉 편 상태로 체중을 실어서 가슴을 압박한다. 압박할 때마다 그사이에는 흉곽이 완전히 이완되도록 하며, 성인의 경우 분당 100~120회, 가슴이 5센티미터 정도 들어가도록 한다. 호흡이 없는 환자는 머리를 뒤로 젖히고 턱을 들어올려 기도를 연 후 엄지와 검지로 환자의 코를 잡아서 막고 입으로 환자의 입을 완전히 막아 공기가 새어나가지 않게 한 뒤에 1초가량 가슴이 부풀어오를 정도로 숨을 불어넣는다. 숨을 불어넣은 후에는 막은 코를 놓고 입을 떼어 공기가 배출되도록 한다. 입으로 하는 인공호흡은 선뜻 하기가 쉽지 않기 때문에 가슴 압박만 시행하는 것을 권장하기도 한다.

이렇게 길거리나 지하철에서 발생하는 심정지는 걸어다닐 정도로 멀쩡했던 사람이 갑자기 심장에 문제가 생긴 바람에 위중한 상태에 빠지는 상황이기에, 의료인이 아닌 비전문인의 심폐소생술이 대단히 중요하다. 우리나라의 비의료인 심폐소생술 시행률은 2017년 기준 21퍼센트로,[14] 외국에 비해 매우 낮다. 급성 심정지 환자의 병원 이송 시 생존 퇴원은 3퍼센트에 불과하고 뇌기능이 정상으로 돌아오는 비율은 0.9퍼센트뿐이다. 이 수치는 정상적인 뇌기능으로 생존 퇴원하는 경우가 약 7퍼센트인 미국과 대조된다.[15] 제때 제대로 심폐소생술을 받지 못해 심각한 뇌손상을 입은 상태로 퇴원하게 되면 환자 본인은 물론이고 가족들에게도 돌이킬 수 없는 재난이 된다. 우리나라에서 구급대가 도착하여 환자를 10분 내로 병원까지 이송하는 경우는 매우 드물기 때문에, 구급대가 도착하기 전까지 비의료인이 행하는 심폐소생술이 더 중요하다.

병원 안에서 심정지가 일어나는 경우는 어떨까? 심폐정지를 즉각적으로 발견할 수 있고, 전문가들이 신속히 반응을 할 수 있으니 거의 모든 사람을 살릴 수 있지 않을까?

2003년에서 2013년 사이 대한민국의 병원 내에서 발생한 심폐소생술의 생존율은 11퍼센트다.[16] 1년 생존율은 7.2퍼센트로 대다수가 심폐소생술 후 살아서 퇴원했더라도 오래 생존하지 못한다. 전국 데이터가 없어서 알 수 없지만 뇌기능장애 없이 정상 상태로 퇴원하는 사람은 그중에서도 극소수에 불과할 것이다. 드라마를 통해 심폐소생술의 극적인 효과를 간접 체험한 독자들은 믿지 못하겠지만, 병원에서 블루코드가 떴을 때 열에 아홉은 환자를 살리지 못한다고 보면 된다.

병원에서 이뤄지는 심폐소생술이 그렇게 문제가 많다는 일반인에 의한 심폐소생술과 비교해 생존율이 별 차이가 나지 않는 이유는 무엇일까? 답은 간단하다. 분모가 다르기 때문이다. 평소에는 건강하다가 갑자기 심정지가 일어난 사람들과 병원에 입원해 있다가 심정지가 일어나는 환자군은 매우 다르다. 다시 말해서 심폐소생술이 살 사람에 대해 이루어졌는지 혹은 어차피 죽을 사람, 심지어는 이미 죽은 사람에게 이루어졌는지에 따라 생존율은 크게 달라질 수밖에 없다.

그럼 어떤 사람이 심폐소생술 후 살아날 가능성이 높을까? 심정지의 원인이 심인성인 경우, 즉 심장의 기능만 되돌리면 생존이 가능한 심근경색이나 부정맥 등으로 인해 심정지가 일어났다면 심폐소생술로 환자를 살릴 확률이 높다. 또 너무도 당연한 이야기지만 환자가 젊으면 소생 가능성이 높다. 연구 결과 80세 이상의 심폐소생술 후 1년 생존율은 0.8~3.7퍼센트였고, 10년간 의료기술의 발전에도 불구하고 이 연령대에서는 생존율이 전혀 호전되지 않았다.[17] 또한 심정지 이전에 이미 신체 쇠약으로 활동도가 현저히 떨어져 침상생활을 하던 환자, 혈압이 낮아진 환자, 섭식 불량에 의한 탈수로 질소혈증(요쇼, 크레아닌 등 대사 노폐물인 질소 함유 물질이 체내에 축적되는 현상으로 탈수가 되면 혈액순환이 나빠지면서 노폐물을 신장에서 제대로 걸러내지 못하게 되어 발생)이 심한 환자들의 경우 생존 가능성이 낮다.[18] 이는 어렵게 생각할 필요 없이 자연사 과정에 있는 사람이라고 생각하면 된다. 이미 전신의 생물학적 기능이 멈추었는데, 심장마사지가 무슨 소용이 있겠는가?

그러나 연명치료에 대한 의사를 따로 밝히지 않은 환자가 병원에 입원해 있다가 심정지가 일어나면, 의료진은 법적 책임을 회피하기 위해 일단 심폐소생술을 시행하는 것이 디폴트처럼 되어 있다. 이런 상황에서는 심폐소생술의 높은 생존율을 기대할 수 없다. 기술의 문제가 아닌, 환자의 문제인 것이다.

불행히도 대부분의 비의료인은 이런 정보를 얻을 수 없다. 병원에서도 이런 이야기는 하지 않는다. 우리나라에서는 많은 사람이 최후의 순간 병원에서 심폐소생술까지 한 뒤에야 비로소 죽음을 맞이한다.

나는 심폐소생술의 성공률이 일반적인 통념보다 높지 않다는 것을 이야기할 뿐, 그것을 해야 한다거나 하지 말아야 한다는 가치판단을 할 생각은 없다. 다만 사망선고 전 심폐소생술을 시행하지 않으면, 마치 뭔가 했어야 하는데 하지 않고 사망한 것처럼 간주하는 현실에는 문제가 있다고 본다. 그것을 해야 할지 하지 말아야 할지 판단할 수 있는 충분한 정보가 주어지는 것이 선행되어야 한다.

실제로 외국의 보고에서는 일반인들이 심폐소생술의 생존율을 50퍼센트 정도로 생각하고 있다가 현실이 10퍼센트에 지나지 않는다는 것을 안 이후 심폐소생술을 하지 않겠다고 결정하는 사례가 현저히 많아졌다고 한다.[19] 그럼에도 불구하고 심폐소생술 시행 여부를 결정하는 것은 그리 쉬운 문제가 아니다. 심폐소생술을 하지 않았을 때, 그 결과는 100퍼센트 사망이기 때문이다. 어떤 이들은 단 하루라도 삶을 연장시킬 수 있다면 할 가치가 있다고 생각할 수도 있다.

체중을 실어 빠른 속도로 강하게 흉부를 압박하는 과격한 행위인 심폐소생술에는 후유증이 따른다. 가장 흔한 것이 갈비뼈 골절이다. 아주 쇠약한 노인 환자의 경우 처음 몇번의 압박에 흉골에서 갈비뼈들이 우두둑 떨어져나가는 것이 느껴질 때도 있다. 흉부나 심낭으로 출혈이 되거나 공기가 들어가는 경우도 있다. 오랜 시간 심폐소생술을 시행하면 간, 비장 등의 복부 장기 파열이 일어나기도 한다.[20]

그러나 이런 후유증도 큰 문제는 아니라고 생각한다. 살릴 가능성만 있다면… 큰 장애 없이 삶을 이어갈 가능성이 희박한 환자에게 심폐소생술을 시행할 때의 가장 큰 문제는, 요행히 일시적으로 심폐기능이 돌아오더라도 그 환자는 바로 연명치료에 들어가게 된다는 점이다. 그런 경우 환자는 의식도 없는 상태에서 인공호흡기에 의지하는 중환자실에서의 삶을 기약도 없이 이어나가야 한다.

숨이 가쁘다고 외래를 방문한 42세 최순희 씨의 상태가 심각하다는 것은 검사를 할 필요도 없이 자명해보였다. 수년 전부터 추운 곳에 나가면 손끝이 하얗게 변하는 레이노병을 앓고 있던 그녀는, 삶이 고달파서 병원을 찾을 여유도 없었다. 결국 하던 일도 힘겨워질 정도로 숨이 차기 시작하자 여러 과를 전전한 끝에 대학병원을 방문하게 되었다. 검사를 하고 며칠 있다가 다시 오라고 할 만한 상황이 아니었기 때문에 바로 입원 결정서를 발부하고 환자를 입원시켰다. 이튿날 심장 초음파실에서 초음파 검사를 한 심장내과 의사로부터 전화가 왔다.

"선생님, 제가 초음파 한 이래 이런 폐동맥압 수치는 처음 봐요."

폐동맥 고혈압이 합병된 전신 경화증이었다. 전신 경화증은 말 그대로 전신의 피부가 딱딱하게 굳는 희귀병인데, 아직까지 치료제가 없다. 당시에는 폐동맥 고혈압도 치료제가 없었다. 그 상태로는 언제 갑자기 절명할지 알 수 없는 상황이었다. 이런 병에 대해 당연히 들어본 적도 없는 환자는 그래도 약이나 받아가면 좋아질 거라고 낙천적으로 생각하며 빨리 퇴원시켜달라고 졸랐다. 병원비가 걱정이었다.

보호자를 불러 면담을 하고 4주간 입원해서 혈관 확장제 주사를 맞아야 한다고 설명했다. 그래도 반응은 예측할 수 없었고 딱히 희망이 있는 것도 아니었다. 기대되는 5년 생존율은 10퍼센트도 채 안 되었다. 그러나 그녀는 감사하게도 7년 넘게 살아주었다. 여러 가지 약제들이 개발되었고 다행히 치료를 하면 그때그때 반응을 보였다. 그래도 병은 진행하고 있었다. 가냘픈 삶의 실을 하루하루 이어가고 있었지만 8년째로 접어들면서 이제 기존 약제들도 더이상 효과가 없었다. 일은 고사하고 집안일도 힘들어진 상태가 되어 더는 버틸 수 없을 듯한 시점이 왔다. 의료진은 유일하게 남은 방법인 '폐-심장 이식술'을 권유했다. 웬만한 사람도 엄두가 안 나는 대수술이니, 가난한 그녀에게는 더더욱 그랬다.

"수술 안 하면 안 되는 건가요? 약물치료만 하고 싶은데…"

차마 환자 앞에서 대놓고 말할 수 없어 남편을 불러 따로 이야기 해주었다. 지금 이식 수술을 결정하지 않으면 앞으로 1년을 못 넘길 거라는 말에 남편은 환자를 데리고 서울대학교병원 흉부외과를 찾았다. 당장 공여자가 나타나는 게 아니기 때문에 너무 늦지 않게 의뢰해야 했고, 순희 씨는 이식 대기자 명단에 이름을 올렸다. 그러나 천운처럼 공여자가 나타났을 때 순희 씨는 병원의 연락을 받지 않았다. 수술 자체도 큰 위험이 따랐지만, 1억원이 넘는 수술비도 감당할 수 있는 비용이 아니었다.

최순희 씨가 마지막으로 병원을 찾은 건 폐-심장 이식을 권유 받고 서울대학교병원을 방문한 지 정확히 1년 뒤 응급실을 통해서였다. 공여자가 있다는 연락을 여러번 묵살한 후였다. 하지만 남편은 아직도 환자가 죽는다는 것을 받아들이지 못하고 있었다. 가만히 누워서 숨 쉬는 것조차 힘들어하는 환자에게 해줄 수 있는 거라곤 아무것도 없었지만, 일단 중환자실로 환자를 이송했다. 이러고도 숨이 붙어 있을 수 있나 의심스러울 정도로 산소포화도가 낮았다. 바로 인공호흡기를 달았다. 보호자와 면담을 갖고, 환자의 위중한 예후를 설명하며 마음의 준비를 시키고, 앞으로 일어날 일들에 어떻게 대처할지를 이야기해야 하는데 그날 너무 바빴다. 다음 날 이야기하기로 하고 외부 회의를 갔던 그날 밤, 9년이 넘는 세월 힘겹게 생명을 뿜어 올리던 환자의 심장이 마침내 멈췄다. 자동적으로 심폐소생술이 시작되었는데 10퍼센트의 운을 가졌던 그녀는 첫번째 심폐소생술로 맥박이 돌아왔다. 자발순환회복^{Return of Spontaneous} ^{Circulation, ROSC}이었다.

비극은 여기서부터였다. 병원에서 환자의 심장이 멈추는 그 절체절명의 순간 자동적으로 시행되는 심폐소생술은 잠깐 환자의 상태를 되돌릴 수는 있지만, 생존과는 거리가 멀다. 바로 두번째 심정지가 오기 때문인데, 보호자들은 첫번째 심폐소생술에서 자발순환회복이 이뤄지면 마치 죽었던 환자가 살아나기라도 한 것처럼 안도한다. 그러고는 다음 심정지가 와도 그 암울한 예후를 인식하지 못하고 심폐소생술을 하면 환자가 다시 소생할 거라고 믿는다.

최순희 환자의 두번째 심정지는 자발순환회복 후 1시간이 지나

서 일어났다. 그날 밤 환자는 네번의 심정지가 왔고, 네번의 심폐소
생술을 받았다. 심폐소생술은 5시간 넘게 이루어졌고, 그녀는 만신
창이가 된 몸으로 새벽 4시에 숨을 거두었다. 나는 그녀가 죽었다
는 사실보다도 마지막 순간까지 그동안 겪은 그 수많은 고통도 부
족했다는 듯 그렇게 처참하게 죽었다는 것이 너무나 애통했다. 심
폐소생술을 1시간 이상 시행하면 갈비뼈는 물론 내부 장기까지 손
상되고, 시신 훼손이 일어난다. 이를 막는 것도 내 책임이다. 환자
를 살리는 것도 의사의 책임이지만, 마지막 순간에 이르렀을 때 환
자가 편하게 생을 마칠 수 있게 돕는 것도 의사의 책임이다.

살인병기로 변해버린 DNR

DNR이란 우리말로 '소생시키지 말라'를 뜻하는 영어 "Do Not
Resuscitate"의 약자다. 환자의 심장이 멎거나 호흡을 하지 않게 되
는, 즉 사망하는 경우 심폐소생술이나 중환자실 치료와 같은 연명
치료를 하지 않겠다는 의사를 밝힐 시 법적으로 DNR이 성립된다.
연명의료결정법에 따르면 구두로만 밝힌 의사는 법적 효력이 없
다. 반드시 서식으로 남겨야 한다. 따라서 미리 준비하지 않으면 의
사를 밝힐 방법이 없고 자동적으로 심폐소생술과 연명치료에 들어
가게 된다.

'심폐소생술은 시행하지 말 것' 에 대한 요청서 [DNR]

1. 환자 상태에 대한 담당의사의 의견

현재 환자 _____ 씨의 상태는 소생 가능성이 희박하며 심, 폐 정지가 발생시는 심폐소생술을 시행하며 심기능을 소생시킨다 하여도 원래 질환이 매우 불량하여 이는 임시적인 삶의 연장일 가 능성이 크다. -- (예, 아니오)

또한, 심폐정지로 인한 이차적인 신체의 손상은 환자에게 매우 심각하게 작용하여 환자의 의식이 나 인지력 등에 더욱 치명적으로 영향을 미칠 수 있다고 판단되는 상태이다. ------- (예, 아니오)

그러므로, 치료 경과중 심폐정지가 발생할 시는 심폐소생술을 통한 삶의 연장을 시도하기 보다는 자연스러운 사망이 환자에게 보다 나을 것으로 주치의로서 판단된다.

■ 설명한 의사 성명: _____ (서명) _____

치료 불가능한 뇌손상으로 뇌사추정상태에 빠진 경우, 장기등 이식에 관한 법률 제 17조에 의거 하여 보건복지부 산하 장기구득기관으로 신고를 하고 있습니다. 이에 해당하는 가족은 뇌사장기 기증 및 사망 후 인체조직기증에 관련된 정보제공을 받을 권리가 있습니다.

2. 보호자들의 의견

나(우리: _____)는 주치의 _____ 의사로부터 20   년   월   일   시에 나(환자: _____ 씨)의 상태에 대해 자세한 설명을 들었으며 또한 충분히 이해하였습니다.

나(환자)의 상태가 더욱 악화되어 심장 혹은 호흡정지 초래 시 심장압박 및 인공호흡치료와 같은 적극적인 심폐소생술이 환자의 삶에 의미 있는 도움을 줄 가능성이 매우 희박하다는 주치의의 의 견에 동의합니다.

그래서 나는(우리 가족들은) 만약 환자에게 심, 폐 정지가 발생하더라도 심폐소생술을 시행하지 말아줄 것을 요청합니다. 이러한 나(우리들)의 요청은 내(환자)가 평소에 갖고 있었던(계셨던) 삶에 대한 가치관과 가족들의 충분한 협의에 근거하여 결정한 것이며, 만약 나(우리들)의 결정을 변경할 경우 그 사실을 주치의에게 사전에 반드시 통보하겠습니다.

나(가족들)의 기타 요청: _____

20   년   월   일

성명: _____ (서명) _____ 환자와의 관계: _____

심폐소생술을 하지 않겠다는 의사를 밝히는 요청서의 실례(DNR 동의서)

최근 서구 의료계에서는 DNR이라는 용어가 마치 해야 할 일을 하지 않았다Do Not는 뉘앙스를 띠기 때문에 능동적인 의미의 '자연사 허용'Allow Natural Death, AND이라는 용어로 바꾸자는 움직임이 있다. 즉 심폐소생술의 낮은 회생률에도 불구하고 DNR이라는 용어를 쓰면 마치 중요한 처치를 하지 않았다는 오해를 가져온다는 비판이 제기된 것이다.[21] '소생' 치료가 어디까지인지를 두고는 아직까지도 논란이 있지만, 좁은 의미에서의 DNR 혹은 AND는 기도삽관과 심폐소생술을 하지 않는 것을 의미한다. 미리 DNR 의사를 밝힌 환자라도 항암치료나 항생제, 투석, 수액 영양 공급 등은 지속할 수 있다.

DNR이 일찍 법제화된 서구에서도 윤리적인 논란은 있다. 2014년에 미국에서 이뤄진 연구에 따르면, 말기 암 환자의 경우 흑인에 비해 백인에게 DNR 명령이 더 많이 내려졌다고 한다.[22] 연명치료에 대한 인종 간 인식 차이가 없음에도 불구하고, 의료기관에서 흑인에 비해 백인에게 더 적극적으로 연명치료에 대한 교육과 상담을 시행하기 때문이다. 이런 사회문화적 이슈 외에, 이미 DNR 의사를 밝힌 사람이 자살을 기도한 후 연명치료로 살아난 경우, 혹은다른 치료를 하다가 생명을 돌이킬 수 있는 의료사고가 발생한 경우 등도 논란거리가 된다.

DNR에 대한 접근과 판단은 국가별로도 차이를 보인다. 영국에서는 의료진이 연명치료가 의미 없다고 판단하면, 환자나 가족이

의료진의 판단에 반한 연명치료를 요청할 수 없다. 소송의 천국인 미국은 주에 따라 법령이 다르기는 하지만 일반적으로 환자가 공식적으로 작성한 문서를 요청하여 법적인 문제를 피하고 있다. 유럽의 일부 국가에서는 환자가 법적 효력을 가지는 DNR 문서를 작성했음에도 불구하고 이에 반하는 연명치료를 시행할 경우 의료진이 처벌을 받을 수도 있다. 이렇게 서구사회처럼 자기결정권이 강조되는 사회에서는 법적 효력을 가지는 문서 작성이 일반적이지만, 우리나라에서는 그동안 의료진의 결정에 의해 심폐소생술을 하지 않는 경우도 많았다. 이슬람권에서는 DNR이라는 개념 자체가 인정되지 않아 환자나 가족의 의사와 관계없이 의료진은 심폐소생술을 시행해야 한다.

연명치료 법안이 통과된 현재 사전연명의료의향서나 연명의료계획서에 연명치료를 받지 않겠다는 서명을 하거나, 하다못해 DNR 동의서라도 서명을 하지 않으면, 환자들은 아무리 원하지 않아도 연명치료를 받아야 하고 이를 시행하지 않은 의료진은 법적인 책임을 면할 길이 없다.

사전연명의료의향서는 막연한 웰다잉 준비가 아니다. 이제 준비되지 않은 모든 죽음은 개인적, 사회적 재앙으로까지 이어진다. 노환으로 사망한 환자에게도 막판에 심폐소생술을 시행하지 않으면 살인 혐의로 고소를 당하는 세상이기 때문에 DNR의 과정도 철저한 준비가 필요하다. 죽음을 준비하지 않은 결과는 때로 참혹하다.

9

법률 서커스

우리 아기를 살려주세요

2018년 4월 27일, 역사적인 판문점 남북정상회담이 개최되던 날, 나는 비틀즈를 낳은 도시 리버풀의 한 호텔 식당에서 끔찍한 영국식 아침 식사를 입에 욱여넣고 있었다. 튀긴 토마토, 튀긴 계란, 튀긴 베이컨, 튀긴 소시지, 거기에 해시브라운과 삶은 콩까지… 어느 것 하나 입맛에 맞는 게 없었지만 학회 일정을 소화하려면 아침을 잘 먹어두는 수밖에 없었다. 그때 식당의 커다란 텔레비전 화면에 문재인 대통령과 김정은 국무위원장의 모습이 보였다. 영국에서도 남북정상회담은 아침 첫 소식으로 다루어지는 큰 뉴스였다. 나는 이 식당의 음식 중 제일 맛있는 홍차를 홀짝거리며 두 정상이 손을 잡고 군사분계선을 넘는 감격스러운 장면을 넋 놓고 바라보았다.

그다음에 이어진 뉴스는 알피라는 아이의 죽음이었다.

알피 에반스는 생후 5개월에 경기를 해 병원을 찾았다. 병원에서는 정확한 원인을 알 수 없는 퇴행성 뇌질환이라고 진단했고, 알피는 의식을 잃은 채 병원생활을 시작했다. 원인도 모르고 치료법도 없이 1년이 지나는 동안 호흡기능까지 잃은 알피는 인공호흡기 신세를 지게 되었다. 알피가 입원해 있던 어린이병원은 알피의 뇌 영상 소견상 회생이 불가능할 정도로 뇌 조직이 파괴되었다며, 더이상의 연명치료가 환자에게 유익하지 않으니 인공호흡기 사용을 중단할 것을 권고했지만 알피의 부모는 동의하지 않았다.

"어떠한 치료도 알피를 회생시킬 수 없는 마당에 지금의 연명치료 상태를 유지하는 것은 비인간적이며, 따라서 불법적이다"라는 병원 측의 의견에 부모는 단호히 반박했다. "무엇이 아이에게 가장 유익한 치료인지는 부모가 정하는 것이지, 의사가 정하는 게 아니다."

알피의 사례는 회생 불가능한 환자에 대한 연명치료 중단이 환자에게 이익이 되는지의 여부를 의료진이 결정할 수 있는가에 대한 논란으로 번졌고, 결국 법정까지 가게 되었다. 영국의 아동보호법은 아이가 해를 입을 가능성이 있는 경우 국가가 직권을 발휘할 수 있도록 하는데, 이는 아이에 대한 부모의 권한이 절대적이지 않으며 국가의 판단이 개입할 수 있다는 것을 의미한다. 따라서 이렇게 병원과 같은 공적 기관에서 부모의 선택에 대해 문제를 제기하는 경우 법정에서 쟁점을 다투게 된다. 법원은 평화롭고 조용하게 죽는 것이 알피에게 이익이 된다고 보고 병원 측의 손을 들어주었고 부모는 즉각 항소했다.

"우리 아이는 지금도 우리가 만져주면 반응을 보인다. 좋아지고 있다." 부모의 호소에 병원 측은 답변했다. "부모의 눈으로 보면 더없이 예쁘고 정상적인 아이로 보이겠지만, 알피가 보이는 모든 반응은 촉각 자극으로 유발되는 경련일 뿐이다."

대법원이 항소까지 기각하자 알피의 부모는 변호사들을 대동하고 유럽인권재판소로 가서 다시 알피의 생을 연장시킬 방법을 찾으려 했다. 유럽인권재판소에서도 "어떤 형태의 인권 침해도 인정할 수 없다"며 부모의 뜻을 받아들이지 않자, 그들은 교황청으로 갔고 교황에게 아들의 목숨을 살려달라고 빌었다. 프란치스코 교황이 이들의 간청을 받아들여 이탈리아 외교성은 알피에게 이탈리아 시민권을 발부해주었고, 이탈리아의 병원에서 연명치료를 이어갈 수 있는 가능성을 열어주었다.

그러나 영국 법원은 알피가 영국 시민임을 들어 이탈리아 정부의 결정을 무효화했고, 병원은 알피의 인공호흡기를 제거했다. 이 과정에서 많은 영국인이 법원과 병원 앞에서 항의 시위를 벌였고, 의료진에 대한 폭력 사태까지 발생하면서 이 사건은 국제적인 뉴스가 되었다. 인공호흡기를 뗀 알피는 이후로도 자발호흡을 계속했다. 알피의 엄마는 잠든 알피의 모습을 사진으로 찍어 페이스북에 올리며 연명치료에 대한 지지를 호소했다.

"보세요, 의사들이 틀렸잖아요. 우리 아들 잘 살아 있어요. 정말 예쁜 아이지요."

그로부터 5일 후 알피는 숨을 거두었다. 알피에게서 인공호흡기를 떼어낸 후 부모는 병원 의료진의 노고에 감사했고 연명치료를 계속할 것을 요구하며 시위를 하던 군중들을 집으로 돌려보냈다.

이 사건에서 우리가 눈여겨볼 점은 두가지다. 첫째, 아이에게 무엇이 최선인지를 부모가 아닌 의사들이 결정할 수 있는가? 직관적으로는 옳지 않다는 생각이 들지만, 현실에서는 이런 예가 흔하다. 수혈을 거부하는 부모의 결정에 반해 병원에서 아이에게 수혈을 하는 경우가 가장 대표적이다. 다만 이 경우는 아이의 생명을 구하기 위한 행위라는 점에서 우리 관점에 크게 거슬리지 않을 뿐이다.

서구사회는 아이에 대한 부모의 재량권을 우리나라보다 훨씬 엄격하게 제한하기 때문에, 아이를 제대로 돌보지 못한 부모가 양육권을 빼앗기는 일도 흔하다. 알피만큼 잘 알려지지는 않았지만, 영국 법원은 아이의 연명치료를 지속해달라는 부모의 요청을 아이의 이익을 위해 거부한 선례가 있다. 희귀 유전 질환인 뇌근병성 미토콘드리아 DNA박탈증후군에 걸린 찰리 가드는 건강하게 태어났지만 뇌손상이 진행되면서 팔다리가 마비되고 병원 신세를 지게 되었다. 치료법도 희망도 없었고, 결국 호흡근까지 마비되어 인공호흡기를 달아야 했다. 그걸로도 부족하다는 듯 병마는 찰리의 심장, 신장, 간 기능을 차례로 마비시켰다. 찰리가 입원했던 그레이트 오몬드 스트리트병원은 영국 굴지의 병원이었음에도 아이를 더이상 치료할 수 없었고 결국 의미 없는 연명치료를 중단하기로 결정했다. 찰리의 부모는 이에 반대했지만 2017년 병원은 찰리의 인공호흡기 치료 중단을 결정했다.

지금까지 연명치료와 관련된 법정 투쟁은 주로 환자의 연명치료를 중단해달라는 가족들의 요청이 정당한지에 관한 것이었다. 그 시작은 1976년의 캐런 퀸란 판결이다. 21세의 캐런 퀸란이 친구들과 어울려 과음한 후 저체온 상태로 의식을 잃은 채 발견된 것은 1975년 4월의 일이었다. 결국 인공호흡기 치료를 시작한 캐런은 혼수상태로 생명을 연장할 수 있었지만, 몇개월 후 캐런의 부모는 병원 측에 인공호흡을 중단할 것을 요청했다. 그러나 병원은 이를 거부했고 검찰은 만일 그런 일이 생긴다면 환자의 가족과 의료진까지 살인죄로 기소하겠다며 으름장을 놓았다. 결국 부모는 소송을 제기했다.

"전선, 튜브, 기계 장치로 그럴듯하게 보이기만 하면 죽음도 속일 수 있다는 착각에 빠져, 깨어날 가망도 없는 사람의 생명을 억지로 연장하는 것만큼 인간의 존엄성을 해치는 일이 또 있겠습니까?" 캐런 퀸란의 변호인 폴 암스트롱의 변론이었다. 병원 측 변호인도 이에 팽팽히 맞섰다. "만일 캐런이 다시 살아날 가능성이 1000분의 1, 1만분의 1이라도 있다면, 아니 100만분의 1이라도 소생할 가능성이 있다면, 우리가 어떤 존재이기에 그 가능성을 부정할 수 있겠습니까? 무슨 권리로 우리가 생명을 빼앗을 수 있단 말입니까?"

1년간의 법정 공방 끝에 1976년 3월 뉴저지주 대법원은 다음과 같이 판결했다. "담당의가 혼수상태에서 회복하여 의식을 되찾을 합리적 가능성이 없으며 생명유지장치를 제거해야 한다고 판단하고, 캐런의 후견인과 가족이 이에 동의하는 경우, 그들은 병원의 윤리위원회 혹은 이에 준하는 기구에 자문을 구할 수 있다. 그리고 거기에서도 동일한 결론에 도달한다면 생명유지장치를 제거할 수 있으며 그 행위로 인하여 후견인, 의사, 병원 등 관련자 어느 누구도 민형사상의 책임을 지지 아니한다." 그렇게 연명치료 중단에 대한 형사소추를 면할 길이 열렸다.

연명치료 중단을 결정한 첫 판례의 주인공이었던 캐런은 인공급식을 공급받으며 식물인간 상태로 9년을 더 살다가 1985년에 사망했다. 이후 연명치료 관련 재판은 회복 불가능한 상태에 처한 환자의 연명치료를 중단하겠다는 가족의 결정이 점차 인정되는 방향으로 진행되어왔다. 우리나라에서도 2010년 김 할머니 사건으로 연명치료 중단 판결이 내려진 바 있다.

연명치료 논의에서 전면적으로 공론화되지는 않았지만, 또 한가지 중요한 쟁점은 환자의 치료비를 누가 부담하느냐의 문제다. 중환자실에서 인공호흡기 등을 장착하는 연명치료의 비용은 누가 부담해야 하는 것일까? 어디까지가 국가의 책임이고, 어디까지가 가족의 몫일까? 돈이 사람의 목숨을 좌지우지한다는 관념은 여전히 받아들여지기 어렵지만, 현실적으로 하루에만 수백만원이 드는 치료비 문제는 그리 간단히 무시할 수 없는 사안이다. 1997년에 일어났던 소위 '보라매병원 사건'의 비극이 이에 해당된다.

1997년 12월 4일, 술에 취해 넘어져 머리를 다친 후 의식을 잃은 환자가 보라매병원 중환자실로 후송되었다. 환자는 수술 후 생명은 건졌으나 뇌부종으로 자발호흡을 할 수 없는 상황이 되었다. 다음 날 나타난 환자의 아내는 동의 없이 남편을 치료한 의료진을 원망했다. 사업에 실패한 후 17년간 직업도 없이 지내오며 가족에게 구타를 일삼아왔다고. 그런 남편이 이런 상태로 계속 살아 있다면 가족에게 짐만 될 것이라고. 아내는 이미 발생한 260만원의 치료비도 부담인데 앞으로 발생할 추가 치료비를 감당할 수 없다며 환자의 퇴원을 요구했다.

담당 의사들은 처음에는 퇴원을 거부했지만 결국 보호자의 뜻을 꺾지 못하고, "환자의 죽음에 대해 병원은 책임을 지지 않는다"라는 각서를 받은 후 환자를 퇴원시켰다. 환자는 퇴원 후 산소호흡기를 뗀 뒤 5분 만에 사망했다. 이를 안 시집 식구들이 환자의 부인을 고소했고, 아내는 결국 살인죄로 징역 3년을, 담당 전문의와 전공의는 각각 살인죄의 종범으로 징역 1년 6개월에 집행유예 2년을 선고받았다. 보라매병원 사건은 사회적, 법률적 논란을 일으켰고,

이후 병원들은 회생 가능성과 무관하게 환자를 무조건 붙들어두게 되었다. 무의미한 연명치료가 크게 증가하는 계기가 된 비극적인 사건이자 판결이었다.

모든 복잡한 법률적 논의를 떠나 이 사건에서 반드시 짚고 넘어가야 할 중요한 문제는 바로 치료비 부담이다. 환자를 계속 병원에 두었을 때 발생할 거액의 치료비는 누가 내야 하는가? 지금도 중환자실 치료의 본인 부담이 적은 편이 아니지만 당시는 환자의 가족이 부담해야 하는 치료비 부담률이 지금보다 더 높았다. 부인은 생계에 도움이 안 되는 남편이라고 해서 치료비를 낼 책임을 기피할수 있는 것일까? 아니면 남은 가족마저 파산해 나락의 구렁텅이로빠질 위험을 무릅쓰고라도 끝까지 경제적인 부담을 져야 하는 것일까?

앞서 든 알피의 사례는 우리나라와 달리 이런 치료를 할 때 가족의 경제적 부담이 거의 없는 영국에서 일어난 일이다. 알피의 가족이 치료비를 내지 않았다면, 그 비용은 어디에서 나온 것일까? 당연히 영국 국민이 낸 의료보험료에서 부담된다. 그렇다고 할 때, 회생 가능성도 없으면서 기약도 없이 천문학적인 치료비가 들어가는 환자의 치료를 부모의 결정에만 맡겨둘 수 있는 것일까? 사회 구성원 간에 이런 비용을 기꺼이 부담하겠다는 합의가 있었는가? 이런 치료에 쓰이는 재원 때문에 다른 치료 기회를 박탈당하는 환자들은 어떻게 해야 하는가? 부모보다는 전문가들의 견해를 우선 고려해 판결을 내리게 된 데는, 이런 복잡하지만 대놓고 말할 수 없는 이유들도 중요하게 작용했으리라고 생각된다.

연명치료에 있어 비용은 아무도 말하고 싶어하지 않지만, 누군가는 반드시 말해야 하는 중요한 쟁점이다. 비용에 대한 건전한 논의가 없다면, 연명치료 중단은 자칫 돈 때문에 사람의 생명을 저버리는 비윤리적인 행위로까지 폄하될 수 있다. 실제로 김 할머니 사건 때 가족들은 정신적 고통에 더해 "부모 잡아먹은 놈" "돈 때문에 치료를 그만둔 것 아니냐" 따위의 비난에 시달려야 했다.[23] 국가에서 비용을 보조해야 하는 연명치료의 선은 어디까지인가? 가족들이 져야 하는 경제적인 부담은 어느 정도까지 용인할 수 있는가? 연명치료를 논할 때 빠져서는 안 되는 이런 중요한 논의들이 우리나라에서는 아직까지 한번도 없었다.

죽는다는 걸 알면서도

불행히도 현실 세계에서 연명치료와 관련된 법률 서커스에 말려든 사람들은 아무리 고인을 위해 내린 결정이었더라도 생각과 전혀 다른 일을 당하기 쉽다.

2018년 5월 29일, 한 여인이 국민참여재판 끝에 배심원 전원 만장일치로 유죄를 선고받았다. 피고인은 모야모야병을 앓던 남편을

12년간 간병한 부인이었다. 모야모야병은 뇌혈관 벽이 두꺼워지면서 막히고 뇌출혈이 반복되는 희귀 난치 질환이다. 남편은 결혼 3년 만에 세번째 뇌출혈 끝에 식물인간이 됐다. 회생 가능성이 없고, 치료법도 없었지만 그렇다고 죽은 것도 아니었다. 부인은 기초생활 수급자로 나라에서 주는 돈으로 생계를 유지하며 남편을 간호했다. 하지만 상급 종합병원은 특별한 치료법이 있지 않는 한 2개월 이상 입원할 수 없었다. 부인은 남편을 데리고 이 병원 저 병원을 옮겨 다녀야 했고, 식사를 스스로 할 수 없었던 남편은 위에 구멍을 뚫고 위루관Gastrostomy tube, G-tube을 삽입하는 시술을 두차례나 받으며 하루하루를 연명했다. 아내는 재활치료를 하면서 '지금은 아기 같은 모습이지만 내가 열심히 노력하면 조금은 나아지지 않을까' 생각하며 희망의 끈을 놓지 않았다.

그러던 어느 날, 건강보험심사평가원은 살 가망이 없는 사람에게 하는 재활치료는 무의미하다는 이유로 치료비를 의료보험 급여로 인정하지 않겠다고 결정했다. 그뒤로 아내는 병원에서 짐을 싸야 했다. 재활치료도 더이상 받을 수 없는데 6인 병실 천장을 쳐다보며 지낼 이유가 없었기 때문이다. 남편을 집으로 옮긴 뒤 어느 비 오는 여름날 아침, 아내는 남편의 배에 삽입돼 있던 위루관이 빠져 있는 것을 발견했다. 또다시 위루관을 삽입하는 수술이 필요했지만 아내는 더이상 구급차를 부르거나 병원에 연락하지 않았다. 구멍 난 배를 소독하고 물과 요구르트로 연명한 지 5일 만에 남편은 영양 결핍과 탈수로 숨졌다.

아내는 경찰에 불려갔다. 경찰은 "남편이 죽은 날, 위루관을 뺀 채로 그냥 두면 죽는다는 걸 몰랐느냐"라며 아내를 집요하고 잔혹하게 몰아붙였다. 긴 세월 환자와 아내가 겪었던 죽음의 과정은 모두 생략하고, 죽기 5일 전의 일만을 집중적으로 공격한 법률적 쾌거(?)였다. "죽는다는 걸 알고 있었지?" 이것만이 핵심이었다. 검찰은 기소되어 울고 있는 아내에게 "피고의 행동은 유기치사죄에 해당되는데 어떻게 생각하느냐"라는 질문을 반복했다. 그리고 지친 그녀가 "다 내 잘못이다"라는 말을 하자, 자백으로 조사를 마무리했다.

검찰은 "설사 내일 죽을 사람이라도 의료기관이 아닌 개인이 타인의 생명을 결정할 수는 없다. (…) 고통을 보기 힘들어 남편의 몸에서 빠진 위루관을 보고도 방치한 것은 본인의 선택일 뿐 고인의 선택이 아니다"라며 징역 3년에 집행유예 5년을 구형했다. 그렇다면 내일 죽을 사람의 생명은 의료기관에서 결정하면 된다는 말인가? 검찰의 모진 문초에도 적극적으로 자신을 변호하려 하지 않았던 아내는 이런 말을 남겼다.

"남편이 처음 쓰러진 이후 입으로 음식물 섭취를 할 수 없어 콧줄을 연결했습니다. 그런데 남편이 콧줄을 견디지 못했습니다. 병원에서 그때 처음으로 위루관 삽입술을 제안했습니다. 의사들은 남편이 더이상 고통을 느끼지 못하는 상태라고 했지만, 저는 생살을 찢고 관을 삽입하던 그때 남편이 고통스러워하는 표정을 봤습니다. 목과 얼굴이 시뻘겋게 변했습니다. 피도 너무 많이 나왔습니다. 그래도 그 관을 삽입해야 음식을 먹을 수 있다니 견뎌야 한다고 생각했습니다. 그러다 2015년쯤 위루관이 빠졌습니다. 저는 그냥 빠진 자리에 다시 관을 넣으면 되는 줄 알았습니다. 하지만 아니었습니다. 관 주변의 살이 흐물흐물해진 상태이기 때문에 배에 새로 구멍을 뚫어야 한다고 했습니다. 저는 그날 새로 배에 구멍을 뚫어 관을 삽입한 이후 다시는 남편에게 이런 고통을 주지 않겠다고 생각했습니다."[24]

약병을 좀 주겠니

이런 일은 외국에서도 일어난다. 조 유어쇼는 브론즈스타 훈장까지 받은 제2차 세계대전 참전 용사였다. 평생을 근면하고 강인한 의지로 살아온 그는 80세까지도 왕성한 활동을 유지했으나 90세에 들어서면서 세월의 힘을 거스르지 못했고 노화는 다양한 얼굴의 질병으로 그를 찾아왔다. 93세가 되던 2013년에 그는 신장 질환, 심장 질환을 포함한 이런저런 병을 앓으며 서서히 쇠약해지고 있었다. 조가 마지막으로 병원을 방문했을 때 그를 본 의사는 여명이 6개월 정도밖에 되지 않는다고 기록했고, 그는 주위 사람들을 볼 때마다 "이제는 가고 싶다"는 말을 했다.

조 할아버지의 딸인 바버라는 간호사였다. 바버라는 자기 결혼식에서 아버지와 즐겁게 춤을 췄던 기억이 어제 일처럼 생생했지만, 이제 아버지의 그런 모습을 더는 볼 수 없다는 것도 잘 알고 있었다. 그녀가 할 수 있는 일이라고는 병약한 아버지를 자주 방문하고 시중을 들어드리는 것밖에 없었다. 조 할아버지는 그런 딸에게 "활동을 못하게 되어 남의 손을 빌리면서 살고 싶지 않다. 병원 침대에서 죽고 싶지도 않다. 급식 줄을 통해 강제 급식을 하지도 않겠다"라는 내용을 구체적으로 적어준 뒤, 그녀를 자신의 대리인으로 삼았다. 원인 모를 통증이 조 할아버지를 수시로 엄습했고, 그럴 때마다 그는 호스피스 프로그램을 통해 마약성 진통제인 모르핀을 조금씩 처방받아 통증을 다스렸다. 또 평소에 먹던 약도 모두 끊고 진통제만으로 살아갔다.

어느 겨울 아침, 바버라가 집을 찾았을 때 조는 기운이 더 떨어져 보였다. "거기 내 약병을 좀 주겠니?" 바버라는 모르핀 약병을 가져올 힘조차 없어진 아버지를 대신해 약병을 가져다주었고, 아버지는 순식간에 병에 든 모르핀을 전부 삼켰다. "아버지… 모르핀을 너무 많이 드신 것 같은데요." "괜찮다. 이제 좀 자야겠구나." 바버라는 옆에 앉아 아버지의 손을 잡고 그가 잠들 때까지 말벗이 되어주었다. 구급차는 부르지 않았다. 아버지가 절대로 병원에서 죽지 않겠다고 그녀에게 신신당부했기 때문이다.

얼마 후 호스피스 간호사가 방문했다. 그녀는 의식을 잃은 조 할아버지를 보고 바버라에게 어찌 된 일인지 물었고, 자초지종을 듣자마자 경찰을 불렀다. 도착한 경찰관은 조 할아버지를 병원으로 옮겼고, 응급조치 후 조 할아버지는 의식을 되찾았다. 자신이 그렇게 싫어하는 응급실 침대에 누워 있는 것을 알아차린 조 할아버지는 있는 힘을 다해 화를 냈다. "이건 내가 원하던 게 아니야!" 그는 즉시 자신의 팔에 꽂혀 있던 정맥 주사 줄을 뽑아버렸고 심전도 모니터도 떼어버렸다. 4일 뒤 그는 결국 그토록 피하고 싶었던 병원에서 죽음을 맞이했다.

그 시각 바버라는 경찰에 연행된 상태였다. 조 할아버지의 자살을 도왔다는 죄목이었다. 최고 징역 10년까지 받을 수 있는 상황이었다. 미국의 일부 주에서는 자신의 의사가 확고한 임종 과정의 환자에 대한 조력자살이 합법인데, 오리건주가 대표적이다. '존엄사'death with dignity 법령은 오리건주, 워싱턴주, 버몬트주에서 인정된다. 하지만 조가 살던 펜실베이니아를 비롯한 대부분의 주에서는 조력자살이 허용되지 않았다. 조가 대리인으로 지목한 딸이 연행된 상황에서 나머지 가족들이나 의료진이 할 수 있는 일은 아무것도 없었다. 당사자가 아무리 원하지 않는다고 명시했어도, 병원에서는 할아버지가 죽을 때까지 모든 치료를 했다. 바버라는 간호사 직업을 잃는 것은 물론 죄수가 될 처지에까지 몰렸다.

조 할아버지 사건은 임종치료가 법의 테두리 안으로 들어가면 어떤 일이 일어나는지를 잘 보여준다. 바버라는 비록 약병을 주고 아버지가 자살을 하도록 독려한 것은 아니지만, 약을 단숨에 들이켜는 아버지를 그저 지켜보았다. 펜실베이니아주 경찰은 이를 법리대로 해석해 자살방조죄를 적용했다. 아무리 사전연명의료의향서를 쓰더라도 누군가가 신고를 하거나 환자를 병원에 데리고 가면 의향서는 그대로 휴지조각이 될 뿐이다. 바버라가 아버지의 자살을 도왔는지 아니면 단지 통증을 덜어주기를 원했는지가 법률적인 쟁점이 되었고, 재판은 1년간 계속됐다. 죽는 것만이 통증을 덜 수 있는 상황에서 재판은 지난한 말장난에 지나지 않았다. 결국 바버라는 1년 만에 무죄로 풀려났다. 검찰은 바버라가 호스피스 간호사에게 아버지를 병원으로 옮기지 말아달라고 간청했던 게 자살을 의도적으로 방조한 증거라고 주장했지만, 재판부는 그녀가 아버지가 삼킨 모르핀의 정확한 용량조차 몰랐기 때문에 의도가 있었다고 보기는 어렵다며 증거 불충분이라는 싱거운 이유로 그녀를 풀어주었다. 이 사건에서 바버라를 법률적으로 지원한 미국의 웰다잉 단체 컴패션앤드초이시스Compassion and Choices는 판결이 내려진 뒤 바로 사건을 공론화하여 검찰이 항소를 하지 못하도록 압력을 넣었다.

바버라는 사건이 종결된 후 병원을 사직하고 컴패션앤드초이시스에서 일을 시작했다. 바버라는 통증이나 제반 증상을 완벽하게 치료하면 존엄사법 따위는 필요하지 않다는 일부 의견을 일축하며, 왜 완벽한 호스피스 치료와 존엄사법이 공존할 수 없는지 반문했다. 지금도 가끔 악몽으로 잠에서 깬다는 그녀에게 기자가 무슨 악몽을 꾸느냐고 묻자, 그녀는 이렇게 대답했다. "감옥과 법정에서 겪었던 무서운 일들은 이제 생각도 안 나요. 하지만 아버지가 결국 병원 응급실에서 의식을 되찾고, 비참함을 느끼며 돌아가신 상황은 너무도 끔찍합니다. 그 일을 떠올리며 악몽을 꿔요."[25]

죽은 것입니까, 산 것입니까

우리 사회도 이제 연명의료에 대한 인식이 생기고 많은 사람들이 삶의 마지막을 정리하는 방식을 진지하게 생각하는 것은 바람직한 방향이라 할 수 있다. 그러나 이런 사회적인 움직임이 일선 임상에서는 감지되지 않는 것이 현실이다. 지금도 중환자실에 입원한 대부분의 환자들은 반드시 가역적인 상태는 아닌 80세 이상의 고령 환자들이다. 아직도 태반의 사람들이 죽음을 적절하게 준비하지 않기 때문에 벌어지는 일이다. 아무리 본인이 평소 입으로는 "조용히 죽겠다" "병원 안 가겠다"라고 말을 해도 막상 죽음이 닥치면 그런 뜻은 받아들여지지 않는다. 바로 법적인 문제로 이어질 소지가 있기 때문이다.

간암으로 8년간 투병 중이던 한 할머니가 병동에서 숨을 거두었다. 심폐소생술, 인공호흡기 치료는 없었다. 살아생전 고인의 뜻이었다. 마지막까지 고인의 옆을 지킨 딸이 장례 절차를 밟았다. 그런데 문병조차 제대로 하지 않은 아들이 나타났다. 그는 "누나가 어머니를 제대로 치료하지 않고 살해했다"라고 주장하며 누나를 존속살해 혐의로 고소했다. 할머니를 치료하던 의료진도 줄줄이 살인방조로 고소를 당했다.

이미 생의 막바지에 있는 사람에게 의미 없는 연명치료를 하지 않는 것이 살인이 될 수 있는가? 연명치료가 소송의 쟁점으로 떠올랐고, 할머니의 딸과 의료진들은 검찰청에 불려 다니며 살인 피의자로 고초를 겪었다. 이 사건은 고소인인 할머니의 아들이 고소 사건을 일으킴으로써 유산 상속에 유리한 조건을 만들려 했다는 감춰진 동기가 드러나면서 기각되었다고 한다. 2006년 서울대학교병원에서 일어난 일이다. 이렇듯 상식적으로 보나 인륜으로 보나 황당한 사건이 드물지 않게 발생한다. 법이 그렇게 되어 있고 현대의학이 죽음을 왜곡하고 있기 때문이다. 암이 아닌 노환에 의한 사망인 경우 상황은 더 복잡해진다. 현대의료가 연명치료를 할 수밖에 없는 법리적 근거들을 살펴보자.

노환으로 병동에서 숨을 거둔 80대 환자를 치료한 의료진들이 심폐소생술을 하지 않았다는 이유로 줄줄이 살인 혐의로 고소를 당했다.

환자는 '암' 환자는 아니었지만 여러가지 만성 질환을 가지고 있었고 긴 시간 물이 아래로 흐르듯 천천히 건강 상태가 기울고 있었다. 사망 몇년 전부터 바깥출입을 못할 정도로 기력이 쇠해지면서 생길 일들이 순서대로 벌어졌다. 폐렴으로 중환자실에 입원하고, 식이 섭취가 어려워지고 의식이 혼미해졌고, 탈수와 욕창 등이 앞서거니 뒤서거니 따라왔다.

"암도 아니고 멀쩡하게 병원에 들어온 사람이 죽어서 나갔다. 위급한 순간에 심폐소생술도 하지 않은 것은 살인이다"라는 것이 고소인의 주장이었다. 암 환자가 아니면 영생불멸을 할 수 있다는 것일까? 다 떠나서 죽음을 앞둔 사람에게 심폐소생술을 하지 않고 지켜보는 깃은 이유를 불문하고 살인이 되는 것일까?

긴급하게 장기 이식을 해야 하는 두명의 환자가 있다. 한명은 심장이 필요하고 다른 한명은 폐가 필요하다. 의사는 그들에게 "안됐지만 여분의 장기가 없어서 수술을 해줄 수 없다"라고 말한다. 그러자 환자들은 의사의 무능함을 비난하며 따진다. "지나가는 사람 아무나 붙잡아서 장기를 적출하면 될 것 아닌가? 희생자는 한명이고, 우리는 두명이다. 두 사람의 목숨이 한 사람의 목숨보다 중하지 않은가?" 의사는 놀라서 대꾸한다. "죽어가는 사람을 내버려두는 것과 멀쩡한 사람을 죽이는 것은 다르다. 당신들을 살리자고 무고한 사람을 죽일 수는 없다."

두 환자가 죽는다면 그 이유는 무엇일까? 그들을 살리기 위해 건강한 사람의 장기를 적출하지 않은 의사 때문일까? 아니면 질병으로 인한 사망일까? 여기에 답하는 데는 의사든 의사가 아니든 이견이 없을 것이다. 그러나 두 환자는 물러서지 않는다. "당신은 건강한 사람을 죽여서 장기를 취해 이식하면 우리가 살 수 있다는 것을 알고 있어. 동시에 아무것도 하지 않으면 우리가 죽는다는 것도 알아. 죽을 거란 걸 알면서 아무것도 하지 않는 것은 죽이는 것과 같아! 당신은 건강한 한 사람을 죽이지 않음으로써, 우리 두 사람을 죽이는 거야!"

생명윤리학자 존 해리스가 가치판단의 기준을 효용과 행복의 증진에 두고 '최대 다수의 최대 행복' 실현을 윤리적 행위의 목적으로 본 공리주의자들의 모순을 드러내기 위해 설계한 유명한 생각 장치인 '생존 복권'survival lottery의 도입부다. 김현경의 『사람, 장소, 환대』에도 소개된 바 있다.[26] 연명치료를 둘러싼 논란을 두고도, 마지막 대목은 곱씹어볼 만하다. 죽을 거란 걸 알면서 아무것도 하지 않는 것은 정말 죽이는 것과 같은가?

심폐소생술을 하지 않은 것과 함께 환자가 입원했을 때 중환자실에 입실시키지 않았다는 것까지 귀책사유로 고소인은 담당의를 엄벌할 것을 주장했는데 법조인들은 입원 당시 상태가 위중하고 생체 징후가 흔들렸다면 법률적으로 유죄가 될 수 있다고 보았다. 긴 노환 끝에 사망하건 암으로 사망하건 사고사건, 사망 직전에는 당연히 상태가 위중하고 생체 징후가 흔들릴 수 있다. 그렇다면 사인을 막론하고 죽음에 직면하면 인공적으로 연명을 하게 해야 책임을 면한다는 뜻이 된다. 그러지 않으면 살인범이 된다. 결국 죽는 것을 지켜보는 일도 죽이는 일과 마찬가지로 살인이라는 뜻이다. 이는 우리나라 임종 문화의 총체적인 혼란상에서 비롯되는 비극이다.

사건의 재판 과정에서는 많은 의료 감정이 오갔는데 이런 황당한 내용도 있었다.

"망인이 병동에서 무호흡, 심정지, 동공 반응 고정으로 발견되었는데 이런 망인을 이미 사망했다고 보아야 하는 것인가? 심정지와 사망은 다른 것이 아닌가?"라는 질문에 감정의는 "망인에게 심정지가 일어난 시점을 알 수 없기 때문에 사망으로 단정할 수 없다"라고 답을 했다. 이런 궤변이 현대의료의 병폐를 잘 보여주는 현상이라 할 것이다.

중학교 논리시험에 다음과 같은 문제를 본 적이 있다.

다음 중 성격이 다른 짝을 고르시오.
1)고-저 2)온-냉 3)흑-백 4)생-사

답은 4번이다. 중간 지점을 상정할 수 있는 1, 2, 3번과 달리 생과 사는 중간이 없다. 그런데 사망으로 단정할 수 없다면 그건 죽은 것인가, 산 것인가? 예수 그리스도처럼 부활을 앞둔 가사假死 상태인가? 심폐소생술과 연명치료를 둘러싼 현대의료는 이렇듯 최고의 교육을 받은 전문가 집단이라 할 수 있는 의과대학 교수들을 중학생 수준의 논리 문제도 못 푸는 바보로 만드는 경향이 있다. 이미 숨이 끊어진 환자에게 기계를 동원한 연명치료를 실시해 죽음도 삶도 아닌 상태로 만들어놓는 것이 가능하기 때문이다.

이런 이유로 병원에서는 이미 사망 상태로 발견된 환자도 그저 법적인 책임을 피하기 위해 심폐소생술을 하는 것이 관례처럼 되어 있다. 의료진들은 그런 경우를 일컬어 CPR이 아닌 '쇼피알', 즉 보여주는 CPR이라는 말을 한다. 당연히 쇼피알의 생존율은 0이다. 그런데 현대의료는 0을 0이라 말하지 못하고 "매우 희박하다" "1퍼센트다"라는 식으로 돌려 말함으로써 환자와 가족을 기만한다. 결국 병원에서 환자가 숨을 거두면 어떤 상태로 발견되든 일단 심폐소생술을 시행해야 하며, 그러지 않으면 의사가 과실치사, 심지어는 살인으로 몰릴 수 있다는 논리가 성립된다.

심장은 멈췄지만 죽은 것은 아니다?

그러면 숨을 쉬지 않고, 심장도 뛰지 않고, 동공반사도 없는 사람은 죽은 것일까, 산 것일까? 2014년 일본 나가노현과 기후현에 걸쳐 있는 온타케산이 7년 만에 화산 활동을 재개하여 등산객들을 덮쳤다. 당시 텔레비전 보도 화면에는 "34명이 심폐정지 상태로 발견되었다"라는 자막이 떴다. 이젠 죽었어도 죽었다고 말하지 못하는 사회가 된 것이다.

우리나라에서도 비슷한 일이 있었다. 2014년 4월 7일 대한민국 육군 제28보병사단 의무대에서 20세의 윤승주 일병은 선임 병사들과 냉동식품을 나눠 먹던 중, 선임병 4명에게 구타를 당했고 그 과정에서 게워낸 음식물이 기도로 넘어가면서 사망했다. 윤 일병이 사망하면서 가해자들의 지속적이고 집요한 가혹행위가 이어져온 사실이 밝혀졌다.

"심폐정지는 사망이 아니다."

군 당국은 윤 일병이 의료기관에 이송됐을 때 비록 맥박과 호흡이 없었지만, 심정지 상태일 뿐 사망 상태는 아니라는 주장을 펴 1차 은폐를 시도했다. 심폐소생술로 심장박동이 일시적으로 돌아왔다는 것이 그 이유였다. 이에 대해 전문가들은 "의학적으로는 심정지가 일어난 상태일 때 이미 사망한 것"이라는 의견을 냈고, 군 당국은 사망 시점을 조작하여 사건을 은폐하려 했다는 비난을 받았다. 구타를 당하고 이미 사망한 상태에서 이송된 윤 일병의 사망 과정을, 기도폐쇄로 응급실에 이송되었다가 병원의 치료에도 불구하고 사망했다는 시나리오로 조작하기 위한 궤변이었기 때문이다. 이 이야기를 들은 한 전문의는 씁쓸한 표정으로 자조 섞인 말을 했다. "대한민국에서는 이제 심폐정지가 사망이 아니라고 하는군요."

사전연명의료의향서를 준비하며

10년이 넘게 내게 치료를 받아온 환자이자, 개인적으로도 친분이 있는 전직 교수 강 할아버지가 어느 날 내게 조곤조곤히 말을 걸었다. 강 할아버지는 나이 들어서 생긴 통풍 때문에 조금 고생을 하기는 했지만 약을 꾸준히 복용하면서 지금은 통풍 문제는 전혀 없고 외부 강의 등 사회 활동도 왕성하게 하신다. 100세 시대라 하는데 정말 거기에 걸맞은 분이지만 최근 부인이 암으로 먼저 세상을 떠나면서 많이 의기소침해지셨다. 이분과의 대화를 통해 우리가 병원에서 죽음을 맞는 경우 일어나는 일들을 구체적으로 짚어볼 기회가 있었다.

"김 교수, 내가 긴히 물어보고 싶은 게 있어요."

"네, 무슨…?"

"요즘 연명치료다 뭐다 해서 말들이 많은데 나도 관심이 있어서 신문 기사를 좀 읽어는 보았지만 도통 잘 모르겠어서…"

"아직 건강하신데 왜 그런 생각을 하세요?"

"내가 보기는 이래도 올해로 벌써 여든다섯이에요. 옛날 같았으면 벌써 땅으로 들어갔을 나이지…"

"그런 말씀 마세요. 아직 책도 펴내실 정도로 정정하시잖아요."

"아니, 아니에요. 올해 들어서는 하루하루 '아, 이제 내가 정말 막
바지를 향해 가는구나' 하는 생각이 들어요. 작년에 비하면 올해 들
어서 부쩍 기운도 더 떨어지고 식사량도 줄고…"

"제가 보기에는 아직 10년은 너끈히 더 사실 것 같은데요?"

"김 교수도 허튼소리 할 줄 아네, 허허허. 10년이면 아흔다섯인
데 그건 욕이에요, 욕…"

"아니에요, 제가 그런 거 잘 맞추는 편이에요."

"아니야, 아니야. 나 듣기 좋으라고 하는 소리는 그만하고 있는
대로 솔직히 말해줘요. 괜찮으니까."

"네, 뭐가 궁금하신데요?"

"기사들을 읽어보면 연명치료 관련법이 암 환자같이 시한부 생
명인 환자에게만 적용되는 것 같은데, 나처럼 암 환자가 아닌 사람
은 해당이 안 되는 건가요?"

"그건 아니에요. 연명의료계획서는 임종 과정에 있는 분이면 누
구든 적용할 수 있어요. 사전연명의료의향서는 그것과 상관없이
성인이라면 누구나 작성할 수 있고요."

"그런데 나처럼 그냥 늙어가는 사람은 언제가 임종인지 어떻게
알 수가 있나?"

"그게 많이 애매하지요. 법률상으로는 암, 에이즈, 만성 폐쇄성

호흡기 질환, 만성 간경화, 이렇게 네가지 질병의 막바지에 있는 환자를 '말기 환자'라고 정의하고 있어요. 임종 과정을 '회생의 가능성이 없고, 치료에도 불구하고 회복되지 아니하며, 급속도로 증상이 악화되어 사망에 임박한 상태'라고 정의하고 있기는 하지만 굉장히 모호한 이야기이기는 해요."

"그럼 나는 임종 과정인 건가요, 아닌가요? 내가 이렇게 기력이 떨어지고 식사를 잘 못하는 건 분명 회복될 가능성도 없고 치료가 되는 것도 아닌데, 그렇다고 내가 급속도로 악화되어 사망이 임박한 상태도 아니지 않소?"

"네, 맞습니다. 그렇기 때문에 환자 분들이 많이 혼란스러워 하세요. 나는 분명 쇠진해가고 있는데 그렇다고 바로 죽을 것 같지는 않고… 그러다보면 임종, 죽음의 준비가 마냥 늦어지는 경우가 대부분이지요. 엄밀히 말하면 죽음의 과정에 있는 사람이라면 죽음이 언제 닥쳐올지는 모르더라도 여기에 대해 생각하고 준비하는 게 필요해요. 저도 조만간 준비를 하려고 생각하고 있어요."

"김 교수가? 이렇게 젊고 건강한 사람이?"

"죽음이 젊은 사람이라고 피해가지는 않잖아요. 불의의 사고를 당해서 머리를 크게 다친다든지 하는 바람에 이런저런 치료를 받고도 회복 가능성이 없는 상황이 닥친다면, 저는 그걸로 제 삶을 깨끗하게 마무리하고 싶어요."

"하지만 나야 이 나이에 사고를 당할 일은 없을 것 같고… 김 교수가 보기에, 내가 죽기 전에 앞으로 내게 어떤 일이 생길 것 같은가요?"

"지금 외출을 혼자 하실 수 있으신가요?"

"그렇기는 한데 좀 겁날 때가 많아요. 계단은 못 다니겠어. 층계 사이사이가 구별이 영 안 돼. 그리고 도로가 평탄하지 않으면 평지 길도 넘어질까 겁이 나지요."

"언제일지 정확히 말씀은 못 드리지만 이제 외출을 못하게 되는 시기가 올 텐데, 그때가 되면 준비를 하시긴 해야 합니다. 사회적으로 마감을 할 때가 된 것이니까요."

"그다음에는요?"

"댁에서도 화장실 출입을 못하시는 시기가 오는데, 그전까지도 여러 문제가 생길 수 있어요. 어르신들에게 생명에 직결된 가장 흔한 문제는 폐렴이에요."

"그거 고칠 수 있는 거 아닌가요?"

"물론 항생제가 잘 개발되어 있으니, 위기를 넘길 수는 있어요. 문제는 이게 자꾸 반복된다는 점이에요. 어르신들이 나 중환자실 안 가겠다, 인공호흡기 안 달겠다 하시고, 사전연명의료의향서까지 다 써놓고도 결국 중환자실에서 임종을 맞이하시는 것도 병원에 입원해서 '이번만 넘기면 되는데' 하는 희망을 가지고 치료를 받다가 그렇게 되는 것이고요."

"그렇다고 치료를 안 할 수도 없는 것 아닌가요?"

"물론 그렇지요. 죽음의 과정에서 어디까지 의료의 개입이 필요하고 어디부터는 그냥 놓아두어야 하는지를 결정하는 것은 절대로 쉬운 문제가 아니에요."

"내가 만일 폐렴에 걸려서 병원에 입원했다 칩시다. 그다음에는 어떤 일이 생기는 것이지요?"

"우선 의사들은 방사선 사진을 찍고, 혈액이나 가래에서 균이 자라는지를 검사해볼 겁니다. 항생제들을 쓰게 되고 혈액에 산소 농도가 낮으면 산소호흡기 치료도 하게 되고요."

"그러고요?"

"그렇게 해서 다행히 폐렴이 잘 다스려지면 문제없이 집으로 가시게 됩니다. 그런데 어르신들의 폐렴이 항상 그렇게 항생제로 잘 다스려지는 건 아니에요."

"약으로 다스릴 수 없다면?"

"호전이 안 되는 거지요. 열은 계속 나고 숨은 계속 차고… 그러다 산소포화도가 뚝 떨어지면 위급한 상황이 되는 거예요."

"산소호흡기를 써도 감당이 안 되는 건가요?"

"네, 게다가 어르신들은 심폐기능이 전반적으로 약해져 있기 때문에 치료 과정 중에 주입하는 수액을 감당하지 못해서 폐에 물이 차는 경우도 흔히 있어요."

"그럼 어떻게 되는 거지요?"

"처음에 코로 끼우는 산소호흡을 하다가 안 되면 일굴에 씌우 는 마스크로 산소호흡을 해요. 산소 주입 속도도 높이고요… 그런데 이 모든 게 허사면 이제는 어쩔 수 없이 기도에 관을 넣고 폐에 직접 산소를 넣어주어야 해요."

"인공호흡기를 댄다는 말이군요."

"네."

"인공호흡기를 대는 건 어떻게 하는 건가요?"

"이때부터는 일반병실에서는 감당이 안 되는 단계입니다. 집중감시가 필요한 중환자실로 가야 하는 거지요. 급한 경우 병동에서 바로 기도삽관을 하고 앰부배깅이라고 사람이 짜넣는 호흡을 하는 경우도 있지만, 그것도 얼마 가지 못하고 결국은 중환자실에서 기계호흡을 시작하게 됩니다."

"기도삽관이란 건 어떻게 하나요?"

"우선 환자의 입을 통해 폐로 내려가는 관을 넣어야 해요. 관은 내경이 7~9밀리미터 정도인데 가운데손가락 굵기 정도 된다고 이해하시면 됩니다. 입에서 기도까지 일직선이 된 상태에서 넣어야 해서 고개를 최대한 뒤로 젖히고 넣게 되는데, 의식이 있으면 상당히 힘들어요."

"많이 아픈가요?"

"나중에 회복한 환자들의 이야기를 들어보면 굉장히 아프다며, 다시는 이런 일을 당하고 싶지 않다고들 합니다. 그래서 급하지 않으면 환자를 약으로 진정시키고 삽관을 하게 되지요."

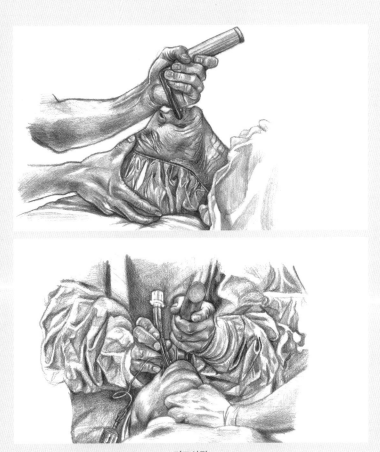

기도삽관

"그다음에는요?"

"기도로 직접 기계호흡을 하면 아무래도 산소 전달이 더 효율적
이니 저산소증은 많이 교정돼요. 하지만 사람이 호흡을 하는 것은

일종의 반사이기 때문에 기계가 강제로 자기 리듬대로 숨을 불어넣는 것을 제정신으로는 견디기 힘들어요. 결국 환자를 깊이 재워야 하죠. 중환자실에 면회를 가보면 환자들이 의식 없이 인공호흡하는 모습을 보실 수 있어요. 다 자발호흡을 죽이고 기계호흡을 유지하기 위해 진정제를 대량 투여한 결과지요."

"그래, 맞아요. 내 80년 지기도 얼마 전 중환자실에서 치료를 받다가 결국 갔는데 면회 가서 보니까 불러도 반응이 없더라고. 그게 다 그런 거였구먼. 쯧쯧… 그것 말고도 뭘 주렁주렁 많이 달고 있던데… 기계들이 소리도 요란하고…"

"인공호흡을 하면 환자의 생체 징후, 산소포화도 등을 24시간 계속 감시해야 해요. 기본적으로 환자의 혈압 등을 정확히 측정하기 위해서는 중심정맥으로 관을 하나 더 넣게 되지요."

"그건 또 뭔데?"

"병원에서 혈압 재시잖아요, 팔에다 혈압기 감고… 그런데 이건 연속으로 할 수가 없고 고도로 정밀하지가 않아요. 중환자실에선 생체 징후를 안정시키기 위해 다량의 수액을 퍼부어야 할 때도 있고 혈압을 조절하는 여러 약제들도 써야 해서 치료가 적절한지를 항상 모니터해야 하는데, 그러려면 아무래도 혈관 내에서 직접 혈압을 재는 것이 제일 정확하지요."

"그럼 팔에다 혈관 주사를 꽂고 재면 되는 거 아닌가요?"

"그런 방법도 있지만 가급적이면 심장에 가까운 큰 혈관에서 재는 것이 정확해요. 그런 큰 혈관들을 중심정맥이라고 부르는데, 우심방 가까운 상대정맥에 관을 넣고 재는 것이 가장 보편적이에요."

"그것도 아프겠는걸?"

"목에 보이는 경정맥으로 관을 넣는데, 마취를 하니까 아프진 않아요."

"어이쿠…"

"중환자실 치료를 받으면 음식도 못 드시는 경우가 많기 때문에 어차피 영양 공급을 위해 굵은 관을 혈관으로 넣어야 해요. 관이 기도삽관처럼 그렇게 굵지는 않지만요. 컴퓨터 자판이나 마우스에 연결되는 선 정도의 굵기죠."

"그럼 그런 관을 여러개 넣어야 하는 것이우? 내 친구 보니까 팔에, 목에, 가슴에 뭐가 많던데…"

"기도삽관, 중심정맥 외에 동맥 선을 연결하기도 해요. 이것도 혈압을 측정하기 위한 건데, 우리가 손목에서 맥박을 잴 때 만져보는 척골동맥으로 관을 넣어요… 혼자 소변을 볼 수 없는 상태이기 때문에 요도를 통해 소변 줄을 끼워서 방광이 차면 바로바로 소변이 밖에 있는 소변 주머니로 빠지도록 하고요… 주사보다는 경구로 영양 공급을 하는 것이 나은 환자들은 코로 레빈튜브라는 걸 넣어서 그걸 통해 유동식을 주사기로 밀어 넣지요."

"아, 그게 콧줄이라고 하는 것이구먼요. 나도 몇년 전 장 수술할 때 한번 넣었던 적이 있었시. 거 고역이디군…"

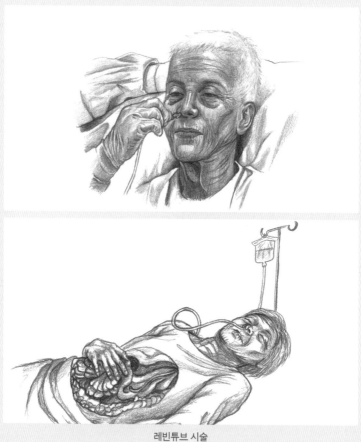

레빈튜브 시술

"네, 그리 아프거나 한 시술은 아닌데 아무래도 콧구멍을 통해서 전선 다발만 한 레빈튜브가 식도까지 들어가는 게 유쾌한 경험은 아니죠. 그걸 또 반창고로 붙여서 빠져나오지 않게 얼굴에 고정을 해놓은 채로 두어야 하니, 아무래도 환자들은 많이 힘들어합니다."

"또 뭐가 있소?"

"상태가 안 좋아지면 콩팥같이 중요한 기관에 타격을 입는 경우도 많아요. 콩팥은 우리 몸에서 축적되는 독성 노폐물들을 배출하는 역할을 하는 기관이기 때문에, 여기가 고장 나면 생명에 바로 지장이 생겨요. 만성 신부전이라고 신장기능이 남아 있지 않은 환자들이 신장 이식을 하거나 매주 몇차례씩 투석하는 거 아실 거예요. 이렇게 자주자주 노폐물이 쌓인 혈액을 기계를 통해 걸러주지 않으면 돌아가시게 돼요."

"그건 중심정맥으로 하나요?"

"아니요. 이건 더 굵은 관이 필요하기 때문에 별도의 통로를 다시 만들어야 해요."

"통로를 만든다 함은…"

"네, 피부를 다시 뚫는 거예요. 동맥혈과 정맥혈을 분리해야 하기 때문에 구멍이 두개 있는 관이 필요해요."

"……"

"그밖에도 모니터링 기계가 많은데 심전도나 동맥혈 산소포화도 같은 것은 피부로 측정하기 때문에 피부 겉에 붙입니다."

"내 몸이 내 몸 같지 않겠구먼…"

"그래도 여기까지 오는 분들은 다 이번 위기를 넘기면 다시 건강해지길 희망하면서 오는 거예요. 처음부터 그렇게 되고 싶었던 분들은 아무도 없습니다."

"그래서 얼마나 살아서 나가는 것이오?"

"그야 상황에 따라 다 다르지요. 누가 보더라도 정말 이번 위기를 꼭 넘겨야겠다 하는 분들… 평소 건강했는데 갑자기 사고를 당했다든지 해서 위중한 상황이 된 분은 물론이고 어르신 중에도 다른 데는 문제가 없었는데 갑자기 심근경색 같은 심장 문제가 생겨서 위중한 상황을 맞은 분들은 중환자실에서 위기를 넘기고 잘 회복하기도 해요."

"그렇지만 우리 같은 노인들이야 병이 한두개가 아닌걸…"

"우리나라에서 중환자실에 입원했다가 살아서 퇴원하는 환자의 비율이 어느 정도인지 혹시 아시나요?"

"글쎄, 그런 첨단 장비를 다 동원하는데 90퍼센트는 살리지 않을까?"

"그랬으면 좋겠지만, 생존 확률은 절반을 조금 넘는 수준이에요."

"아니, 반은 죽는단 말이오?"

"네. 살아남은 분도 모두 정상적으로 회복되는 건 아니고, 상당수가 뇌신경 등에 후유증이 남아서 중증장애를 가지고 살아가게 되지요."

"그럼 안 사는 것만 못한 거 아니오?"

"그건 환자들마다 가치관과 생각이 다르니까 꼭 그렇게 단정 지을 수만은 없어요. 또 하나, 우리나라의 중환자실 치료 현황에서 눈에 띄는 점은 80세 이상 초고령 환자의 입원율이에요. 지난 10년간 중환자실 입원 치료율은 다른 연령대에서는 변화가 없었던 반면, 80세 이상 환자들의 입원율은 300퍼센트 늘었거든요."

"그건 또 왜 그렇습니까?"

"시간이 흐르면서 어르신들 건강에 하나둘씩 자꾸 문제가 생기거든요. 식사를 못하고, 기운이 없고, 그러다보면 저항력도 약해져서 폐렴 같은 것도 잘 걸리고… 노화의 이 모든 과정을 하나하나 다 짚으면 병명을 붙일 수가 있어요. 병명이 붙은 다음에는 치료를 해야겠지요. 치료를 해야 하니 병원을 찾고, 치료의 경과가 순조롭지 않으면 결국 중환자실까지 가게 되는 거예요."

"그렇게 안 할 수는 없나?"

"그게 말처럼 쉽지 않아요. 당장 집에 계시는데 갑자기 열이 나고 힘들어하신다고 가정해보죠. 가족들이 옆에서 가만히 있겠어요? '빨리 병원 가자.' 이렇게 되죠. 병원에 가서 피 뽑고 사진 찍고 하다보면 또 원인이 찾아져요. 그러면 치료법도 당연히 따라붙고요. 치료 과정에서 약이 잘 안 듣고 상태가 나빠지는데 '이제 정상적인 회복이 어려울 것 같으니 여기까지만 치료를 하는 것이 어떨지요?' 이런 말을 하는 의사는 없어요. 이번에 혈액에서 균이 나왔으니 항생제를 써야 한다, 항생제가 잘 듣지 않는지 폐렴이 자꾸 진행된다, 항생제를 바꾸고 CT를 찍어보자, 산소포화도가 떨어졌으니 산소호흡을 시작하자, 산소를 최대로 올려도 산소 공급이 잘 안 되니 인공호흡을 해야겠다, 하는 식이지요. 당장 닥친 불을 끄는 거예요. 환자나 가족들이 개입할 여지가 없어요. 왜냐고요? 안 한 다고 하면 당장 환자의 생명이 위험해지니까요."

"그럼 치료를 하면 확실히 생명을 건지는 거요?"

"물론 아니지요. 하지만 가능성이 0퍼센트와 0.1퍼센트의 차이 라도 생명이 걸린 문제면 결정이 그리 간단하지 않아요. 희박한 가 능성, 0.001퍼센트의 가능성이라도 있으면 매달려보겠다는 분이 정말 많아요. 차분하고 안정적인 환경에서는 내리지 않을 결정을 위급한 상황에 가서 하게 되는 거예요. 그래서 이런 논의는 사실 건강할 때 정리를 하는 것이 맞고요."

"그렇구먼… 내가 그렇게 해서 중환자실에 가서 위기를 넘기려 고 누워 있다 칩시다. 일이 잘 풀려서 회복이 되면 좋지만 만일 회 복이 안 된다면 어찌 되는 건가요? 그렇게 조용히 눈을 감는 건가 요?"

"일단 중환자실에 가면 '조용히'라는 건 없어요. 사방에서 울려 대는 기계들이 온통 '지금 큰일 났다!'고 외쳐대는데, 그걸 가만히 둘 의사는 없죠. 눈에 보이는 불들은 다 끄고 보게 되는 거예요. 가 만히 두었다가 소송이라도 당하면 그게 더 골치 아프니까요."

"그래도 여기까지 하고 이제 그만… 이라고 할 수는 있는 거 아 닌가요?"

"그게 안 되니까 대법원까지 가서 판결을 받는 경우가 생기는 거지요. 인공호흡기는 달기는 쉬워도 떼기는 어려워요. 인공호흡기를 떼면 환자가 죽는데 달아두면 어쨌든 숨은 붙어 있으니까… 그대로 쭉 가는 거지요. 일종의 디폴트 세팅처럼요."

"아이고 죽겠구면… 그냥 심장이 딱 멈춰버리면 되는 거 아닌가?"

"그것도 바라시는 대로 되지 않아요. 중환자실에서 뇌기능을 전부 상실한 환자들도 심장은 제일 마지막까지 뛰어요. 심장이 뛴다면 아무리 식물인간 상태여도 살아 있는 거지요."

"그래도 결국 언젠가는 멈출 거 아닌가? 그 지경이 되었는데…"

"그 기간이 의외로 오래가요. 아무래도 여러 약물이 주입이 되고 하다보면…"

"그러고보니 요즘은 심장이 멈추어도 살리는 기계가 있다고 하던데…"

"체외막형산소화장치, 에크모 말씀하시는 거군요."

"그래, 그래. 그거예요. 이건희 회장이 그걸로 소생했다고 하지? 그걸 달아놓으면 심장이 대신 뛰어주는 건가요? 그럼 그거야말로 영생이 아닌가?"

"에크모는 엄밀히 말하면 심장과 폐 기능을 보조하는 장치예요. 심장과 폐가 몸에서 혈액을 돌리고 산소를 공급하는 역할을 하는데 그걸 못하게 되면 밖으로 혈액을 뽑아 산소를 재워시 다시 몸

안으로 넣어주는 역할을 하지요. 심장이 완전히 멈춰버리면 아무리 에크모를 돌려도 안 되는 거고요. 이건희 회장도 심근경색으로 잠깐 심장이 멈추면서 산소 공급이 안 될 때 이 기계의 도움을 받았고, 심장이 다시 박동을 해서 살아난 거예요. 뇌는 산소 공급을 못 받으면 몇분 안으로 신경들이 죽기 때문에 심장이 멈춘 후 바로 산소 공급을 해주는 게 중요하지요. 그게 안 되면 제아무리 심장박동을 되살려놓아도 뇌사 상태에 빠져서 식물인간이 되는 거고요."

"복잡하구면… 에크모는 또 어떻게 하는 건가요? 시술이 무시무시할 거 같은데…"

"어차피 에크모를 하는 환자들은 이미 여러개의 삽관을 달고 있기 때문에 특별히 더 어려울 건 없어요. 몸속을 다 돌고 나온 정맥혈을 뽑아내는 굵은 관, 그리고 이렇게 나온 정맥혈을 기계에 넣고 산소를 채워서 다시 몸속으로 들여보내는 굵은 관, 이렇게 두개가 더 있으면 되고요. 관은 정맥—동맥으로 삽관하는 방법도 있고, 정맥—정맥으로 삽관하는 방법도 있어요. 당연히 시술 중 환자가 움직이거나 의식하지 못하도록 마취를 해서 충분히 진정·이완시킨 후 시술하고, 혈액이 관에서 굳지 않도록 헤파린이라는 약을 주입해요. 에크모를 돌릴 만한 굵은 혈관은 사타구니나 목으로 접근해 찾는 것이 일반적이고요."

"얼마나 달고 있어야 하나요?"

"그거야 인공호흡기처럼 답이 정해져 있지 않지요. 이것도 하다가 중단하는 경우 법적인 문제에 걸릴 수 있고요. 에크모도 연명치료 과정에서 어쩌다 원하지도 않았는데 시술하게 되는 경우가 많아요."

"왜 그렇지요?"

"인공호흡기 말씀드렸잖아요? 기계가 강제로 호흡을 불어넣는 거라고… 그런데 폐 상태가 좋지 않으면 아무리 인공호흡기를 달았다 하더라도 산소 공급이 충분히 안 되는 경우가 많아요. 또 기계가 불어넣는 압력을 폐가 견디지 못할 때도 많고요. 그러다보면 인공호흡기가 폐 조직을 찢어버릴 때도 있어요. 결국 인공호흡기만으로는 산소 공급을 충분히 할 수 없어지죠. 그래서 에크모를 같이 돌림으로써 폐 손상의 부담을 덜어주는 거예요. 이제는 정말 어느 기계 하나라도 안 돌리면 죽는 상황이 되는데 어떻게 중단을 할 수 있겠어요."

"비용도 만만치 않을 것 같은데…"

"그렇더라도 여기까지 오는 많은 환자는 여기서 멈추면 100퍼센트 죽음을 맞이하게 되니까 선택의 여지가 없지요. 연명치료를 시작하면 소생할 확률이 1퍼센트라도 있으면 연명치료를 하겠다고 하는 환자가 의외로 많아요. 그런데 그거 아세요? 이런 상황에서 의사들이 선의의 거짓말을 한다는 거…"

"뭐라고요?"

"의학적으로는 소생 가능성이 없어요. 그런데 심장은 뛰고 있단 말이지요. 그런 사람을 놓고 '무슨 치료를 더 해도 소생 가능성은 0 입니다'라고 말하지 않아요. 1퍼센트면 10퍼센트라고, 0.1퍼센트면 1퍼센트라고… 거짓말까지는 아니지만 과장을 하지요. 어쨌든 의사가 죽음을 입에 올리는 게 아직까지도 쉬운 일은 아니에요. 그런데 저는 이게 위선이라고 봐요. 가족들에게 헛된 희망만 주고 결국은 고통의 시간을 늘리는 것에 지나지 않은 경우가 대부분이니까요… 일종의 희망고문이지요. 그러니까 과장을 조금 보태서 의사들이 소생 가능성 10퍼센트라고 하면 '소생 가능성은 희박한 거구나'라고 해석하시는 게 맞아요."

"결국 심장이 멈추면… 그때는 정말 가는 거 아닌가요?"

"그때는 심폐소생술을 하게 되지요."

"왜?"

"이것도 미리 이야기가 안 되어 있으면 디폴트로 시행하는 것이 관행이에요. 말기 환자가 병원에서 사망 상태로 발견돼도 CPR을 안 하면 의료진이 살인죄로 고소당할 수 있어요."

"그럴 리가…"

"제가 없는 말 하는 사람 아니라는 거 아시지요?"

"에이, 설마…"

"설마가 사람 잡는다는 말, 딱 이럴 때 쓰는 말이에요. 그러니 건강하실 때 미리 이런 것들을 이야기하고 정리하셔야 하는 거예요."

"사전에 이야기를 하면…"

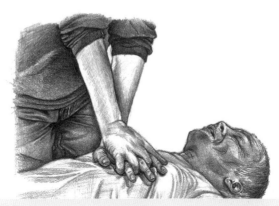

심폐소생술

"그것도 그냥 말로 하는 건 의미가 없어요. 고소가 난무하는 세
상이니까… 병원에 본인의 의향을 서면으로 작성해서 제출하셔
야 해요. 흔히 DNR이라는 말로 뭉뚱그려서 이야기하지요. Do not
resuscitate, 즉 심장이 멈추어도 심폐소생술을 하지 않겠다, 이런
뜻이에요."

"그런 걸 미리 준비해두지 않으면 죽어도 그냥 못 간다는 말이구
먼… 심폐소생술을 하면 소생할 확률이 그리 낮은 거요?"

"말씀드렸지요? 소생이 무엇인지 생각해보아야 한다고… 병원
에서 하는 일이니만큼 심폐소생술을 하면 멈췄던 심장이 다시 뛰
기도 합니다. 문제는 그것이 얼마나 지속되느냐에요. 심정지가 온
시점에 상태가 좋지 않았던 분들은 심폐소생술로 잠깐 심장기능이

돌아온다 해도 결국 다시 심장이 멈추지요."

"심폐소생술을 하면 아픈가요?"

"솔직히 말씀드리면, 나중에 아팠는지를 물어볼 수 있는 환자가 거의 없어요. 다 돌아가셨거든요. 또 이미 의식이 없는 상태이기 때문에, 심장 압박을 당하는 당시에는 아픈지 모를 거예요. 나중에 갈비뼈가 부러졌다든지 해서 통증이 있을 수는 있지만."

"갈비뼈가 부러진다고?"

"네, 몸이 쇠약해진 어르신들은 건장한 의료진이 체중을 실어서 갈비뼈를 누르면 뼈가 부러지기 쉬워요. 어찌 되었든 뛰지 않는 심장을 밖에서 눌러서 피를 짜내는 거니까 부하가 많이 걸리지요. 폐가 같이 압박되면서 출혈로 인해 입으로 피가 나오는 경우도 있고요… 하지만 명심하세요. 안 하면 100퍼센트 죽음, 이런 상황에서 하지 않겠다는 결정을 내린다는 건 굉장히 어렵습니다."

"난 아무래도 빨리 사전연명의료의향서를 써야 할 것 같아요. 알고 나니 결정이 쉬워지네요."

"제가 도움이 되었다면 다행이에요… 하지만 생명에 관한 일이니만큼 쉬운 결정은 아무것도 없어요. 이런 이야기를 강 교수님과 할 수 있게 되어 다행이라고 생각해요."

"나도 도움이 많이 되었어요. 소중한 시간 내주어 고맙소, 김 교수."

4장

좋은 죽음, 바람직한 죽음

삶의 마지막 순간에 바다와 하늘과 별과 사랑하는 사람들을
마지막으로 한번만 더 볼 수 있게 해달라고 기도하지 말라.
지금 그들을 보러 가라.

—엘리자베스 퀴블러 로스, 데이비드 케슬러 『인생 수업』

죽음의 미래

누가 불멸을 약속하는가

옛날 옛적 무서운 왕이 살고 있었다. 왕은 자기 부하들에게 강제
노동을 시키고 말을 안 듣는 사람들은 모조리 죽이는 등 잔인하기
로 악명이 높았다. 이런 잔인한 왕을 벌하기 위해 신은 왕과 대적
할 수 있는 초인간을 창조해 내려보냈고, 초인간은 왕과 씨름을 했
다. 씨름에서 이긴 왕은 신이 보낸 초인간을 죽이지 않고, 대신 그
와 친구가 되었다.

왕과 초인간은 숲을 지나 물을 건너 여러곳을 함께 여행하며 모
험을 즐겼다. 어느 날 초인간이 이난나 여신이 보낸 천국의 황소를
죽였고, 그 벌로 병에 걸려 죽게 되었다. 친구의 죽음에 왕은 깊은
슬픔에 빠졌다. 죽음 앞에 모든 것이 허무하다는 것을 깨달은 왕은

죽지 않는 방법을 찾기 위해 대홍수에서 살아남아 신들로부터 불사를 선물받은 우트나피슈팀을 찾아 나선다. 왕은 산을 넘으며 무서운 사자 떼를 만나기도 하고 몸에서 불을 뿜는 전갈 인간을 만나기도 한다. 아무것도 보이지 않는 깜깜한 칠흑 속에서 열두 밤을 보내며 몇번이고 죽을 고비를 겪기도 했다.

한참을 헤매던 끝에 바닷가의 아름다운 정원에 도착한 왕은 여신 시두리를 만나고 그곳에서 여신은 죽음이란 피할 수 없는 것이니 더이상 가지 말라고 경고한다. 하지만 왕은 불멸을 포기할 수 없었고, 결국 여신은 신들의 뱃사공을 불러 왕을 바다 건너 우트나피슈팀에게 데려가게 한다. 우트나피슈팀은 왕에게 잠을 자지 않아야 불멸을 얻는다고 말하지만, 왕은 깨지도 않고 일곱날을 내리 잠에 빠진다. 우트나피슈팀이 왕에게 젊음의 풀을 주었지만 왕은 그것을 샘가에 두고 목욕을 하다가 뱀에게 빼앗기고 만다. 뱀은 젊음의 풀을 얻은 후 허물을 벗으며 새로 태어날 수 있게 되었다. 끝내 불멸을 얻지 못한 왕은 죽음은 자신이 극복할 수 없는 것임을 깨닫는다.

유명한 수메르 왕 길가메시 서사시의 줄거리다. 먹으면 늙지 않는다는 불로초를 구하기 위해 신하들을 땅끝까지 보낸 진시황과 겹쳐서 보면 불멸을 기원하는 권력자들의 이야기는 시대와 장소를 가리지 않고 이어져왔음을 알 수 있다.

2013년 구글은 인간의 이루지 못한 오랜 염원을 해결하겠다는 목적으로 생명과학 연구개발 계열사 캘리코^{Calico}를 세워 인간 불멸에 야심차게 도전장을 던졌다. 캘리코는 구글의 최고경영자 래리 페이지가 인간의 건강, 복지, 수명을 연구하는 것을 목표로 창설했는데, 캘리코의 가장 유명한 프로젝트 중 하나는 '두더지쥐 연구'다. 벌거숭이 두더지쥐*Heterocephalus glaber*는 동아프리카에 사는 설치류로, 평균 수명이 32년이다. 다른 쥐들의 평균 수명이 3년 정도인 것에 비하면 10배 더 오래 사는 셈인데 단순히 수명만 느는 것이 아니라 나이를 먹어도 사망률이 일정하게 유지되어 과학계의 관심이 집중되었다.

사람을 포함한 모든 포유동물은 나이를 먹음에 따라 사망률이 높아진다. 1825년 영국의 수학자 벤저민 곰페르츠는 연령에 따른 사망률이 산술적이 아닌 기하급수적으로 높아진다는 모델을 발표했는데 이를 곰페르츠 모델이라고 한다. 지금까지도 널리 통용되고 있는 이 모델은, 개체 사망률은 나이와 무관한 요소 그리고 나이와 유관한 요소로 나누어 계산할 수 있다는 가설로 설계되었다. 즉 천적의 공격이나 굶주림으로부터 보호를 받는 실험실의 실험동물을 통해 오로지 나이에만 영향을 받는 사망률을 계산할 수 있다.

사람도 굶주림이나 전염병으로 인한 사망이 현저하게 감소한 1950년대 이후 사망률이 떨어지기 시작했으나, 나이에 의존하는 사망률은 여전히 감소하지 않았다. 그렇게 인간의 불멸에 대한 환상은 깨졌다. 즉 아무리 외적인 요인을 개선시켜도 인간 신체에 내

재한 죽음의 메커니즘을 바꿀 수는 없다는 뜻이다. 현재 인간의 최대 수명은 125세라는 것이 정설로 되어 있다. 그런데 두더지쥐가 이런 곰페르츠의 법칙을 깰 수 있는 동물로 일약 유명해진 것이다.

이 쥐는 암에 걸리지 않고 통증도 느끼지 않으며 무산소로 18분을 버틸 수 있다. 포유류임에도 혹독한 기후 환경에 잘 적응해서 뱀이나 개구리 같은 변온동물 못지않게 피를 차갑게 유지할 수 있는 능력을 갖고 있다. 거기에 더해 대사율과 호흡량을 지극히 낮게 유지할 수 있는데, 이 기능이 장수의 비결일 것으로 생각된다. 소식하면 오래 산다는 속설이 여기에도 일부 적용되는 듯하다. 과학자들은 털도 없고 못생기고 아마도 별로 유명해지고 싶지 않았을 두더지쥐 수천마리를 자르고 으깨고 해부해 유전자 등을 분석하면서 인간을 500세까지 살게 할 묘약을 찾고 있는 중이다. 거창한 프로젝트의 약속에 비해 의외로 추진 계획은 단순하다. 두더지쥐와 다른 쥐들의 DNA, 메신저 RNA, 단백질 손상 처리 능력의 차이를 보는 것인데 지금의 분자생물학 기술로는 전혀 어려울 게 없는 일이다.

여기에서 한걸음 더 나아간 것이 길가메시 프로젝트다. 길가메시 프로젝트는 2014년에 일반 대중에게 극단적인 수명 연장 연구를 홍보하기 위해 제창되었다. 이 프로젝트는 수명 연장 연구의 선봉에 서 있는 케임브리지대학의 생물학자 오브리 드 그레이^{Aubrey de Grey}의 므두셀라 재단이 지원하는 SENS 프로그램에 기반을 두고 있다. 참고로 므두셀라는 구약성서에 나오는 인물로 969살까지 살았다고 기록되어 있는데, 성경 역사에서 가장 오래 산 장수의 아이콘이라고 할 수 있다. 오브리 드 그레이는 노화의 일곱가지 기전을 주창하면서 인간이 500세까지 살 수 있다고 주장한 최초의 과학자로, 노화는 오로지 기술적인 문제일 뿐이라는 과격한 발언으로 유명하다. 그가 이끄는 므두셀라 재단의 목표는 2030년까지 90세를 지금의 50세로 만들겠다는 것이다(아이러니하게도 1963년생인 그의 외모는 70세를 넘긴 듯 보인다).

불로장생에 관심이 있는 독자들을 위해 길가메시 프로젝트에서 주장하는 노화의 일곱가지 기전을 간단히 소개하면, 노화의 분자생물학적 기전은 이미 20세기에 모두 밝혀졌고 1982년 이래 과학의 눈부신 발전에도 불구하고 더이상 발견된 것이 없기 때문에 이 일곱가지 기전이 노화를 설명하는 모든 것이며 이를 제어하면 인간의 노화를 막을 수 있다는 내용이다. 세포 손실, 조직 위축은 줄기세포 기술로, 암세포는 텔로미어 기전 조작으로, 미토콘드리아 변이는 단백질 조작으로, 죽어서 청소되어야 하는데 죽지 않고 남아 있는 세포는 세포고사 기전 조작으로, 세포 외 기질의 강직은 당화단백 분해 및 조직 공학으로, 세포 외 단백질 응결은 아밀로이드 제거 면역 기전으로, 세포 내 단백질 응결은 리소좀 가수분해 효소로 제어한다는 것이 핵심이다.

그럴듯하게 들리기는 하지만 생물학적 지식이 있는 사람에게는 황당할 정도로 환원적이고 단순한 접근이다. 현재 그들이 가장 중점적으로 밀고 있는 기술은 크라이오닉스cryonics라는 방법인데, 말 그대로 인체 냉동보존이다. 인체 냉동보존 기술은 현재까지 250구의 사체가 냉동 처리되어 보관되고 있다는 점에서 그저 공상과학 영화의 흔한 소재로 여길 만큼 황당한 이야기인 것만은 아니지만, 아직까지 냉동된 사체가 해동된 예는 없다. 언젠가 지금보다 의학 기술이 더 발달해서 냉동 보관된 사람의 병을 고칠 기술이 개발된다면 그 시체들은 다시 부활할 것이다. 적어도 이론상으로는 그렇다.

조직 재생도 단골 메뉴인데, 정기적으로 장기를 재생시키는 시술을 받으면 영생할 수 있다는 개념이다. 실험실에서 세포를 키워 봤다면, 그래서 노인들에게서 얻는 세포들이 배양 접시 위에서 얼마나 힘없이 퍼져버리는지 눈으로 목격한 적이 있다면, 이 역시 황당하게 들리기는 매한가지다.

영생을 꿈꾸십니까? 염치도 없이

현재의 기술로 영생할 수 있는 방법이 단 하나 있는데, 불법이다. 바로 클로닝 기술이다. 폴로 경기의 말들은 클로닝으로 영생을 한다. 아르헨티나의 대표 폴로 선수인 아돌포 캄비아소의 애마 아이

켄 큐라가 경주 중 일어난 사고로 안락사를 당할 당시, 그 세포를 뜯어내면서 시작되어 지금은 대규모 사업으로 성장했다. 암말의 난자에서 핵을 모두 제거하고 큐라의 체세포에서 얻은 DNA를 주입함으로써 얻은 클론들은 큐라의 모든 장점을 다 가지고 있어 아르헨티나의 폴로 경주에서 식은 죽 먹듯 우승을 한다. 클로닝이 금지되어 있는 다른 경주마와 달리, 폴로에서는 그런 규정이 없기 때문에 처음에는 이 과격한 시도에 저항하던 다른 선수들도 어쩔 수 없이 클로닝 사업에 뛰어들고 있다.

말처럼 복잡한 동물이 클로닝된다면, 사람은? 물론 가능하다. 다만 엄격한 법적 규제가 가로막고 있을 뿐이다. 캄비아소는 아르헨티나의 사업가와 함께 아예 폴로 경기용 말 복제를 전문으로 하는 회사 크레스트뷰Crestview를 설립했는데 세계 최고의 말 복제 기술을 보유한 이 회사에는 전 세계 거부들로부터 자신을 클로닝해달라는 의뢰가 빗발치듯 들어온다고 한다. 규제가 돈 앞에 무너지는 모습을 보는 것이 전혀 이상하지 않은 현실에서, 억만장자들의 클론이 지구상을 활보하는 모습을 상상하면 지옥의 묵시록처럼 여겨지기도 한다.

정말로 이런 세상이 오기 전에 반드시 해야 할 질문이 있다. 과연 나를 복제한 클론은 나일까? 내가 가지고 있던 경험, 기억, 생각이 모두 클론에게 옮겨가는 것일까? 큐라의 클론들을 보면 생김새나 성격, 경주 능력은 큐라와 거의 같지만 미묘한 차이들도 있다고 한다.

또 하나 흥미로운 것은 조직 재생이 되었든 클로닝이 되었든 불멸에 실질적으로 관심을 있는 이들은 부자들, 그것도 억만장자들이라는 점이다. 이렇게 해서 클로닝된 억만장자가 100명 있다면 그들에게도 모두 투표권을 주어야 하는 것일까? 신장, 간, 심장도 갈아치우고 뇌까지 갈아치우면서 300년째 살고 있는 억만장자는 300년 동안 투표를 할 수 있는 것일까?

유발 하라리는 『호모데우스』에서 재미있는 비유를 한 바 있다. 기대수명이 500세가 아니고 소박하게 지금의 2배가 조금 안 되는 150세까지만 연장된다면 어떤 일이 생길까? "당신 상사가 120세이고 그의 사고가 빅토리아 여왕 시대에 형성되었다면, 그리고 당신이 그 상사를 앞으로 몇십 년 더 모셔야 한다면 기분이 어떻겠는가?"[1] 정치 영역에서는 그 결과가 훨씬 더 심각하다. "푸틴이 90년 더 그 자리에 있어도 상관없을까? 생각해보니, 인간의 수명이 150년이라면 2016년에도 137세의 스탈린이 여전히 정정하게 모스크바를 통치하고 있을 것이고 중국 공산당 주석 마오쩌둥은 123세의 중년이 되었을 테고."[2]

모든 사람이 불멸을 원하지는 않을 것이다. 아니, 원한다 해도 모두가 가질 수는 없을 것이다. 설령 불멸과 비슷한 기술이 개발되어도 그것을 누릴 수 있는 인간은 한줌도 안 되는 극소수에 지나지 않을 것이다. 사람들의 소망과 달리 적어도 의료의 영역에서만큼은 기술 개발이 단가를 현저히 떨어뜨리는 일이 거의 없다. 개발된 지 18년이 지난, 고가 항암제의 대명사인 백혈병 치료제 글리벡은 오히려 해마다 가격이 더 올라서 영국에서 환자 1인당 연간 1만 8,000파운드였던 약값이 지금은 2만 1,000파운드로 뛰었다. 미국에서는 3만 달러에서 9만 2,000달러로 폭등했다. 심지어는 개발된 지 수십년이 지나 특허권도 없던 오래된 약의 가격이 느닷없이 1,000배 이상으로 폭등하는 일도 일어난다.

비교적 제조 기술이 단순한 약의 영역이 이러하니, 재생 기술에 관해서라면 더 이야기할 필요가 없을 것이다. 이런 첨단 기술이 아니더라도, 같은 질병에 걸린 사람들의 수명을 예측하는 가장 강력한 인자는 그 사람의 경제력이라는 연구 결과는 이미 유명해진 지 오래다. 같은 폐암에 걸려도 부자는 가난한 사람보다 훨씬 더 오래 산다. 돈 앞에서는 죽음도 더이상 평등하지 않다. 이것을 유발 하라리는 명쾌하게 한마디로 정리했다. "평등 끝, 불멸 시작."

우리는 오늘도 매스컴이나 인터넷에서 의학적 성취와 기술적 진보를 매일같이 접한다. 생각하기도 싫고 어려운 죽음 대신 이런 뉴스들은 복음처럼 전파되고, 자연스럽게 노화와 죽음은 우리의 머릿속에 인류가 정복해야 하는 불행으로 자리 잡는다. 억울한 마음이 들 수도 있다.

"누구는 심장을 갈아 끼우고 새사람이 됐대."

우리가 식사 자리에서 누가 아파트 평수를 늘리고 누가 차를 새로 바꾸었다는 이야기에 더해 앞으로 이런 대화에 열을 올리게 될 가능성이 높다. 왜 저 사람은 부자라는 이유로 나보다 50년을 더 살아야 하는 거지? 현재의 과학기술 발전 속도는 정치적, 제도적 합의를 훨씬 앞서기 때문에 이런 미래의 불평등을 해결할 방법은 보이지 않는다.

모든 장기를 갈아 끼운 권력자가 뇌기능은 망가진 채 오래오래 살면서 무소불위의 권력을 휘두르면 어떻게 될까? 뇌도 갈아 끼우면 되지 않느냐고? 안 될 것은 없다. 뇌의 기능이 상당 부분 연결성 connectivity에 의해 결정된다는 것이 알려지고 기억 이식도 이제는 어렵지 않은 기술이 되어버린 현대에서 뇌기능을 대치하는 것은 그리 머지않은 장래에 가능해질 것이다. 그런데 뇌를 갈아 끼운 다음에도 그것이 여전히 나일까?

무엇이 인간인가? 이 대답을 자본의 손에 넘겨주는 한 세상은 곧 영생하는 슈퍼리치들만이 군림하는 지옥이 될 것이다. 한쪽에서는 영생을 이야기하는데 역설적으로 다른 한편에서는 아이를 안 낳아 문제라고들 아우성이다. 그런데 만약 영생이 가능하다면 새 생명이 태어날 필요가 있는 것일까?

인류는 소멸하고 새로 태어남을 반복함으로 유지가 되었다. 우리가 오늘도 희망을 가지고 힘든 하루를 영위하는 이유는 우리 다음 세대가 지금보다 더 나은 미래를 가질 것이라는 믿음이 있었기 때문이다. 나의 소멸이 끝이 아닌 나의 삶의 완결이라는 생각을 가지기 힘든 사회가 되어가고 있지만, 그럼에도 불구하고 우리는 소멸에서 미래를 보는 노력을 계속해야 한다. 그런 노력 없이 존엄사나 연명치료에 대한 논의는 허무할 것이다.

어떤 죽음

드라이빙 미스 노마, 91세 할머니의 버킷리스트

자궁암에 걸린 백발의 91세 할머니가 현대의학 치료를 거부하고 미 대륙 횡단 여행을 떠났다. 여행길에서 새 친구들을 사귀고 자신의 '버킷리스트'를 완성한 노마 바우어슈미트 할머니가 그 주인공이다. 그녀는 병원에 머무르는 대신 길 위에서 여생을 보내는 것을 택했다.

어느 날 소변에서 피가 나오는 것을 발견한 노마 할머니는 초음파 검사를 권유받았다. 검사를 받고 며칠 후 의사들은 그녀에게 자궁에 거대한 종양이 생긴 것을 알려주었다. 65년을 함께 살아온 남편 레오도 암으로 호스피스 치료 중이었다. 레오가 죽고 나자 가족들은 이제 노마 할머니의 치료를 의논하기 위해 병원을 방문했다.

의료진은 통상적인 수순으로 수술, 방사선 치료, 항암치료 등이 필요하다고 설명했다. 설명을 마친 젊은 의사가 노마 할머니에게 의견을 물었다. 할머니는 젊은 의사의 눈을 똑바로 쳐다보며 큰소리로 외쳤다.

"나는 90살이오. 여행을 가겠어요!"

암이 있다는 걸 믿을 수 없을 정도로 놀라우리만큼 활동적인 노마 할머니는 이리하여 아연실색한 의료진을 뒤로하고 아들, 며느리와 함께 미국 일주 여행을 떠난다. 결국 담당 의사도 노마 할머니의 앞길을 축복해주었다. "암 치료를 받으며 어떤 일이 일어날지 의사로서 잘 압니다. 중환자실로, 호스피스 병원으로 옮겨 다니면서 끔찍한 부작용도 겪겠지요. 솔직히 말하면 종양을 제거하는 수술을 견뎌내실 수 있을지도 잘 모르겠어요. 저라도 할머니와 같은 상황에 처했을 때 할머니처럼 할 것 같아요. 여행 즐기세요!"

할머니와 함께 여행을 하던 아들 부부는 페이스북 페이지 '드라이빙 미스 노마'Driving Miss Norma에 그 1년간의 여정을 포스팅했다.[3] 세 가족은 반려견 링고와 함께 레저용 차량에 몸을 싣고 미국 미시간주 프레스크아일에서 출발해 북미 대륙 일주를 시작했다. 항암치료 대신 무기한 여행을 결심한 할머니는 어느 때보다 건강한 모습으로 미국 32개주 75개 도시를 돌며 약 2만 1,000킬로미터에 달하는 거리를 누볐다. 수십만명의 페이스북 구독자가 할머니의 여행 소식을 받아보았다. 이들은 할머니가 굴 맛보기, 물개와 입 맞추기 등 끊임없이 크고 작은 시도를 거듭하는 모습을 보고 "최선을 다해 삶을 살아갈 용기와 위로를 얻는다"라며 열광했다. 이후 이 이야기는 책으로도 출간되어(한국어판은 팀·라미 『드라이빙 미스 노마』, 흐름출판 2018) 전 세계 많은 독자들에게 감동을 주었다.

노마 할머니와 가족이 여행을 통해 얻은 가장 값진 선물은 '매 순간의 소중함'이었다. 할머니는 언론 인터뷰에서 여행 중 어디가 가장 좋았느냐는 질문을 받을 때마다 "바로 이곳"이라고 답했다. 아들 내외도 "상상도 할 수 없었던 여행"이라며 "삶과 사랑, 그리고 현재의 순간들을 온 힘을 다해 껴안는 법을 배웠다"라고 소감을 전했다. 암 진단 후 한번도 의사를 다시 찾은 적이 없는 할머니는 인위적인 생명연장을 원하지 않는다고 밝혔다. 그녀는 "병실에서 생의 마지막을 맞는 대신, 길을 나서길 잘했다고 생각한다. 내 여행이 삶을 어떻게 마무리할 것인가에 관한 사람들의 생각에 영감을 줄 수 있으면 좋겠다"라며 작은 소망을 내비쳤다.

노마 할머니와 아들 내외는 즐거운 시간을 함께 보내며 서로를 알아갔다. 아들 내외는 여행을 즐기는 할머니의 행복한 웃음을 사진으로 남겼고 할머니를 통해 깨달은 인생의 지혜를 기록했다. 2015년 8월 여행을 시작한 할머니는 1년 후 편안하게 숨을 거두었다. 할머니의 별세를 알리는 글에는 "인생은 붙잡고 있는 것과 놓아주는 것의 균형 잡기"라는 시인 루미의 말이 담겼다.[4]

언제 죽을지 몰라도 괜찮아

체리 할머니는 87세로 세상을 떠나기 전까지 이런저런 병으로 25년간 병원 신세를 졌다. 건강이 부쩍 기울어가는 와중에도, 나쁜 소식을 들을 때조차 항상 유쾌했던 그녀는 의료진들에게 가장 인기 있는 환자였다. 그녀는 특히 죽음을 앞두고 주변 사람들에게 많은 것을 가르쳐주었다.

1930년대에 출생한 그녀의 가족은 자매들까지 모두 담배를 피웠고 그녀도 20세 때는 하루에 한갑 이상의 담배를 피웠다. 그녀가 담배를 끊은 것은 1995년, 미국 공중위생국 장관(우리나라로 치면 보건복지부 장관) 루터 테리 박사가 담배를 피우면 건강을 해친다는 것을 처음으로 보고한 지 무려 30년이 흐른 후였다. 그녀의 폐는 이미 큰 손상을 입은 상태였다. 60세 때는 폐활량이 35퍼센트밖에 남아 있지 않아 평지를 걸을 때도 숨이 가빴다. 담배의 해악은 폐뿐 아니라 심장에 혈액을 공급하는 관상동맥, 그리고 심장에마저 나타났다.

그래도 체리 할머니는 항상 인생을 풍요롭고 낙관적으로 살았다. 5년 전 남편이 뇌종양으로 숨질 당시 할머니는 병원에서 제공할 수 있는 좋은 치료와 나쁜 치료를 모두 목격했다. 그녀는 잠시 상황을 나아지게 할 뿐 환자에게 의미 있는 이익은 가져오지 않는 수많은 의료행위를 지켜보면서 자신이 원하는 것이 무엇인지를 알았다. 그녀는 가족과 친지, 의료진에게 농담처럼 말하곤 했다. "내 몸에 무슨 일이 생겼을 때 그게 자동차로 치면 펑크 난 타이어를 가는 정도의 일이라면 뭐, 해도 됩니다. 하지만 그 이상의 대수리가 필요한 일이라면 난 안 할래요." 하지만 바꿔 말해 '펑크 난 타이어'가 사람으로 치면 어디까지를 의미하는지, 그리고 그것을 정하는 것이 얼마나 어려운지는 의료진들조차 알지 못했다.

죽기 몇달 전 다리가 퉁퉁 부어서 병원을 찾은 체리 할머니에게 의료진은 일련의 검사를 시행하고 혈색소 수치가 정상의 반밖에 안 되는 것을 발견했다. 수혈을 하고 이뇨제를 투여한 후 상태는 이내 좋아졌다. 체리 할머니는 빈혈이 펑크 난 타이어라고 생각했지만, 의료진들은 더 심각한 원인이 있을 것이라고 판단하고 어떻게 해서든 이런 심한 빈혈이 생긴 이유를 찾으려고 했다. 최악의 경우, 만일 암이 있다면 그때는 어쩔 수 없겠지만 대수롭지 않은 이유라면 다시 정상적인 생활로 돌아갈 수 있지 않겠는가? 의사들은 치료법이 있건 없건 증상의 원인을 찾지 않고는 못 배기는, 불확실성을 못 견디는 습성이 있다. 그러나 체리 할머니는 그런 불확실성이 전혀 불편하지 않았다. 할머니는 지난 생애에 만족했고 억지로 여명에서 몇년, 심지어는 몇달을 더 짜내는 데는 관심이 없었다.

의료진의 입원 권유를 거절하고 집에서 편안히 지내던 그녀는 몇주 후 숨이 차서 다시 병원을 찾았고, 이번에는 입원을 했다. 간으로 전이된 위암이 발견되었고 진단은 확실해졌지만, 치료가 문제였다. 치료를 하면 반응은 있을 것인가? 얼마나 더 살 수 있을 것인가? 이번에도 체리 할머니는 불확실성을 끌어안고 집으로 가버렸다.

호스피스의 도움으로 그녀는 3주간 자신의 생을 정리했다. 제일 먼저, 멀리 떨어져 있는 요양원에 입원한 97세 오빠를 방문했다. 60년간 사귀어온 지기들로 이루어진 친구 모임에 나가 저녁을 먹었고 평소 먹고 싶었는데 못 먹은 버킷리스트의 음식을 다 맛보았다. 먹던 약을 모두 중단하고 가족 한 사람 한 사람에게 작별 인사를 했다. 그리고 그녀는 조용히 자면서 숨을 거두었다. 의사들은 그녀의 암울한 예후에도 불구하고 '그래도 끝까지 검사를 해서 원인을 찾았더라면' '끝까지 치료를 했더라면' 하면서 의료적 노력을 중단하는 것이 가져오는 불확실한 미래에 불안해했지만 체리 할머니에게는 이런 불확실성이 전혀 문제되지 않았다. "나는 지금까지 잘 살았어요. 더이상 알고 싶지 않아. 이제 끝인 거지. 받아들여요." 더이상 캐묻지 않고 맞이하는 죽음이 어떤 경우에든 확실함을 추구하는 것보다 낫다는 그녀의 확고한 신념은 의료진들에게 많은 교훈을 남겼다.[5]

스위스로 가는 마지막 여행

데이비드 구달 박사는 호주에서 가장 유명한 학자 중 한 사람이었다. 영국에서 태어난 구달은 호주, 미국 등 여러 나라에서 교수생활을 했다. 식물학계에서 굵직한 연구 결과들을 발표하며 왕성한 업적을 쌓았고, 특히 식물군생에 수치분석 기법을 도입한 생태학 분야의 대가였다. 70년간 연구 활동을 이어온 그는 102세까지 에디스코완대학의 명예 연구교수로 재직하면서 학술지 『에코시스템스 오브 더 월드』*Ecosystems of the World* 편집장을 역임하는 등 세계에서 가장 나이가 많은 학자로 활약했다.

어느 날 고령인 그가 1시간 30분 거리의 사무실로 출퇴근하는 상황을 우려한 대학 측에서 퇴임을 권고했다. 대중교통을 여러번 갈아타야 하는 등 무리가 따랐기 때문이다. 이에 구달 박사는 "고령 노동자에 대한 차별"이라고 항의했고, 결국 대학 측은 집에서 가까운 새 사무실에서 일하는 조건으로 퇴임 권고를 철회했다.

하지만 익숙한 환경에서 익숙한 사람들과 일하는 것이 가능하지 않게 되자, 구달 박사의 심경에 변화가 생겼다. 한 방송사와의 인터뷰에서 그는 이 상황을 "내가 이렇게 나이를 많이 먹어서 일어난 일"이라고 회고했다. 그럼에도 불구하고 사무실로 출퇴근을 하며 연구 활동을 지속하던 그도 결국 시간의 힘은 거스를 수 없는 시점에 이르렀다. 운전과 취미 삼아 하던 연극 활동도 할 수 없게 되자 구달 박사는 의기소침해졌고, 삶이 더이상 행복하지 않은 시기로 걸어 들어가고 있었다. 이윽고 초고령에도 활동을 잃지 않는 노인들에게 흔히 발생하는 낙상 사고를 겪은 후 남의 도움을 받아야만 생활할 수 있는 단계가 되었다. 그렇게 활동적이던 사람에게 남의 손에 의탁해야 하는 삶은 고통 그 자체였다. 104번째 생일이던 2018년 4월 4일 호주 방송사와의 인터뷰에서 그는 "이 나이까지 살다니 정말 유감이다"라고 밝혔다. "나는 행복하지 않다. 죽고 싶다. 죽는다는 게 특별히 슬픈 일은 아니다. 진짜 슬픈 것은 죽고 싶은데도 그러지 못하는 것이다."[6]

구달 박사는 20년 동안 호주에서의 안락사 합법화를 위해 힘썼는데, 관련 단체인 엑시트 인터내셔널Exit International의 회원으로도 활동했다. 호주에서 안락사가 합법화된 주는 빅토리아주 단 한곳뿐이었는데, 그나마도 암과 같은 말기 질환이 있는 경우로 제한되어 구달 박사처럼 단지 노환인 경우에는 허용되지 않았다. 결국 2018년 4월 30일 구달 박사는 안락사가 합법인 스위스로 여행을 가서 죽겠다고 선언한다. 인터넷 모금으로 스위스행 편도 항공료와 여행 경비 1만 7,000호주달러가 걷혔다. 구달 박사는 엑시트 인터내셔널의 동료와 함께 생애 마지막 여행을 하게 되었다. 죽기 전 그는 프랑스에서 친지들을 만나 함께 동행할 것이라고 밝혔다.

구달 박사는 자신이 안락사하기로 결심한 것을 대중이 이해하기를 바란다며 말했다. "빨리 끝날수록 좋을 겁니다. 나와 같은 노인들이 죽을 권리까지 인정될 때 비로소 온전한 시민권을 갖는 거라고 생각해요. 사람이 죽겠다는 선택을 하면 그것으로 충분하지 누가 중간에 끼어들어 이를 방해할 수는 없는 법입니다." 여행을 떠나기 전까지 구달 박사는 생애 마지막 편지를 손보며 남은 가족들과 오랜 대화의 시간을 가졌다. 구달 박사와 스위스로 동행을 한 엑시트 인터내셔널의 동료 캐럴 오닐은 "박사님이 딱히 우울하거나 비참하다고 느끼는 건 아니에요. 다만 몇 년 전까지만 해도 있었던 삶의 작은 광채가 이제는 완전히 사라졌을 뿐이죠"라고 말했다.

구달 박사는 프랑스에서 친지들을 방문한 후 스위스 리스탈로 향했다. 그곳에서 의사들과 안락사 절차를 논의했고, 기자회견에서 안락사에 대한 자신의 견해를 피력했다. 2018년 5월 10일 그는 평소 즐겨 듣던 베토벤의 교향곡 「합창」을 들으며 가족들이 지켜보는 가운데 자기 손으로 넴부탈이 주입되는 스위치를 누른 뒤 죽음을 맞이했다.

세상에 떠들썩하게 알리지 말라

"이 몸뚱아리 하나를 처리하기 위해 소중한 나무들을 베지 말라. 내가 죽으면 강원도 오두막 앞에 내가 늘 좌선하던 커다란 넙적바위가 있으니 남아 있는 땔감 가져다가 그 위에 얹어놓고 화장해달라."

　법정 스님은 2007년 폐암을 진단받은 후 "이 병고도 나를 찾아온 친지 중 하나"라며 병과 더불어 지내겠다는 뜻을 밝혔지만 주변 사람들의 간곡한 권유로 치료를 시작했다. 수술할 단계를 지난 암이었다. 스님은 미국의 저명한 암 병원인 MD앤더슨병원에서 100일 동안 방사선 항암치료를 받으면서 체중이 40킬로그램까지 줄었다가, 2008년 3월 초에 병원 측으로부터 "100퍼센트 회복했다"는 판정을 받고 건강한 모습으로 귀국해 강원도로 갔다. '완치'로 착각할 수 있는 뉘앙스였지만 어차피 수술하지 못한 암이 완치된다는 건 난센스다. 몇주 후 암이 척추로 전이된 사실이 확인됐다. 이후 강원도와 제주도에서 요양하며 민간요법 등으로 투병생활을 계속하던 스님은 2010년 1월 삼성서울병원 중환자실에 입원했고, 한달 넘게 치료를 받다가 길상사로 옮겨 입적했다. 2010년 3월 11일, 향년 78세였다. 암의 진단과 투병 과정은 법정 스님의 평소 신념과는 달랐고 웰다잉과도 거리가 멀었으나 입적을 준비하며 남긴 말씀들은 우리에게 시사하는 바가 크다.

　"평소에 말한 바와 같이 번거롭고, 부질없으며, 많은 사람들에게 수고만 끼치는 일체의 장례의식을 행하지 말고, 관과 수의를 따로 마련하지도 말며, 편리하고 이웃에 방해되지 않는 곳에서 지체 없이 평소의 승복을 입은 상태로 다비하여 주고, 사리를 찾으려고 하지 말며, 탑도 세우지 말라"라는 말로 간소한 장례 절차조차 거부하셨고 무덤조차 만들지 않기를 당부하셨다.[7] 또한 류시화 시인은 자신의 홈페이지에 "타고 남은 재는 봄마다 나에게 아름다운 꽃 공양을 바치던 오두막 뜰의 철쭉나무 아래 뿌려달라. (…) 어떤 거창한 의식도 하지 말고 세상에 떠들썩하게 알리지 말라"라던 법정 스님의 유언을 전하며 애도의 뜻을 표했다.[8]

길상사에 따르면 법정 스님은 "모든 분들에게 깊이 감사드립니다. 어리석은 탓으로 제가 저지른 허물은 앞으로도 계속 참회하겠습니다. 제 것이라고 하는 것이 남아 있다면 모두 맑고 향기로운 사회를 구현하는 활동에 사용하여 주십시오"라는 유언을 남겼고, 입적 전날에는 "이제 시간과 공간을 버려야겠다"는 뜻을 밝혔다고 한다. 그동안 풀어놓은 말빛을 다음 생으로 가져가지 않겠다는 뜻에 따라 길상사는 스님의 이름으로 출판한 모든 출판물을 더이상 판매하지 않기로 했고, 2010년 10월 이후 그가 남긴 모든 저서는 절판되었다.

열반 후 순천 송광사에서는 일체의 장례의식을 생략하고 다비를 진행했고, 유골은 49재 후 인근 산에 산골散骨되었다. 관과 수의를 따로 마련하지 말고, 승복을 입은 상태로 다비茶毘하라는 유지를 실행하기는 힘들었다. 다비장까지 한참을 걸어 올라가야 하는 상황에서 관이 없으면 시신의 사지를 잡고 가야 하는데 그럴 수는 없어 스님이 평시 쓰던 대나무 평상에 눕혀 운구했다고 한다.[9]

좋은 죽음이란

앞서 소개한 네분의 마지막 모습이 각자에게 생의 여명을 어떻게 보낼지, 죽음을 어떻게 맞이할지를 결정하는 데 도움이 되었기를 바란다. 그렇다면 좋은 죽음이란 무엇일까? 웰다잉에 대한 논의가 활발해지면서 동서양의 많은 학자가 좋은 죽음을 정의하려고 시도했다. 영국에서 1999년 발간된 『밀레니엄 백서』*Millennium Papers*는 다음 열두가지를 좋은 죽음의 조건으로 제시했다.[10]

- 죽음이 언제 닥칠지 예상할 수 있다.
- 앞으로 일어날 일을 통제할 수 있다.
- 죽음에 임했을 때도 존엄성과 사생활을 보호받는다.
- 통증을 완화하고 증상을 관리받을 수 있다.
- 죽을 장소에 대한 통제와 선택이 가능하다.
- 전문가로부터 조력을 얻는다.
- 영적·정서적 요구를 충족한다.
- 어디에서든 호스피스 간호를 받을 수 있다.
- 임종 시 함께할 사람을 선택할 수 있다.
- 생명유지장치를 쓸 것인지 사전에 결정하고, 그 결정을 존중받는다.
- 작별을 고할 시간을 갖는다.

• 언제 떠날지를 예상하고, 무의미한 생명연장을 하지 않는다.

한편 노인들이 생각하는 좋은 죽음은 다음과 같다.[11]

• 질병 없이 적절한 수명, 천수를 누린다.
• 자식이나 배우자를 먼저 보내지 않고, 부모 노릇을 다하여 자손들이 잘 사는 것을 보고 죽는다.
• 죽을 때 자손들에게 부담이나 폐를 끼치지 않는다.
• 주변 사람들을 배려한다.
• 가족이나 자녀가 지켜보는 가운데 맞이한다.
• 집에서 준비되고 편안한 상태로 고통 없이, 잠들 듯 죽음을 맞이한다.
• 하고 싶은 것을 다 하고 삶을 마무리한다.

그밖에 일본에는 '갑작스러운 죽음'sudden death 으로 잠자듯 고통받지 않고 죽는 폿쿠리 죽음ぽっくり死을 비는 사원이 있는가 하면, 싱가포르에서는 죽음의 장소를 중요하게 여겨 병원이 아닌 집에서의 죽음을 좋은 죽음이라고 생각한다. 특히 병원에서 치료를 받다가도 죽는 순간에는 집으로 옮겨지기를 바라는 환자들 때문에 의료진이 적절한 퇴원 시기 등을 가늠하느라 애를 먹는다고 한다. 핀란드에서 일반인들을 대상으로 열린 공개 포럼 '좋은 죽음이 무엇인

가'에서는 안락사를 법제화할 것인가에 대한 논의에서 시작해 간호사 수와 호스피스 기관이 부족한 현실과 노후에 국가 재정이 부족해지는 상황에 대한 우려 등 죽음을 둘러싼 다양한 의견이 오갔다.[12]

연세대학교 간호학과 민들레, 조은희 교수 팀의 연구는 좋은 죽음을 위해서는 임종 준비기, 임종기, 임종 후에 일련의 준비가 필요하다고 제언한다.[13]

□ 임종 준비기

• 살아 있는 시간 동안 잘 살기: 죽음을 누구나 경험하는 삶의 과정으로 받아들이며 살아 있는 시간 속에서 건강하게 더욱 잘 살기 위해 노력한다. 몸에 좋은 운동을 하고 조금 더 좋은 환경에서 살기 위해 주거 환경을 변화시킨다. 버킷리스트를 실천하며 후회 없는 삶을 살고 사회봉사 등을 통해 사후 사람들에게 좋은 사람으로 기억되며 가족, 친지, 가까운 이들과 갈등을 갖지 않고 그들과의 시간을 소중히 쓰기 위해 노력한다.

• 죽음을 준비하기: 죽음을 삶의 결과로 인식하며 시간이 흐름에 따라 저절로 오는 것이 아니라 능동적으로 준비해야 하는 것으로 받아들인다. 죽음에 임박하지 않은 사람 또는 건강한

노인들도 죽음에 관한 교육을 통해 죽음에 대한 부정적인 인식과 태도를 줄이고 진지하게 생각해봄과 동시에 유언장 남기기, 장례 준비 및 사후 과정에 대한 정보를 얻고 미리 경험해봄으로써 죽음에 대한 불안을 줄이고 편안하게 수용하기 위해 노력한다.

□ **임종기**

• 무의미한 삶의 연장 피하기: 누구나 건강한 삶의 시간은 길기를 바라고, 반대로 건강하지 않은 삶의 시간은 짧기를 원한다. 병이 들거나 나이가 들어 죽음이 가까이 왔을 때는 죽음까지의 시간 역시 길지 않기를 바란다.

노인과 간호사를 대상으로 시행한 연구에서 노인은 87.7퍼센트, 간호사는 90.8퍼센트가 생명연장에 반대하는 것으로 드러났다.[14] 그들은 스스로 의사 표현을 하지 못하고, 기계에 의존한 채 살아가는 것을 두려워하며, 사람으로서의 역할을 하지 못하고 가족들에게 부담을 안기기를 원치 않았다. 그러나 이를 피하기란 결코 쉽지 않다. 특히 병원이라는 거대한 시스템 안으로 들어가면 본인의 의사와는 무관하거나 심지어 그에 반하는 상황에 처하는 경우가 대부분이다. 누구도 어디에서 멈추어야 하는지를 정해주지 않는다. 결국 자신이 정하는 수밖에 없다. 현재로서는 사전연명의료의향서가 유일한 방법이다.

• 존엄성: 죽어가는 순간에 단지 환자 내지 죽어가는 이로 인식되기보다는 한 사람의 인간으로서 가족, 의료진과 의사소통하고, 본인의 죽음에 대해 내리는 결정을 존중받는다.

• 편안함: 통증이 없고, 신체적 증상에 의해 고통받지 않는 물리적으로 편안한 상태, 그리고 심리적·영적으로 편안한 상태, 평온한 분위기에서 가족과 마지막 시간을 함께하며 이별을 고할 시간을 갖는다.

• 의료진과 상호작용: 의료진의 인성과 전문성, 환자와의 신뢰관계 형성은 환자와 가족들에게 있어 좋은 죽음을 경험하게 하는 매우 중요한 요소다. 의료진이 제공하는 질 높은 진료, 간호와 정보는 환자와 가족이 느끼는 죽음의 공포를 감소시키며 생의 마지막 단계에서 신체적·심리적 안정감을 줄 수 있다.

☐ **임종 후**

• 남겨진 사람들: 환자가 고통 속에서 평화롭지 못하게 죽음을 맞이할 때, 환자와 가족이 원활한 의사소통을 하지 못하거나

정보 전달이 제대로 이뤄지지 않을 때, 응급실처럼 사생활이 보호되지 않는 환경에서 서로 작별의 시간조차 갖지 못하고 환자가 존중받지도 못한 채 임종을 맞이했을 때, 남겨진 가족들은 죄책감을 느끼게 된다. 따라서 어떤 형태로 임종을 맞을지에 대해 환자 당사자는 물론 가족들 간의 많은 대화가 필요하다.

나는 여기에 덧붙여 좋은 죽음을 위해 반드시 챙겨야 할 것 세가지를 추가하고 싶다. 죽음에 대한 준비는 아무리 해도 지나치지 않기 때문이다.

1. 재산을 정리한다

재산 정리는 재산이 많은 사람에게만 해당되는 것은 아니다. 서양 사람들은 자신에게 소유물이 있는 경우 유언에 누구에게 무엇을 줄지를 반드시 기재한다. 우리나라에서 재산 정리가 더 중요한 이유는 우리의 상속에 관한 법에는 '유류분'이라는 개념이 있기 때문이다. 즉 사망한 이의 직계가족이라는 이유만으로 자동적으로 재산의 일부에 대한 권한을 주장할 수 있다. "저런 자식도 재산을 줘야 하나?"라는 부모의 마음과 무관하게 대한민국 민법은 "저런 자식도 줘야 한다"라는 판결을 내리고 있는 것이다. 원래는 장자 위주의 재산 상속이 가진 폐단을 막기 위한 취지로 시행된 법안이지만 현재는 재산 분쟁 소송이 급증하는 원인이 되고 있어 최근 위헌 심사가 진행되고 있다고 한다. 아무튼 이렇게 부모의 눈 밖에 나서 재산상의 불이익을 당한 사람이 재산 소송을 일으키는 경우가 많다. 민법에는 자녀의 수에 따라 각자가 가져갈 수 있는 최소한의 유류분이 명시되어 있다. 꼼꼼히 살피고 잘 계산해서 재산 정리를 하지 않으면 종국에는 상속분을 두고 싸움이 일어나게 된다. 재산 싸움의 끝은 서로 연락도 끊어버리는 남보다 못한 가족, 이제는 남이 된 가족이다. 이런 일을 미연에 방지하기 위해 계산하고 정리한 뒤 법적으로 인정되는 서식에 맞춰 가급적 널리 알려야 한다. 현재로서는 가족들 입회하에 공증을 받는 방법이 가장 확실하다.

2. 사전연명의료의향서 작성이 끝이 아니다

사전연명의료의향서를 작성하는 것만 해도 대단한 일을 한 것 같아 이제 다 끝났다고 생각하면 안 된다. 자동차를 사기 전에 계약서만 읽어보고 싸인을 하는 사람은 없을 것이다. 운전자들의 평을 꼼꼼히 읽어보고 나의 여건에 비추어 그 차가 적합한지 여러번 생각한 다음 시승까지 해보고 사는 것이 대부분이다. 하물며 죽음에 관한 결정을 서식 한장 서명한 것으로 다 했다고 생각한다면 큰 오해다. 죽음은 매우 다양한 상황으로 닥쳐온다. 그리고 '암'에 걸린 사람만 죽음을 준비해야 하는 것은 아니다. 병사는 물론 노환이나 사고사 등 다양한 상황에 따라 각각 어떻게 죽음을 준비해야 할지를 정해야 한다. 그리고 그 준비에는 내가 어떤 경우에는 병원에 더이상 가지 않겠다라는 결정이 포함되어야 한다. 다시 한번 강조하지만 병원에 발을 들이는 순간 죽음은 치료해야 하는 질병이 되고 만다.

3. 죽음의 장소를 결정한다

대부분 집에서 죽는 것을 선호하겠지만 불행히도 경제적 여유가 없다면 현실적으로 가능하지 않다. 집에서 죽기 위해 필요한 자원(공간, 돌볼 사람 등)을 가늠해보고 감당이 되지 않으면 결국 요양원을 택해야 한다. 죽음은 병이 아니기 때문에 이때는 요양병원이 아닌 요양원을 선택해야 한다. 불행히도 요양원에 자리가 없어 요양병원을 선택하게 되어도 이곳이 나의 마지막을 보낼 장소라는 것을 그곳 의료진에게 명확히 밝혀야 한다. 그러지 않으면 요양병원도 병원이니만큼 조금만 상태가 나빠지면 바로 상급 종합병원으로 환자를 전원하기 때문이다. 상급 종합병원으로 이송되면 결국 또 연명치료 하네 마네 논의로 돌아갈 수밖에 없다. 많은 사람들이 죽음의 준비라고 생각하는 묏자리와 수의는 사실 중요하지 않은 부분이다. 그건 남은 사람들이 어떻게든 할 수 있는 아주 간단한 일일 뿐이다.

집에서 죽고 싶어요

그날이 오면

노인들은 특별한 병이 없어도 정해진 단계를 거쳐 쇠약해진다. 그 속도나, 쇠약해지는 기간은 개인에 따라 다르다. 누구나 원하는, 하루만 아프고 죽는 그런 일은 사고사나 급사가 아닌 다음에는 일어나지 않는다. 가족 중에 노인이 있다면 가족 전체가 미리 죽음을 맞이할 마음가짐과 계획 및 절차 등에 대한 준비가 반드시 필요하다.

죽음의 단계에서 가장 먼저 나타나는 현상이 보행 실조다. 부모가 걷기를 현저히 어려워하면 원인을 찾음과 동시에 노쇠가 진행되는 중요한 한 고비에 이르렀음을 알고 준비를 해야 하며, 그것을 당사자들에게도 어느 정도 주지시켜야 한다. 물론 쉬운 일은 아니다. 그렇다고 잘 못 걷는 노인들을 안전상의 이유로 집에만 있으라고 해서는 안 된다. 후쿠시마 대지진 때 실시된 연구 결과는 매우 의미심장하다. 당시 일본 후생성은 후쿠시마 지역의 노인들을 대상으로 대지진 전후의 건강 상태를 조사해 발표했다. 지진 대비가 잘되어 있는 나라니만큼 많은 노인이 신속히 대피를 하고 구호처에서 식량과 잠자리를 제공받았음에도 불구하고, 대지진 1개월 후 노인들의 신체 건강은 급격히 저하되어 있었다. 연구진은 그 이유를 구호처에서 수용생활을 하면서 외출 등 신체 활동을 하지 못한 데서 찾았다. 노인들의 신체기능은 대체로 완만한 속도로 감소하는데 어떤 계기, 즉 뇌졸중이나 골절 등을 겪으면 갑자기 절벽으로 떨어지듯 급격히 저하된다면서 한달간의 구호생활이 이런 효과를 가져온 것 같다고 설명했다. 다시 말해 일상적인 외출과 같은 가벼운 신체 활동을 못하게 되는 것만으로도 중풍 못지않은 급격한 신체기능 저하가 온다. 결국 '밥 수저 놓을 때까지 계속 움직여야' 하는 것이 인간의 신체다(도로에서 어린이만큼이나 노인을 보호해야 하는 이유다).

노인들이 외출을 못하는 단계가 되면 가족들은 첫번째 준비를 해야 한다. 혼자서는 장보기나 병원 출입이 불가능해지기 때문에 누군가가 옆에서 식사 준비를 돕고 통원 치료할 때 필요한 차량과 보행 보조도구(보행기나 휠체어)를 준비해야 한다. 이 단계가 되면 노인장기요양보험의 도움이 필요해진다.

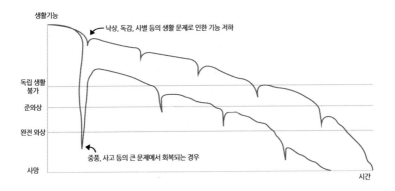

노인들의 급격한 신체기능 저하

생활기능

낙상, 독감, 사별 등의 생활 문제로 인한 기능 저하

독립 생활 불가

준와상

완전 와상

중풍, 사고 등의 큰 문제에서 회복되는 경우

사망

시간

　　노인장기요양보험은 고령이나 노인성 질병 등으로 인하여 혼자 힘으로 일상생활을 영위하기 어려운 대상자에게 요양보호사나 요양시설 등을 통해 신체 활동 또는 가사 지원 등의 서비스를 제공하는 제도다. 궁극적으로 혼자 힘으로 일상생활을 하기 어려운 노인들에게 장기간의 요양 급여를 제공하여 노후의 건강 증진 및 생활 안정을 도모하고 그 가족의 부담을 덜어줌으로써 국민 삶의 질을 향상하는 것이 목적이다.

　　수급 대상자는 65세 이상의 노인 또는 치매·뇌혈관성 질환 등 노인성 질병을 앓는 65세 미만의 환자 가운데 6개월 이상 혼자서 일상생활을 수행하기 어렵다고 인정되는 사람이다. 장기요양 대상자로 인정받기 위해서는 건강보험공단에 의사의 소견서를 첨부하여 장기요양 인정 신청을 해야 한다. 이후 공단 지원이 방문하여 수급 자격이 되는지를 조사한 후 등급판정위원회에서 등급을 결정한다. 기존의 노인복지 서비스 체계가 주로 국민기초생활보장 수급자 등 저소득층을 대상으로 운영되어온 것과 달리 노인장기요양보험은 소득에 관계없이 심신기능 상태를 고려한 요양 필요도에 따라 장기요양 인정 대상자에게 서비스가 제공되는, 좀더 보편적인 체계다.[16]

이런 시기가 오면 가장 먼저 결정해야 할 문제는 사실 어디에서 누가 노인을 돌볼 것인가이다. 전통적으로는 집에서 자식들이 돌보았지만 그런 것을 기대할 수 있는 시대는 이미 끝난 지 오래다. 죽음을 늘 곁에서 보는 완화의료 종사자나 요양사들은 입을 모아 "집에서 돌아가시는 것이 최선"이라고 말한다. 본인이 항상 보던 벽, 가구, 창문, 사람들을 바라보며 삶을 마치는 것이 환자에게 가장 좋은 일이라는 것인데 그게 말처럼 쉽지는 않다. 집에 누군가가 붙어서 노인을 계속 돌봐주어야 하기 때문이다. 그뿐만 아니라 환자용 침대를 들이고 환자가 안온히 거할 수 있는 상당한 공간이 필요하다. 즉 독립적인 넓은 방 한개가 있어야 하는데 좁은 아파트 생활에서는 실현하기 어려운 조건이다. 결론적으로 집에서 죽는 것은 희망사항일 뿐 대다수의 경우 경제적인 이유로 다른 길을 선택하게 된다.

다른 길은 요양병원이나 요양원 등의 시설 입소다. 둘의 가장 큰 차이는 의사, 간호사 등의 상주 의료 인력이 있느냐 없느냐다. 요양병원은 말 그대로 병이 있는 사람을 진료하는 병원이기 때문에 반드시 노인만 입원하는 것이 아니고 골절 등으로 3개월 이상의 장기 입원이 필요한 젊은 환자도 요양병원에 입원하게 된다. 그러나 요양병원은 말은 병원이지만 엄밀히 말하면 환자의 적극적인 치료가 이루어지는 곳은 아니다. 입원해 있던 환자에게 문제가 발생하면 바로 상위 병원으로의 전원이 이루어진다.

　요양원이 노인장기요양보험 2등급 이상이어야 입소가 가능한 반면 요양병원은 건강보험심사평가원에서 권고하는 병명과 입원 기준을 충족한다는 진단서가 있어야 입원이 가능하다. 그러나 요양병원의 입원 기준은 엄밀히 지켜지지 않는 경우가 많아 입원할 필요가 없는 환자들이 요양병원에 입원하고 있는 것이 사회 문제가 되고 있다. 즉 요양원에 들어갈 정도의 상태는 아니지만 집에서 수발을 할 수 없는 환자들이 국민건강보험을 이용해 요양병원에 입원하고 있는 것이 현실이다. 집에서의 기거가 불가능한 노인들 중 한두가지 질병을 가지지 않은 사람이 거의 없기 때문에 비교적 느슨한 입원 기준을 이용해 입소하게 되는 것이다. 요양원도 노인장기요양보험 2등급 이상이어야 하지만 3~4등급도 예외적으로 입소를 인정해주는 사례도 있다. 현재로서는 두 시설 모두 가족을 대신해서 환자 수발 업무를 대행하는 기관이라고 보면 크게 틀리지 않는다. 하지만 원칙적으로 삶의 마지막을 보내는 장소는 요양병원이 아닌 요양원이 되어야 한다. 죽음은 병원에서 치료하는 실병이 아니다.

시설을 선택할 때 고려해야 할 사안들을 정리해보면 다음과 같다.

1. 비용

요양병원은 건강보험, 요양원은 노인장기요양보험에 의해 비용이 커버된다. 그러나 가장 기본적인 사안들을 벗어나면 모두 비급여 처리가 되어 환자가 직접 돈을 내야 한다. 노인장기요양보험에 의해 보장이 되는 액수는 4인실 기준으로 1인당 1일 5만 5,000원~6만 5,000원이다. 가장 큰 비용은 간병인 비용인데 규정에 따르면 환자 2.5인당 1인을 권고하고 있으나 간병인을 이 기준대로 채용하고 있는 시설은 거의 없다. 간병인 1인을 한 사람이 한달간 고용하려면 최소한 220만원이 드는데 2.5인 기준이라면 1인당 부담해야 하는 액수는 최소 월 90만원 정도가 된다. 그나마 인건비가 싼 중국 교포의 경우가 그렇다. 따라서 이렇게 규정대로 간병인을 두는 경우 본인이 부담해야 하는 다른 비용들을 포함하면 1인당 입원비용은 월 150만원을 훌쩍 넘기게 된다. 일반적인 요양원 혹은 요양병원의 월 비용이 100~120만원 정도라면 간병인을 기준에 맞춰서는 도저히 둘 수가 없는 것이 현실이다.

간병인들은 간병인들대로 고된 업무에도 불구하고 급여 수준이 낮아 한곳에서 오래 근무하지 못하고, 시설보다는 재가 요양사 일을 선호한다. 언론에서 심심치 않게 보도되는 사례들, 환자를 결박

해두는 것, 학대, 위생상태 불량, 불결 등의 문제는 결국 사람을 싼 값으로 부리는 데에서 비롯되는 부작용이다. 국공립 시설 중 1등급의 경우 한달에 70만원 정도로 모든 비용을 커버해주는 곳도 있지만 1년 정도 기다려야 하는 등 국공립 어린이집이나 마찬가지로 입소가 매우 어렵다.

2. 시설

의외로 시설은 그리 중요한 것은 아니다. 요양병원의 경우 4인실을 선택할 것인가, 비급여인 1~3인실을 선택할 것인가가 가장 중요한데 유감스럽게도 이것 역시 전적으로 비용의 문제다. 1~3인실 입소 시 별도로 월 90~300만원 정도의 병실료가 발생한다. 1인실의 경우 비용은 시설마다 달라지는데 고위층 인사들이 방문하는 것으로 유명한 B병원의 경우 1인실 1일 입원료는 27만원이다.

이 상황에서 가장 중요한 것은 사람의 손길이기 때문에 간병 인력에 대한 비용을 충분히 지불할 수 있다면 나머지 문제들은 사실 그리 중요하지 않다. 부모님을 위해 내가 할 수 없는 일을 대신 해주는 간병 인력에 대한 정당한 대우는 아무리 강조해도 지나치지 않다. 시설이 어디에 위치해야 하는지, 어떤 서비스를 제공하는지 등의 문제는 사람의 문제에 비하면 모두 이차적이고 호불호에 불과하다. 2018년 기준 우리나라의 최저 임금을 감안해서 계산하면 24시간 환자를 돌보는 간병인 1인의 임금은 월 500만원이 넘게 된다.

2014년 5월 28일 전남 장성 효사랑병원에서 화재가 발생했다. 화재는 0시 27분경 다용도실에 들어간 치매 환자의 방화로 시작됐고 입원 환자 20명과 불을 끄러 나선 간호조무사 1명이 숨지는 비극으로 끝났다. 당시 환자들을 침대에 결박했기 때문에 대피하지 못했다는 가족들의 항의가 있었지만 확인은 되지 않았다.

우리 사회가 이 사건에서 한발자국도 더 나아가지 못했음은 4년 후 일어난 밀양 세종병원 화재로 다시 확인되었다. 2018년 1월 26일 아침 이 병원 응급실에서 발생한 화재는 의사 1명, 간호사 1명, 간호조무사 1명을 포함한 45명이 사망하는 대참사로 마무리되었다. 이 병원은 환자가 늘어남에 따라 병상을 늘리면서 적정 수의 의료진을 확보하지 못했고 불법 증축으로 방화시설을 제대로 마련하지 않아 피해를 키운 것이 문제가 되었다. 노인들이 더이상 집에서 죽을 수 없는 현실 때문에 그 역할을 떠맡게 된 요양시설들의 문제가 한눈에 드러난 참사들이다.

문제는 이런 참사가 앞으로도 계속될 것이라는 우려다. 이것이 관련 병원 관계자나 공무원을 처벌하는 것으로 쉽게 해결될 문제는 아니기 때문이다. 요양병원으로 옮겨진 후 병원 외래로 약을 받으러 내원하는 환자들을 보면 집에서 지낼 때보다 눈에 띄게 풀이 죽고 힘이 없는 것을 확인할 수 있다. 이 단편적인 모습에서도 요양시설의 문제를 해결하기가 매우 어렵다는 것을 직감한다.

집에서 죽기 ABC

집에서 죽는다면 무엇을 어떻게 준비해야 할까?

앞에서 말한 공간 문제 외에도 역시 비용 문제가 제일 먼저다. 집에서 임종을 맞이하는 경우 환자의 손발이 되어줄 누군가가 24시간 돌봐야 한다. 가족들이 직접 돌본다는 가정은 아예 배제하고 논의를 해보겠다.

1. 노인장기요양보험의 1등급을 받는다

65세 이상의 노인이 24시간 누군가의 돌봄이 필요한 상태가 되면 1등급으로 정의가 된다. 우선 월 15만원 정도를 내면 1일 4시간 돌봄을 받을 수 있다. 그러나 4시간으로 돌봄이 끝나지는 않는다. 결국 요양보호사 자격을 가진 간병인을 고용해야 하는데 1개월 기준 약 220~280만원 정도의 급여(2인 교대 기준)를 지불한다. 이 비용은 해마다 크게 오르고 있는데 최근 지인의 경우 부모님 재택 간병인에게 월 460만원의 비용을 지불하고 있었다. 명심할 것은 사람 손에 달린 일은 적절한 비용을 지불하지 않으면 결코 좋은 서비스를 기대할 수 없다는 사실이다. 가장 기본적인 비용의 문제가 해결되더라도 역시 남이 하는 일이니만큼 간병이 잘 이루어지고 있는지를 살피는 것은 가족들의 몫이다.

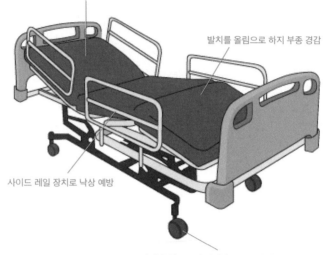

침대 머리를 올림으로 흡인을 예방하고 혼자서도 식사를 할 수 있도록 도움

발치를 올림으로 하지 부종 경감

사이드 레일 장치로 낙상 예방

바퀴 부착으로 집 안에서 부분적인 장소 옮김 가능

환자용 침대

2. 환자용 침대와 물품을 대여한다

병원에서 쓰는 것과 같은 머리를 올릴 수 있는 침대를 이용해야 식이 섭취를 제대로 할 수 있고 흡인 폐렴 등의 위험을 줄일 수 있다. 노인장기요양보험의 복지 용구 대여 시스템을 이용하면 환자용 침대를 빌릴 수 있다. 여기에 욕창 방지용 에어 매트리스나 휠체어도 대여가 가능하다.

3. 식이

어느 시점이 되면 식사를 하는 것 자체가 매우 고통스러운 상황이 된다. 유동식 형태의 영양 공급용 제품들을 이용할 수 있고 경우에 따라 레빈튜브를 코로 삽입하고 튜브를 통해 식이와 수분을 공급하는 방법도 있다. 그러나 레빈튜브는 당하는 사람에게는 결코 편한 방법이 아니다. 무리하게 떠먹이거나 식이를 강요하는 경우 흡인 폐렴이나 질식으로 이어질 수 있기 때문에 환자 혼자 힘으로 먹는 수준을 넘지 않는 것이 바람직하다.

4. 언제 병원에 가야 할까

사망이 임박한 경우 가족들은 환자가 갑자기 의식이 나빠진다든지 숨을 가쁘게 쉬면 놀라서 병원으로 이송하는 일이 있다. 죽음의 과정은 다시 질병이 되고 의식이 희미해진 환자에게 생전의 의지가 어떠했든 더이상의 결정권은 없어진다. 따라서 환자 자신이 병원에 가지 않겠다는 의사를 명확히 밝혀두어야 한다. "누나가 부모를 집에 방치"라는 논리로 송사를 시작하는 사람도 있기 때문에 이런 문제는 반드시 문서로 남겨 두어야 한다.

그러나 유감스럽게도 사망한 후에는 바로 병원으로의 이송이 필요하다. 119에 연락을 하여 망인을 평소 다니던 병원, 잘 아는 의료진들이 있는 곳으로 옮겨 병사에 의한 사망진단서를 발부받아야 한다. 그러지 않고 지체를 했을 때 최악의 경우 변사 저리가 되어

부검을 하는 일이 있다. 우리나라도 왕진 시스템이 활성화되어 집에서 사망하는 경우의 법적 처리가 원활히 되어야 할 필요가 있다. 황당한 이야기이지만 사망 과정을 문제 삼을 만한 가족이 있는 경우 환자의 방에 CCTV 설치가 반드시 필요하다.

5. 언제 가족들을 불러야 하나

임종을 지킨다는 것이 현대사회에서는 말처럼 쉽지 않다. 꺼져가는 생명도 하루는 아주 좋아 보이는 일이 있다. 다음의 증상이 생기면 환자의 사망이 1~2주 내로 임박했다는 것을 예측할 수 있다.

- 낮과 밤이 바뀐다.
- 식욕과 갈증을 호소하지 않는다.
- 대소변의 양이 줄어든다.
- 통증을 더 많이 호소한다.
- 혈압이나 호흡수, 맥박이 평소 수준과 달라진다.
- 체온의 변화가 심해진다.
- 의식이 나빠진다.
- 목 뒤에서 가래 끓는 소리가 난다.

그건 과정일 뿐입니다

"안녕하세요, 또 오셨네요."

"네… 이번에는 어떠실까요?"

"이번에도 넘어가실 거예요."

"다행이네요…"

조문희 할머니의 큰딸은 안도인지 수심인지 모를 표정으로 나를 물끄러미 바라본다. 조 할머니가 류머티스 관절염으로 내게 치료를 받기 시작한 지 벌써 12년째다. 70세라는 비교적 늦은 나이에 발병한 데다 증상이 매우 심해 고령에 치료제를 잘 견딜까 노심초사하면서 지낸 시간들이었다. 다행히 할머니는 큰 부작용 없이 강력한 면역치료제들을 잘 견뎌냈고 병세는 큰 호전을 보였다. 그렇지만 병은 완전히 물러가주지 않았고, 약을 조금만 줄여도 다시 사나운 고개를 쳐들어대곤 했다. 특히 스테로이드가 문제여서 할머니는 스테로이드 용량을 조금이라도 줄이면 즉시 손발이 퉁퉁 부어 다시 병원을 방문했다. 병을 길들일 수 있는 최소 용량의 스테로이드로 10년 넘게 씨름을 해왔고 원래 가지고 있던 당뇨병은 스테로이드 때문에 조금씩 더 나빠졌다.

당뇨병으로 인한 합병증도 야금야금 할머니를 갉아먹고 있었다. 이제는 관절통보다 당뇨 합병증으로 생긴 신경통이 더 큰 고통의 원인이 되었다. 나는 류머티스 치료제의 강도를 조금 낮추었다. 사람의 몸이란 참으로 신기한 것이어서 두가지 통증이 있으면 더 심한 통증이 덜한 통증을 누른다. 밝은 얼굴로 보호자와 함께 걸어서 병원에 오던 할머니는 1년 전부터 휠체어를 타고 오게 되었고, 올 때마다 잔뜩 풀이 죽은 모습이었다. 집에 돌볼 사람이 없어서 요양병원에 들어가시게 되었단다.

조 할머니를 보면 왜 어르신들이 끝까지 집에서 생을 마감하고 싶어하는지 알 것 같다. 기울어가는 내 몸을 수발들어줄 사람만 있다면, 늘 지내던 방에서 덮던 이불을 덮고 싶은 것이 인지상정이니까… 하지만 현대의 녹록지 않은 삶은 익숙한 곳에서의 죽음을 허용하지 않는다. 우선 가족들의 돌봄 비용이 너무 많이 든다. 독거노인은 말할 것도 없고 가족과 함께 사는 경우도 마찬가지라서, 각자 자기 몫의 삶을 살아내기에도 숨 가쁜데 다른 사람의 삶까지 짊어진다는 건 결코 쉬운 일이 아니다. 과거 효부상의 단골 레토릭이던 "시어머니의 대소변을 몇년간 받아내고…"같은 말은 말 그대로 추억의 수사가 되어버렸다.

그러나 이를 비단 현대인의 삶이 비정해졌기 때문이라고만 할 수는 없다. 병상에 누워 지내는 기간이 너무 길어졌기 때문이다. 그렇다고 집에 도우미를 들이는 것도 어지간한 경제력이 아니면 불가능하다. 이런 상황에서 남은 방법은 요양병원밖에 없다. 대부분의 노인이 요양병원에 입소한 이후 상태가 기울어지는 것을 보게된다. 오히려 인위적인 방법으로 식이도 더 잘 공급하고 약도 더잘 챙겨주면서 전문 인력의 간호를 받을 텐데도 말이다. 자기 삶의터전에서 뿌리를 뽑힌다는 건 그만큼 타격이 큰 일이다.

그나마도 요양병원에 들어간다고 해서 끝이 아니다. 각오를 하고 들어간 요양병원이지만 그곳에서 생을 마치기조차 쉽지는 않다. 조 할머니도 며칠 전부터 갑자기 고열이 나고 의식이 나빠져서요양병원에 있다가 다시 우리 병원으로 이송되었다. 원인은 요로감염이었는데 잠시 끼워두었던 소변줄에서 문제가 생긴 것으로 추정되었다. 아무리 손이 가고 번거로워도 기저귀를 채워두는 편이이런 위험에는 덜 노출된다. 웬만한 항생제로 쉽게 잡히는 일반적인 요로감염에 비해 조 할머니는 신장으로까지 감염이 퍼진 상황이었고, 한때 혈압까지 떨어지는 패혈증 증상을 보였지만 며칠간의 치료 후 열도 잡히고 감염이 진정되는 양상을 보였다. 환자 보호자는 치료가 잘된 것 같다고 감사하다는 말을 했다. 그러나 내생각은 좀 다르다. 아직 할머니의 명이 남아서 증세가 잡힌 것일뿐이다. 문제는 앞으로다.

"앞으로도 이런 일이 계속 있을 거예요."

"그러겠지요?"

"네. 그리고 그때그때 넘길 수도 있지만 결국 언젠가는 못 넘기고 돌아가시는 날이 올 거예요. 이런 일이 반복될수록 그날이 더 가까워지는 것이고요."

"앞으로 얼마나 사실까요?"

"그건 아무도 몰라요. 지금으로선 한달 후가 될지 1년 후가 될지 아무도 알 수 없습니다. 다만 며칠 내는 아닐 것 같네요."

"그렇다면 다행이지만…"

"그래서 말인데요, 다시 요양병원으로 가신 뒤에 이번 같은 일이 또 생기면 다음에는 어떻게 하실지도 이제는 생각하셔야 해요. 이번처럼 그 병원에서 치료를 했다가 좋아지지 않으면 또 상급 병원으로 이송하는 일이 몇번이고 되풀이될 거예요. 일단 그렇게 큰 병원의 시스템 안에 들어오고 나면, 결국 환자는 원하지도 않는 치료, 시술 등이 이어지게 되고요."

"우리 어머니는 연명치료 같은 건 안 하실 거예요."

"그게 환자분 본인 말씀인가요? 그리고 다른 가족들도 아나요?"

"네, 어머니가 제게 말씀하셨어요. 다른 가족에게도 이야기했는지는 모르겠네요, 주로 제가 돌보니까…"

"말씀으로만 하시는 건 의미가 없고, 할머니가 정신이 말짱해지시면 서면으로 남기셔야 해요."

"그래도 아직 그런 것까지 할 시기는 아니지 않은가요?"

"아닙니다, 지금이 바로 그런 준비를 할 시기예요. 돌아가시기 직전에 하는 일이라고 생각하면 결국 못 하게 되거든요. 언제 돌아가실지는 아무도 모르고, 의료진이 '아, 이제 돌아가시겠구나' 하고 생각하는 순간이 되면 이미 그런 이야기를 하기에는 환자의 의식이 너무 나빠진 상태이기 때문이지요. 다른 가족들과도 이야기를 하셔야 해요. 특히 잘 안 와보는 분일수록 환자가 돌아가시고 나면 문제를 삼기 쉽습니다. 문자나 SNS로라도 어머니 상태를 수시로 알리시는 게 좋아요. 이번에 퇴원하시면 집으로 돌아가시나요?"

"아뇨… (고개를 푹 숙이고 한참 말을 잇지 못하다가) 제가 모시고 가야 하는데, 저도 일을 해야 먹고사는 상황이라… 다시 요양병원으로 가서야 해요."

"그럼 이번에 퇴원하시거든 앞으로의 치료 방침에 대해 요양병원 선생님과 제가 이야기를 좀 나누는 게 좋겠네요."

"네, 그래주시면 좋겠어요."

"전문적인 이야기는 의사들끼리 하지만, 중요한 고비의 순간 결정을 내리는 건 환자와 가족입니다. 결국 요양병원에서 사망하는 상황을 받아들일 수 있는지의 문제인데, 그게 절대로 쉬운 결정은 아니에요."

그렇게 조 할머니는 사흘 후에 요양병원으로 돌아갔다. 하지만 할머니를 어떻게 치료할지, 어떤 경우에 다시 상급 병원으로 이송할지에 대해서 그곳 의료진과 이야기를 나눌 15분의 시간을 나는 끝내 내지 못했다.

할머니는 일주일 만에 다시 응급실로 이송되었다. 이번에는 정맥 주사 줄을 타고 올라온 봉와직염(피부의 심층을 침범하는 균 감염증)이었다. 팔이 빨갛게 부어올랐고, 할머니는 많이 아파했다. 정맥 주사 줄만 잘 관리하고, 항생제만 잘 써도 굳이 상급 종합병원에서 치료할 필요가 없는 상황이었다. 아니, 애당초 입으로 먹을 수 있었으니 정맥 주사 줄이 꼭 필요하지도 않았다.

"또 오셨네요."

"네, 그곳 선생님이 거기서는 치료할 수 없다고…"

"제가 지난번 퇴원하시고 이렇게 되지 않도록 그곳 선생님과 이야기를 하려고 했는데 기회를 놓쳤네요."

"교수님이 워낙 바쁘시니…"

"아니, 아무리 바빠도 이런 이야기는 꼭 해야 한다고 생각해요. 이번 일은 할머니가 정맥으로 영양제를 맞다가 생긴 일이에요."

"네, 워낙 못 드셔서…"

"못 드시는 것도 임종의 과정으로 생각하고 받아들이는 자세가 필요해요. 입으로 물이나 미음은 드시잖아요."

"그렇기는 한데 그쪽 병원에서는 필요하다고 본 모양이에요."

"물론 의사마다 견해가 일치하는 건 아니에요. 저는 회복하지 못할 환자에게 영양제를 공급하는 것에 반대하는 입장이지만…"

"그러네요. 어차피 영양제를 맞는다고 해서 오래 사실 것도 아닌데…"

"그런 부분들은 환자가 의료진과 소통을 하셔야 합니다. 입으로 드시는 동안에는 가급적 영양제를 안 맞겠다고… 침대에만 누워 계시고 활동량이 없으니 입으로 드시는 것만으로 충분히 기본적인 영양분은 섭취하실 수 있다고 봐요."

"다시 그쪽 병원으로 가면 말씀드려야겠네요."

"그런데 이번에 보니 전반적으로 열흘 전에 비해 좀더 나빠지셨어요. 이제는 정말 가족들이 임종에 대해 이야기를 하셔야 할 것 같습니다."

"벌써요?"

"오늘내일 어떻게 되시리란 이야기가 아니에요. 할머니의 기운이 쇠하는 속도를 가늠하며 드리는 말씀입니다. 이번 일은 영양제를 맞는다고 해결될 문제가 결코 아닙니다. 생명이 꺼져간다고 표현을 해야 할 것 같아요…"

"……"

"이번 혈액검사 결과만 봐도 감염증 외에 크게 나쁜 데는 없었어요. 검사로 알 수 있는 게 아니란 뜻이죠. 오랫동안 환자를 본 의사가 아니면 알기 어려울 겁니다."

"앞으로 그럼…"

"지난번 입원 때는 감염증이 훨씬 더 심했어요. 그래도 그때는 저렇게 많이 주무시지 않았죠. 이번에는 열도 하루 만에 잡혔지만, 잠에서 깨어나질 못하십니다. 사실 저건 주무시는 게 아니라 의식이 나빠지는 거예요."

"원인이 뭘까요?"

"그걸 찾겠다고 이런저런 검사를 해볼 순 있지만, 결국 이렇다 할 원인을 찾지 못할 거예요. 혈액검사상 큰 문제가 없다는 걸 확인했으니 더 찾지 않으려 합니다."

"그럼 앞으로 어떻게 되는 건가요?"

"저렇게 주무시다가도 반짝 의식이 깨면 옆 사람도 잘 알아보시고 말씀도 하실 거예요. 그런데 그렇게 깨어 있는 시간이 점점 더 짧아지겠죠."

"……"

"식사를 하시는 것도 의미가 없어져요. 깨어 있을 때 잠깐잠깐 드시는 건데 얼마 안 드실 거예요. 결국 정맥이나 콧줄을 통해 강제 급식을 하지 않으면 영양분이나 수분 공급이 잘 안 될 거고요."

"그럼 어떻게 해요?"

"현재 연명치료법에서 수액 공급은 해당이 안 돼요. 무슨 말이냐 하면, 병원에 계시는 동안 수액과 영양 공급을 하지 않으면 법적으로 문제가 될 수 있어요."

"그렇다고 집에 모시고 갈 수도 없잖아요."

"네, 정맥 주사나 콧줄 정도는 크게 괴로워하시지 않을지도 모르니 하는 데까지 해봐야겠지요."

"그렇게 하면 얼마나 사실까요?"

"글쎄요… 좀더 과격하게 영양분 공급을 하지 않는다면, 지금의 방법으로는 역시 오래가지 못할 겁니다. 한달?"

"과격하게 영양 공급을 한다는 말은…?"

"팔다리의 혈관으로 영양분을 넣는 데는 한계가 있어요. 이번에 감염이 생긴 것도 그런 문제였고요… 결국 좀더 지속적인 수액 공급을 위해 대정맥까지 관을 넣어야 해요. 위에 구멍을 내고 그쪽으로 공급을 하는 방법도 있고요."

"아니에요, 그렇게는 안 할 겁니다."

"알겠습니다. 이번에 상태가 더 좋아지시면 다시 병원을 옮기기 전에 제가 그쪽 선생님과 이야기를 해볼게요.

"……"

"누구도 막을 수 없는 일입니다. 인간이 세상에 발자취를 남기기 시작한 이래 줄곧 되풀이되어온 일이고, 앞으로도 그럴 거예요. 그러니… 울지 마세요…"

조 할머니는 열과 팔의 통증이 호전되었지만 의식이나 전반적인 상태는 크게 달라지지 않은 채로 퇴원을 했다. 이번에는 분초를 쪼개며 시간을 내어 요양병원 의료진과 통화를 했고 요양병원에서도 할머니의 임종을 편하게 하는 방향으로 치료 방침을 정했다.

정확히 한달 후 조 할머니는 사망했다. 간호사들이 아침 라운딩을 돌 때 사망을 발견했다. 새벽에도 정상적으로 자고 있다가, 말 그대로 조용히 자면서 숨을 거두었다. 비강 급식을 위해 코로 끼워

두었던 레빈튜브는 머리맡에 뽑혀 있었다. 할머니는 마지막 남은
힘을 다해 급식줄을 뽑고 갔다. 병원에서 서둘러 가족들에게 연락
을 했고, 가족들은 임종을 지키지 못했다며 울었다. 그러나 집에 있
었더라도 결과는 같았을 것이다. 나는 할머니가 정말 편안하게 가
신 것이라며 가족들을 위로했다.

에필로그

나의 엔딩노트

엄마는 지금 큰 병에 걸렸거나 생명에 지장이 있는 위험한 일을 하려는 것이 아니니 놀라지 말기를 바란다. 지금처럼 건강하고 의지가 충만할 때 이런 이야기를 해두는 것이 중요하다고 생각해서 이 글을 쓰는 거야. 너희도 언론 매체에서 엔딩노트라는 말을 들어보았을 거야. 실제로 위암 말기 판정을 받고 죽어가는 환자를 기록한 일본 영화가 있었고, 일본의 한 지자체에서는 '내 마음을 전하는 노트'라는 이름으로 엔딩노트를 만들어 주민들에게 보급했다고 하지. 주목적은 생의 마지막에 연명치료 여부에 관한 의사를 밝히는 것이라지만, 더 폭넓게는 가족에게 전하는 말이나 장례 절차 등도 적고 있어.

하지만 문제는 누구도 자신이 언제 죽을지 알 수 없다는 것이지. 현대사회에 들어오면서 사람들은 점점 죽음이 자신과는 관계가 없는, 조심하기만 하면 피할 수 있는 사고나 질병 같은 것이라고 착각하기 시작했어. 그래서 암처럼 자신이 어떤 이유로 언제 죽을지를 비교적 구체적으로 알게 되는 경우가 아니면 아무도 죽음을 준비할 필요가 없다고 믿기 시작했지. 그 결과는 불행하게도 재앙에 가까웠어. 죽음이 항상 우리 곁에 있다는 사실을 망각한 대가지. 이런 고민을 하지 않고 죽는 가장 확실한 방법이 사고사인데, 사고사를 당할 확률은 굉장히 낮아. 물론 사고사라도 금전적인 문제는 남기 때문에 이건 이미 정리를 해두었어. 엄마는 지금도 부모님이 남긴 유산은 부모님의 뜻에 따라 처분되어야 한다고 굳게 믿고 있어. 엄마가 죽으면 바로 법적인 효력을 발휘하고, 여기에 대해서는 너희가 어떤 이의도 제기할 수 없다는 건 알아두길 바라. 엄마도 너희를 부모 죽은 다음에 돈 가지고 싸우는 인간으로 키우지는 않았다고 믿지만, 주변에서 일어나는 온갖 추악한 일을 보면 이런 준비는 아무리 단단히 해도 지나치지 않다는 생각이 드는구나. '우리 자식들은 아주 특별하게 잘난 애들이야…'라는 말을 하는 사람은 엄마의 경험에 의하면… 바보일 확률이 더 높더라…

엄마가 어떤 원인으로 죽을지는 몰라. 내일 일은 모르는 거니까. 그럴 때 보라고 있는 게 통계인데 2016년 한국인 사망 원인 통계자료에 의하면 엄마 나이를 넘은 사람들의 질병 사망 원인 1, 2, 3위는 각각 암, 심장 질환, 뇌혈관 질환이야. 놀랍게도 50대에도 자살이 사망 원인 2위로 되어 있어. 하지만 아무래도 엄마는 낙천적인 사람이어서 자살로 죽을 것 같지는 않으니, 자살은 빼도록 하자. 엄마는 각각의 상황에 대해 다른 엔딩이 필요하다고 생각해. 엄마가 죽는다는 생각을 하며 슬퍼할 필요는 없어. 항상 죽음을 이야기할 때 너희들 하는 말로 "감성팔이"식으로 접근을 하면 일을 그르치거든.

먼저 암에 걸리는 경우야. 우선은 수술을 할 수 있는지 알아보고 수술이 가능하다면 당연히 암을 제거해야겠지. 여기서 어떻게 암을 발견하는가가 중요한데 의학적으로 암은 세가지 경로로 발견된다고 볼 수 있어. 첫째는 증상이 생겨서, 두번째는 건강검진으로 암 검사를 하다가, 세번째는 다른 검사를 하다가 우연히. 증상이 생긴 후 진단을 받으면 너무 늦은 거라는 통념이 있지만, 엄마는 그것도 천명이라고 생각해. 두번째가 문제인데 요즘은 너무나 많은 암 검사가 행해지고 있지. 엄마는 이것도 운명에 맡겨보고 싶어. 조기 검진으로 확실히 효과가 있다고 알려진 몇가지(우리나라는 위내시경과 대장내시경 검사가 대표적)를 제외하고는 암 검사는 받지 않을 거야. 신장이나 췌장암처럼 마음먹고 검사를 하지 않는 한 발견할 수 없는 암은 운명으로 받아들일 생각이야.

만일 암이 전이된 상태로 발견된다면 암으로 죽으리라는 게 확실해져. 이때는 어디까지 치료를 할지도 엄마의 의사대로 할 거야. 전이가 되었어도 항암치료를 해서 완치 가능성이 높다면 (지금은 가능하지 않지만 앞으로는 가능해질 수도 있으니) 항암치료를 고려해볼 거야. 하지만 '높다'고 말할 수 있는 기준이 중요해. 엄마는 최소한 50퍼센트는 넘어야 높다고 생각해. 10퍼센트, 20퍼센트… 이런 말장난으로 희망고문을 당하지는 않을 거야. 엄마도 의사여서 하는 말이지만, 의사가 생존 확률 10퍼센트라고 하면 생존할 가능성은 거의 없는 거야. 0이라고 하기 싫으니까 그렇게 말하는 거거든.

항암치료를 해도 완치 가능성이 없다면 항암치료 같은 건 받지 않을 거야. 남아 있는 삶을 정리하고 기운이 다할 때까지 못 해본 것들을 해보면서 삶을 마칠래. 물론 죽을 때도 병원은 안 가. 집에서 죽을 수 있을 정도의 준비는 다 해두었어. 아픈 건 싫으니까 진통제나 실컷 맞을 거야.

엄마의 버킷리스트를 몇가지 생각해봤어. 기운이 남아 있을 때 속성으로 스페인어를 배운 다음 세비야에 가서 낮에는 건달들과 음담패설을 하며 시시덕거리고 밤에는 안달루시아 민요를 고성방가 하며 지내보고 싶어. 멀리 가기 어려우면 일본 나라의 쇼소인 수장고를 다 보고 싶어. 특히 백제 바둑판을. 대마초도 한번 피워보고 싶은데 다 늙어서 감옥에 가면 곤란하겠지…

무엇보다도 엄마가 늙고 쇠약해져서 건강 상태가 나빠진 연후에는 암 검사 같은 것이 무의미해질 거야. 암으로 죽기보다는 노화로 죽을 테니, 그때가 되면 암을 진단하고 치료하는 것 자체가 무의미하다고 할 수 있어. 정말 언제 죽을지 알 수 없는 것이 이런 노환에 의한 죽음이야. 엄마도 아마 이렇게 죽을 확률이 가장 높지 않을까 생각은 해. 암은 비교적 진행이 빨라서 죽음에 이르는 경과가 길지 않지만, 심장 질환이나 뇌혈관 질환은 심근경색이나 뇌졸중 등으로 갑자기 죽는 게 아니라면 대개 만성적인 경과를 거쳐 서서히 죽게 돼. 노환도 경과가 비슷하지. 서서히 생명의 불씨가 없어지는 거야. 요즘 드는 생각이 어느 정도 팔다리가 움직일 때 익스트림 스포츠를 해볼까 하는 거야. 침상에서 죽지 않는 유일한 방법이 사고사일 것 같은데 너무 과격한가?

그다음으로 혼자서는 바깥 외출을 하기가 힘들어지는 단계가 올 거야. 그때가 되면 지적 능력이 얼마나 남았든지 간에 사회적으로는 죽은 거라고 생각해. 우선은 집에서 책을 읽거나 글을 쓰는 정도의 소일이 가능하다면 또 그렇게 여생을 보내게 될 거야. 그 기간이 너무 길지는 않기를 바라지만… 그러다가 삶이 너무 의미 없게 느껴진다면, 그리고 그때까지도 우리나라에서 죽음의 자기결정권 문제가 해결이 안 된다면, 스위스행 비행기를 타게 될 수도 있겠지. 그때는 너희도 따라올 수 있도록 준비해둘게. 아빠는 그때가 되면 안 계실 가능성이 높겠구나. 그런데 혹시 혼자가는 게 좋을지도 모르겠다. 너희들은 트라우마가 될 수 있고, 어차피 사람은 혼자 죽는 거니까.

그다음 단계가 침대 밖을 못 나가게 되는 건데, 엄마는 결코 그 단계로 진입하고 싶지 않아. 말 그대로 죽어도 싫어. 이런저런 사정으로 어쩔 수 없이 그 단계에 진입하게 된다고 해도 역시 병원에는 가지 않을 거야. 갑자기 열이 난다든지 기력이 쇠해져도 그냥 내버려둬. 그것도 다 죽어가는 과정이지 치료해야 할 질병이 아니야… 그때에도 지력은 남아서 내 일은 내가 스스로 결정할 수 있기를 바라고, 또 내가 알아서 할 일들이 있어. 내가 밥을 안 먹는다고 해도 너희는 절대로 영양제 같은 걸 달아선 안 돼. 엄마가 요즘 개발하려는 것 중 하나가 임종 예측 기기야. 내가 죽을 때쯤 너희가 내 곁을 지켜주면 좋겠지만 요즘 생활이 그게 꼭 가능하리라는 보장도 없지 않니? 그래서 연구가 잘되면 이런 기기를 달아놓고 내가 언제쯤 죽을 것 같다는 걸 알려서 가급적 마지막은 같이할 수 있기를 바란다. 사실 엄마는 혼자 죽는 게 아무렇지도 않은데, 자식들은 부모의 마지막을 못 지키면 죄책감을 갖게 되더구나. 원래 죽음은 혼자 맞는 거지, 누구랑 같이할 수 있는 게 아닌데….

가장 큰 문제는 엄마가 이런 결정들을 내리지 못하는 상황이 먼저 찾아오는 거야. 엄마는 죽음보다 치매가 훨씬 더 두려워. 「스틸 앨리스」(2014)라는 영화는 엄마 나이 정도에 자기 분야에 뚜렷한 업적을 남기며 한창 일을 하던 대학교수가 치매에 걸리는 이야기야. 내가 치매에 걸리면 이렇게 해야 하지 않을까, 생각만 하던 장면이 그 영화에 나와서 굉장히 인상 깊었어. 주인공은 알츠하이머 진단을 받고 자신에게 영상 편지를 보내. 뒷날 증상이 심해져서 일상생활도 못하게 된 그녀는 영상 편지를 보게 되는데, 건강했던 시절의 자신이 나와서 이렇게 말을 하지. "앨리스, 지금쯤이면 상태가 아주 나빠졌겠지. 파란 전등 아래 서랍 맨 뒤에 있는 약병을 꺼내서 그 안에 든 것을 모두 먹어. 혼자 있을 때 해야 하고 그 누구에게도 이야기하면 안 돼." 하지만 약병을 꺼내 드는 순간 간병인이 들어오는 바람에 계획은 실패해. 더 좋은 직장을 구해 먼 곳으로 떠나는 남편을 대신해서 연극 배우 지망생이던 막내딸이 앨리스의 곁으로 돌아오면서 영화는 끝나.

엄마는 왜 저렇게 엔딩 계획을 허술하게 세웠는지 이해가 안 갔어. 삶을 끝낼 생각이었다면 상태가 그렇게 악화되기 훨씬 전부터 영상 편지를 열어볼 수 있어야 했고, 실패하지 않을 장치를 여러겹으로 철저히 준비했어야 하는 게 아닐까? 영화의 엔딩 이후를 생각해보면, 결국 미네소타로 떠난 남편은 죄책감에 몸부림치면서도 다른 여자를 만나게 될 테고, 자기 커리어를 뒤로하고 자신을 알아보지도 못하는 엄마 옆에 머무는 딸은 점점 미쳐가는 것으로 끝나겠지. 그 와중에 가족들은 서로 비방하면서 결국 원수지간이 될 거고… 그래도 앨리스는 다행히 병에 대한 인식이 있었고, 자기가 병에 걸렸다는 걸 알았어. 치매 환자가 자기에게 문제가 있다는 걸 아는 경우는 드물거든.

만일 엄마가 치매에 걸린다면 우선은 스스로 진단을 받을 만큼의 판단력을 가지기를 간절히 기도해. 그래야 앞으로의 생에 대해 계획이라도 세울 수 있겠지. 획기적인 치료법을 고대하지만 쉽지는 않으리라고 봐. 마음은 이미 죽었는데 몸은 살아 있는 것만큼 끔찍한 일도 없을 거야. 흔히 치매에 걸리면 정신만 나빠지는 줄 알지만 그렇지가 않아. 밥도 혼자 못 먹고, 옷도 혼자 못 입고, 화장실도 혼자 못 가서 이 모든 걸 다른 사람이 떠맡아야 하는 지경이 되지만, 다른 장기기능은 멀쩡하기 때문에 옆에서 수발을 들면 수명에는 문제가 없어. 그래서 치매 환자를 돌보던 사람이 먼저 죽는 일도 드물지 않지.

치매도 몇단계가 있는데 내가 치매에 걸린다면 가족들이라도 알아보는 단계에 알게 되면 좋겠어. 그것도 안 되는 상태가 되면 엄마는 이미 죽은 거야. 더 오래 살아도 너희에게 좋은 모습으로 남기 어려워질 테니까. 치매에 걸려 사람을 못 알아본다고 해도 그게 깜빡깜빡하기 때문에 어떤 날은 좀 나아 보일 수 있겠지만, 거기에 속으면 안 돼. 결국 좋아 보이는 날은 점점 줄어들고 엄마는 완전히 다른 사람이 될 거야. 명심해. 엄마가 너희를 못 알아보는 바로 그날부터, 엄마는 죽음을 준비할 거야. 그리고 그런 엄마의 뜻에 절대로 반해서는 안 돼.

이런 말을 하는 게 이상하게 들리지? 요즘 같은 세상에 못 고치는 병이 어디 있다고… 속지 마. 죽음은 고칠 수 있는 병이 아니야. 물론 의학의 발전이 빠르다는 건 엄마도 알아. 하지만 의료를 모르는 너희가 막연히 생각하는 그런 수준은 결코 아니야. 아주 획기적인 변화가 생기면 이 엔딩노트를 수정할 수 있겠지만, 그건 어디까지나 엄마가 판단할 거야. 너희는 결국 이런 문제를 결정할 사람은 엄마 자신뿐이라는 것만 알고 있으면 돼.

사랑하는 딸들아, 엄마의 뜻을 잘 이해하고 기억해주기를 바란다. 죽음이 있기에 삶도 있는 것이고 죽음은 삶과 결국 같은 것이란다.

주

책을 시작하며

1 「[윤영호의 웰다잉 이야기](9)"웰다잉의 핵심은 내 삶의 마무리를 내가 결정하는 것"」, 『경향신문』 2019.9.19.

2장 백세시대

1 이코노미스트 인텔리전스 유닛 보고서 *The 2015 Quality of Death Index-Ranking palliative care across the world*.

2 세계보건기구 홈페이지. https://www.who.int/cancer/palliative/definition/en/

3 통계청 「보도자료: 2018년 인구동향조사 출생·사망통계 잠정 결과」, 2019.2.26.

4 최영순, 최정규, 태윤희, 김지윤, 김정덕 「호스피스 완화의료 활성화 방안」, 국민건강보험 건강보험정책연구원 2014, 298면.

5 Verghese J, LeValley A, Hall CB, Katz MJ, Ambrose AF and Lipton RB "Epidemiology of Gait Disorders in Community-Residing Older Adult," *J Am Geriatr Soc*, 54(2), 2006, 255~61면.

6 Fried LP, Tangen CM, Walston J et al. "Frailty in Older adults: evidence for a phenotype," *J Gerontol A Biol Sci Med Sci*, 56(3), 2001, 146~56면.

7 Moo-Young Kim "Anorexia in the Elderly," *Korean J Clin Geri*, 15(2), 2014, 56~61면.

8 Pilgrim AL, Baylis D, Jameson KA et al. "Measuring Appetite with the Simplified Nutritional Appetite Questionnaire Identifies Hospitalised Older People at Risk of Worse Health Outcomes," *J Nutr Health Aging*, 20(1), 2016, 3~7면.

9 Moo-Young Kim, 앞의 글.

10 Finucane TE, Christmas C and Travis K, "Tube feeding in patients with advanced dementia: a review of the evidence," *JAMA*, 282(14), 1999, 1365~70면.

11 Roy R, Thomas M, "A survey of chronic pain in an elderly population," *Can Fam Physician*, 32(3), 1986, 513~16면.

12 Kaye AD, Baluch A and Scott JT, "Pain management in the elderly population: a review," *Ochsner J*, 10(3), 2010, 179~87면.

13 같은 글.

14 「美 오피오이드 남용은 제약업계와 마약단속국 유착 탓」, 『연합뉴스』 2017.10.16.

15 Morin L, Vetrano DL, Rizzuto D, Calderón-Larrañaga A, Fastbom J and Johnell K "Choosing Wisely? Measuring the Burden of Medications in Older Adults near the End of Life: Nationwide, Longitudinal Cohort Study," *Am J Med*, 130(8), 2017, 927~36면.

16 McNeil MJ, Kamal AH, Kutner JS, Ritchie CS and Abernethy AP, "The Burden of Polypharmacy in Patients Near the End of Life," *J Pain Symptom Manage*, 51(2), 2016, 178~83면.

17 Hippisley-Cox J, Coupland C, "Development and validation of QMortality risk prediction algorithm to estimate short term risk of death and assess frailty: cohort study," *BMJ*, 358, 2017.

18 Sullivan AM, Lakoma MD, Matsuyama RK, Rosenblatt L, Arnold RM and Block SD, "Diagnosing and discussing imminent death in the hospital: a secondary analysis of physician interviews," *J Palliat Med*, 10, 2007, 882~93면.

19 Su-Jin Koh, Kyung Shik Lee, Yeong-Seon Hong, Yang-Sook Yoo and Hyea Ja Park, "Clinical Change of Terminally Ill Cancer Patients at the End-of-life Time," *Korean J Hosp Palliat Care*, 11(2), 2018, 99~105면.

20 Grond S, Zech D, Schug SA, Lynch J and Lehmann KA, "Validation of World Health Organization guidelines for cancer pain relief during the last days and hours of life," *J Pain Symptom Manage*, 6(7), 1991, 411~22면.

21 Wildiers H, Menten J, "Death rattle: prevalence, prevention and treatment," *J*

Pain Symptom Manage, 23(4), 2002, 310~17면.

22 Wee BL, Coleman PG, Hillier R and Holgate S., "The sound of death rattle II: how do relatives interpret the sound?," *Palliat Med*, 20(3), 2006, 177~81면.

23 Bickel K, Arnold RM, "Death rattle and oral secretions—second edition #109," *J Palliat Med*, 11(7), 2008, 1040~41면.

24 「대통령 3명 염한 '무념무상'의 손」, 『조선일보』 2017.12.23.

25 Cancer Research UK, https://www.cancerresearchuk.org/health-professional/cancer-statistics/mortality(2018년 9월 방문).

26 Mary C. White, Dawn M. Holman, Jennifer E. Boehm, Lucy A. Peipins, Melissa Grossman and S. Jane Henley, "Age and Cancer Risk, A Potentially Modifiable Relationship," *Am J Prev Med*, 46(3 0 1), 2014, 7~15면.

27 Soto-Perez-de-Celis E, de Glas NA, Hsu T, Kanesvaran R et al., "Global geriatric oncology: Achievements and challenges," *J Geriatr Oncol*, 8(5), 2017, 374~86면.

28 Gøtzsche PC, Jørgensen KJ, "Screening for breast cancer with mammography," *The Cochrane Database of Systematic Reviews*, 4(6), 2013.

29 「갑상선암 10~20%는 더이상 암 아니다」, 『한겨레』 2016.4.17.

30 같은 기사.

31 Aronowitz R, Greene JA. "Contingent Knowledge and Looping Effects," *N Engl J Med*, 381, 2019, 1093~96면.

32 Jae Kwan Jun, Soon-Young Hwang, Seri Hong, Mina Suh, Kui Son Choi, and Kyu-Won Jung, "Association of Screening by Thyroid Ultrasonography with Mortality in Thyroid Cancer: A Case-Control Study Using Data from Two National Surveys," *Thyroid*, 30(3), 2020, 396~400면.

33 Ahn SV, Lee J, Bove-Fenderson EA, Park SY, Mannstadt M and Lee S, "Incidence of Hypoparathyroidism After Thyroid Cancer Surgery in South Korea, 2007-2016," *JAMA*, 322(24), 2019, 2441~43면.

3장 죽음 비즈니스

1 「숨 넘어가는데 녹음… '연명의료결정법' 우려」, 『가톨릭평화신문』 2017.5.7.

2 같은 기사.

3 「시행도 안 됐는데 개정?…"연명의료법, 무의미한 연명의료 조장"」, 『청년의사』 2017.4.27.

4 「한국인 특유 '의료집착' 버려야 웰다잉 정착한다」, 『연합뉴스』 2017.6.6.

5 한국호스피스·완화의료학회 홈페이지 http://www.hospicecare.or.kr/team/ sub01.html

6 Kim DY, Lee MH, Lee SY, Yang BR and Kim HA. "Survival rates following medical intensive care unit admission from 2003 to 2013: An observational study based on a representative population-based sample cohort of Korean patients," *Medicine(Baltimore)*, 98(37), 2019; Park J, Jeon K, Chung CR et al., "A nationwide analysis of intensive care unit admissions, 2009-2014 – The Korean ICU National Data (KIND) study," *J Crit Care*, 44, 2018, 24~30면.

7 Kim DY, Lee MH, Lee SY, Yang BR and Kim HA, 같은 글.

8 같은 글.

9 Desai SJ, Law TJ and Needham DM, "Long-term complications of critical care," *Crit Care Med*, 39, 2011, 371~79면; Jackson JC, Girard TD, Gordon SM et al. "Long-term cognitive and psychological outcomes in the awakening and breathing controlled trial," *Am J Respir Crit Care Med*, 182(2), 2010, 183~91 면;Pandharipande PP, Girard, JC, Jackson A et al. "Long-term cognitive impairment after critical illness," *N Eng J Med*, 369, 2013, 1306~16면.

10 「목숨 건졌지만… 중환자실 공포 못 잊어요」, 『한국일보』 2018.5.22.

11 「존엄사와 방치한 죽음 사이」, 『경향신문』 2017.11.14.

12 White BD, Angus DC, Shields AM et al., "A Randomized Trial of a Family-Support Intervention in Intensive Care Units," *N Engl J Med*, 378(25), 2018, 2365~75면.

13 Thiagarajan RR, Barbaro RP, Rycus PT et al., "Extracorporeal Life Support Organization Registry International Report 2016," *ASAIO J*, 63(1), 2017, 60~67면.

14 「2006-2017 급성심장정지조사 통계」, 질병관리본부 2018, 4면.

15 Ro YS, Shin SD, Song KJ et al., "A trend in epidemiology and outcomes of out-of-hospital cardiac arrest by urbanization level: a nationwide observational study from 2006 to 2010 in South Korea," *Resuscitation*, 84(5), 2013, 547-57면.

16 Lee SY, Joo YS and Kim HA, "S-184 Epidemiology of in-hospital cardiopulmonary resuscitation in Korea," *Korean J Int Med*, 2016(1), 2016, 141면.

17 Ehlenbach WJ, Barnato AE, Curtis JR et al. "Epidemiologic study of in-hospital

cardiopulmonary resuscitation in the elderly," *N Engl J Med*, 361(1), 2009, 22~31면.

18 George AL Jr, Folk BP, Crecelius PL and Campbell WB, "Pre-arrest morbidity and other correlates of survival after in-hospital cardiopulmonary arrest," *Am J Med*, 87(1), 1989, 28~34면.

19 Harris D, Willoughby H, "Resuscitation on television: Realistic or ridiculous? A quantitative observational analysis of the portrayal of cardiopulmonary resuscitation in television medical drama," *Resuscitation*, 80(11), 2009, 1275~79면.

20 Krischer JP, Fine EG, Davis JH and Nagel EL, "Complications of cardiac resuscitation," *Chest*, 92(2), 1987, 287~91면.

21 Fairbanks RJ, Shah MN, Lerner EB, Ilangovan K, Pennington EC and Schneider SM, "Epidemiology and outcomes of out-of-hospital cardiac arrest in Rochester, New York," *Resuscitation*, 72(3), 2007, 415~24면:Zoch TW, Desbiens NA, DeStefano F, Stueland DT and Layde PM "Short-and long-term survival after cardiopulmonary resuscitation," *Arch Intern Med*, 160(13), 2000, 1969~73면.

22 Garrido M, Harrington S and Prigerson H "End-of-life treatment preferences: A key to reducing ethnic/racial disparities in advance care planning?," *Cancer*, 120(24), 2014, 3981~86면.

23 「[그 사건 그 후]〈4〉김 할머니 연명치료 중단」, 『동아일보』 2009.12.14.

24 「누가 그녀를 죄인이라 할 수 있나」, 『주간경향』 1280호 2018.

25 https://bioethics.georgetown.edu/2014/10/barbara-mancini-assisted-suicide-case/

26 김현경 『사람, 장소, 환대』, 문학과지성사 2015, 261면

4장 좋은 죽음, 바람직한 죽음

1 유발하라리 『호모데우스』, 김명주 옮김, 김영사 2017, 47면.

2 같은 책.

3 https://www.facebook.com/DrivingMissNorma/timeline

4 「[기자칼럼]노마 할머니를 보내며」, 『경향신문』 2016.10.28.

5 Drazen J, Yialamas MA "Certain about Dying with Uncertainty," *N Engl J Med*, 377(3), 2017, 208~9면.

6 「104세 호주 과학자 '존엄하게 죽기 위해' 스위스 여행 떠난다」, 『경향신문』

2018.5.1.

7 「'무소유' 법정 스님 "저서 절판…사리 찾지 말라"」, 『머니투데이』 2010.3.11.

8 「법정 스님 유언 "절대로 다비식 같은 것을 하지 말라"」, 『뉴스앤미디어』 2010.3.11.

9 「대통령 3명 염한 '무념무상'의 손」, 『조선일보』 2017.12.23.

10 "The future of health and care of older people: the best is yet to come," *Millennium papers*, Age Concern England 1999.

11 Han NY, Yoon HJ, Park EW, Cheong YS and Yoo SM, "Perception of a good death in the elderly," *J Korean Acad Fam Med*, 23(6), 2002, 769~77면;Kim SM, Lee YJ and Kim SY "Attributes considered important for a good death among elderly and adults," *Journal of the Korea Gerontological Society*, 23(3), 2003, 95~110면;Kim MH, Kwon KJ and Lim YO "Study on 'good death' that Korean aged people recognize," *Korean Journal of Social Welfare*, 56(2), 2004, 195~213면.

12 민들레·조은희 「한국사회에서 좋은 죽음에 대한 개념 분석」, 『노인간호학회지』 제19권 제1호, 2017.

13 같은 글, 34~35면 재구성.

14 Kim SM, Lee YJ, "Korean nurses' attitudes to good and bad death, life sustaining treatment and advance directives," *Nursing Ethics*,10(6), 2003, 624~37면;Kim SM, Lee YJ and Kim SY 앞의 글.

15 유성호 「좋은 죽음에 대한 의사의 개념과 교육」, 서울대학교 대학원 의학과 박사학위논문 2014.

16 국민건강보험 홈페이지 노인장기요양보험 제도 개요. http://m.nhis.or.kr/comWeb/wo/e/wcea00.html

죽음을 배우는 시간

초판 1쇄 발행 / 2020년 7월 15일
초판 12쇄 발행 / 2024년 5월 31일

지은이 / 김현아
펴낸이 / 염종선
책임편집 / 최지수 홍지연
조판 / 신혜원
펴낸곳 / (주)창비
등록 / 1986년 8월 5일 제85호
주소 / 10881 경기도 파주시 회동길 184
전화 / 031-955-3333
팩시밀리 / 영업 031-955-3399 편집 031-955-3400
홈페이지 / www.changbi.com
전자우편 / nonfic@changbi.com

ⓒ 김현아 2020
ISBN 978-89-364-6595-7 03100